SEJA DISRUPTIVO!

SEJA DISRUPTIVO!

DOMINE A TRANSFORMAÇÃO PESSOAL, APROVEITE OPORTUNIDADES E PROSPERE EM UMA ERA DE INOVAÇÕES SEM FIM

JAY SAMIT

Prefácio de Reid Hoffman, fundador do LinkedIn
e autor de *Comece por Você*

ALTA BOOKS
EDITORA
Rio de Janeiro, 2019

Seja Disruptivo!
Copyright © 2019 da Starlin Alta Editora e Consultoria Eireli. ISBN: 978-85-508-0448-4

Translated from original Disrupt you! Copyright © 2015 by Jay Samit. ISBN 978-1-250-05937-6. This translation is published and sold by permission of Inkwell Management, the owner of all rights to publish and sell the same. PORTUGUESE language edition published by Starlin Alta Editora e Consultoria Eireli, Copyright © 2019 by Starlin Alta Editora e Consultoria Eireli.

Todos os direitos estão reservados e protegidos por Lei. Nenhuma parte deste livro, sem autorização prévia por escrito da editora, poderá ser reproduzida ou transmitida. A violação dos Direitos Autorais é crime estabelecido na Lei nº 9.610/98 e com punição de acordo com o artigo 184 do Código Penal.

A editora não se responsabiliza pelo conteúdo da obra, formulada exclusivamente pelo(s) autor(es).

Marcas Registradas: Todos os termos mencionados e reconhecidos como Marca Registrada e/ou Comercial são de responsabilidade de seus proprietários. A editora informa não estar associada a nenhum produto e/ou fornecedor apresentado no livro.

Impresso no Brasil — 1ª Edição, 2019 — Edição revisada conforme o Acordo Ortográfico da Língua Portuguesa de 2009.

Publique seu livro com a Alta Books. Para mais informações envie um e-mail para autoria@altabooks.com.br

Obra disponível para venda corporativa e/ou personalizada. Para mais informações, fale com projetos@altabooks.com.br

Produção Editorial Editora Alta Books	**Produtor Editorial** Thiê Alves	**Editor de Aquisição** José Rugeri j.rugeri@altabooks.com.br	**Vendas Atacado e Varejo** Daniele Fonseca Viviane Paiva comercial@altabooks.com.br	**Ouvidoria** ouvidoria@altabooks.com.br
Gerência Editorial Anderson Vieira	**Assistente Editorial** Ian Verçosa	**Marketing Editorial** marketing@altabooks.com.br		

Equipe Editorial	Adriano Barros Bianca Teodoro Illysabelle Trajano	Juliana de Oliveira Kelry Oliveira Paulo Gomes	Rodrigo Bitencourt Thales Silva Thauan Gomes	Victor Huguet Viviane Rodrigues

Tradução Raquel Escobar	**Copidesque** Amanda Meirinho	**Revisão Gramatical** Igor Farias Maíra Meyer	**Revisão Técnica** Carlos Bacci *Economista e empresário do setor de serviços*	**Diagramação** Melanie Guerra

Erratas e arquivos de apoio: No site da editora relatamos, com a devida correção, qualquer erro encontrado em nossos livros, bem como disponibilizamos arquivos de apoio se aplicáveis à obra em questão.

Acesse o site www.altabooks.com.br e procure pelo título do livro desejado para ter acesso às erratas, aos arquivos de apoio e/ou a outros conteúdos aplicáveis à obra.

Suporte Técnico: A obra é comercializada na forma em que está, sem direito a suporte técnico ou orientação pessoal/exclusiva ao leitor.

A editora não se responsabiliza pela manutenção, atualização e idioma dos sites referidos pelos autores nesta obra.

Dados Internacionais de Catalogação na Publicação (CIP) de acordo com ISBD

S188s   Samit, Jay

           Seja disruptivo!: domine a transformação pessoal, aproveite oportunidades e prospere em uma era de incessantes inovações / Jay Samit ; tradução de Raquel Escobar. - Rio de Janeiro : Alta Books, 2018.
           304 p. ; 17cm x 24cm.

           Tradução de: Disrupt You!: master personal transformation, seize opportunity, and thrive in the era of endless innovation
           Inclui índice.
           ISBN: 978-85-508-0448-4

           1. Autoajuda. 2. Transformação pessoal. 3. Oportunidades. I. Escobar, Raquel. II. Título.

2018-1394   CDD 158.1
                                                 CDU 159.947

Elaborado por Vagner Rodolfo da Silva - CRB-8/9410

Rua Viúva Cláudio, 291 — Bairro Industrial do Jacaré
CEP: 20.970-031 — Rio de Janeiro (RJ)
Tels.: (21) 3278-8069 / 3278-8419
www.altabooks.com.br — altabooks@altabooks.com.br
www.facebook.com/altabooks — www.instagram.com/altabooks

*Para todos que desejam usar grandes ideias
para promover a disrupção no status quo.
Que este livro encurte sua viagem.*

Sumário

- *ix* **Prefácio**
- *1* **Introdução**
- *9* **CAPÍTULO UM**
  Em Defesa da Disrupção
- *29* **CAPÍTULO DOIS**
  Torne-se Disruptivo
- *49* **CAPÍTULO TRÊS**
  O Mapa do Disruptivo
- *63* **CAPÍTULO QUATRO**
  Construindo Sua Marca
- *83* **CAPÍTULO CINCO**
  Disruptivos Trabalhando e o Valor do Empreendedorismo
- *105* **CAPÍTULO SEIS**
  À Procura da Ideia Zumbi
- *125* **CAPÍTULO SETE**
  Transforme Suas Energias
- *139* **CAPÍTULO OITO**
  Descobrindo a Cadeia de Valor
- *145* **CAPÍTULO NOVE**
  Pesquisa e Desenvolvimento: Descobrindo o Valor do Desperdício
- *157* **CAPÍTULO DEZ**
  Design: A Disrupção Por Meio da Estética
- *171* **CAPÍTULO ONZE**
  Produção: Reutilização, Readaptação, Recriação

183 **CAPÍTULO DOZE**
Marketing e Vendas: Encontre o Problema
Que se Encaixe na Sua Solução

195 **CAPÍTULO TREZE**
Distribuição: Descobrindo o Valor
Inatingido e o Desafio do Espaço
Limitado na Prateleira

211 **CAPÍTULO QUATORZE**
Revisitando o Capital: O Dinheiro
de Outras Pessoas

221 **CAPÍTULO QUINZE**
A Disrupção na Era da Coletividade

233 **CAPÍTULO DEZESSEIS**
Seja Disruptivo ao Mundo

257 **EPÍLOGO:**
O Manifesto do Autodisruptivo

263 **Agradecimentos**

267 **Notas**

289 **Índice Alfabético**

Prefácio

Quando novos usuários descobrem o *LinkedIn*, a maioria assimila intuitivamente que essa é uma forma útil para as pessoas procurarem empregos e as empresas contratarem essas pessoas. Mas, ainda hoje, não são todos os que identificam os maiores recursos que o *LinkedIn* disponibiliza — e por isso nem todo mundo verdadeiramente lucra com ele.

Porém, assim que comecei a falar sobre o *LinkedIn* com Jay Samit em 2006, ele entendeu. Ele entendeu que o *LinkedIn* é mais do que um serviço de currículo online e mais do que uma ferramenta de recrutamento hiperconectada e baseada em distribuição de confiança. Jay percebeu imediatamente que o *LinkedIn* é uma plataforma poderosa de rede de inteligência — uma forma de construir relacionamentos, pesquisar concorrentes, aprender os melhores métodos, encontrar novas tendências para o local de trabalho e, no fim das contas, identificar oportunidades.

Ao ler sobre a tática inigualável que Jay usou para começar sua carreira na indústria de entretenimento depois de se formar pela UCLA (Universidade da Califórnia em Los Angeles) no começo da década de 1980, entendi melhor como ele percebeu tão rapidamente todas as implicações do *LinkedIn*. Como você irá descobrir ao ler essa história, Jay já via o mundo através das lentes da rede de inteligência quando a maioria das pessoas ainda achava que a única rede que existia era a de televisão e que ela só transmitia novos episódios dos seriados *Cheers* e *Dallas*.

Adotar inovações sempre foi uma marca da carreira de Jay. Seja ao criar um mercado para estoque digital de fotografias livres de direitos autorais, seja ao tentar fazer as grandes gravadoras adotarem novas estratégias de distribuição digital, Jay sempre encarou a disrupção tecnológica como uma força positiva. Em vez de aprender um jeito de tratar dos negócios e se dar por satisfeito, ele sempre procurou maneiras de criar novos mercados; lançar novos produtos, serviços e operações; e aumentar a base de consumo. Ao invés de fechar os olhos para as mudanças ou simplesmente tentar aguentar e sobreviver a elas, ele reagiu às mudanças no mercado com perspicácia e determinação, para aproveitar ao máximo as novas oportunidades que a disrupção cria.

E é essa a mentalidade que todos os profissionais deveriam almejar. Nessa era de redes, as novas tecnologias trazem mudanças cada vez mais rápido. As plataformas sociais hiperconectadas aceleram e amplificam ainda mais essas mudanças tecnológicas e econômicas. A disrupção está na ordem do dia — e ela se espalha, reestruturando atividades econômicas, empresas e as carreiras de profissionais individuais.

Não importa qual seja o setor de atividade, as tecnologias que o mantêm irão mudar. Seus consumidores vão exigir novas soluções. Seus concorrentes vão mudar de estratégia. Para alguém continuar relevante, é preciso manter sua carreira em permanente evolução. Isso significa comprometer-se com uma vida de aprendizado e crescimento profissional, uma vida de adaptação estratégica.

Para navegar com êxito no atual cenário profissional, é preciso entender a dinâmica da disrupção. A maré da mudança se move com mais rapidez e força atualmente. Se você não estiver pronto para essas mudanças, elas o esmagarão. Mas, como Jay ensina neste livro, é possível aprender a identificá-las antecipadamente. Você pode seguir a maré da mudança em vez de ir contra ela. E, quando fizer isso, a disrupção pode levá-lo ao encontro de oportunidades, desafios criativos e prosperidade.

— Reid Hoffman

SEJA DISRUPTIVO!

Introdução

"Psiu… O que você faria com um milhão de dólares?", sussurrava a voz sensual e sem corpo aos transeuntes. Depois de interromper sua caminhada e olhar ao redor, o pedestre surpreso veria um desfile de iates e carros de corridas, mansões e mulheres glamorosas em roupas de gala dançando na tela de vinte polegadas de um quiosque. Corria o ano de 1984, e a Califórnia atravessava um momento difícil. O país se recuperava de uma recessão, e a taxa de desemprego do estado era a mais alta já registrada. Por fim, e com muito alarde, foi decidido que o estado problemático criaria uma loteria, cujos dividendos seriam revertidos nas verbas extremamente necessárias para as escolas estaduais. Um contrato multimilionário seria celebrado com a empresa que desenvolvesse o melhor sistema tecnológico para vender os bilhetes da nova loteria. Meu protótipo de quiosque, uma espécie de cabine com detectores de movimento embutidos, seria minha passagem para a fama e a fortuna.

Na época, eu tinha vinte e quatro anos e tocava uma pequena empresa de multimídia que fazia efeitos especiais e oferecia mão de obra terceirizada para produções. Nossa especialidade era a produção de videogames e programas interativos de treinamento em *laserdisc*. Quando a loteria foi anunciada, tive uma grande ideia: por que não usar meu conhecimento sobre o negócio de fliperamas para ajudar a loteria a ser mais interativa e divertida? Firmei uma parceria com a *Syntech*, uma fabricante de máquinas de loteria que fornecia o *hardware* dos bilhetes, para criar um terminal ativado pelo jogador, que chamei de PAT 2500. O PAT 2500 conversaria com possíveis clientes e os incentivaria a comprar os bilhetes. Eu equipei a cabine do computador de dois metros de altura com aparelhos de *laserdiscs*, detectores de movimento e alto-falantes. A cabine chamaria a atenção de todos que se aproximassem. Usando um microprocessador Intel 8031, aquilo era top de linha. É difícil imaginar agora, mas em 1985 esse aparelho rudimentar foi uma das primeiras máquinas comerciais capazes de reproduzir áudio e vídeo. Naquela época, poucos tinham um computador em casa ou em suas mesas de trabalho, e os computadores usados nos escritórios eram divididos por vários usuários e tinham telas pequenas e monocromáticas. O PAT 2500 tinha uma tela colorida de vinte polegadas, com um *touchscreen* capacitivo. Eu estava convencido de que minha máquina e eu iríamos revolucionar a maneira como os bilhetes de loteria eram comprados e vendidos ao redor do mundo. Aos 24 anos, eu tinha certeza de que tinha descoberto como virar um milionário.

Competi pelo lucrativo contrato com a Loteria da Califórnia contra a *GTECH*, que havia criado uma unidade do tamanho de uma calculadora que mostrava números esverdeados em um CRT [televisor antigo, de tubo catódico] preto. Não havia comparação. Eu estava certo de que minha hora tinha chegado. Eu era o jovem turco que estava causando a disrupção da indústria da loteria! Eu era para a loteria o que o *Model T* do Henry Ford era para os fabricantes de carroças!

Eu estava errado.

Não conseguimos o contrato. Foi a *GTECH* que o ganhou, e eu fiquei com uma engenhoca incrível na minha garagem.[1] Eu não passava de um homem com grandes ideias; queria mudar o mundo, ganhar muito dinheiro e me divertir ao fazê-lo, mas, depois de perder o contrato, estava falido e desanimado.

Sem futuro com a loteria, passei a véspera da viagem de volta de Sacramento a Los Angeles me revirando na cama. Naquela noite, pensando sobre quem eu era e como estava desesperado para deixar minha marca no mundo dos negócios, comecei a praticar o que mais tarde chamaria de "autodisrupção". Analisei todos os pedaços que se juntavam para formar minha identidade. Comecei a definir quais experiências e conhecimentos únicos eu tinha para me destacar dos meus pares. Considerei a maneira como tomava decisões, como processava e reagia às informações, como abordava os problemas. Pensei em como me apresentava ao mundo e como comunicava minhas habilidades a possíveis sócios e clientes. E refleti sobre como gastava meu tempo e energia. Se quisesse encontrar as oportunidades que fariam meu nome ecoar pelo mundo, precisaria mudar algo na minha abordagem. Depois, comecei a pensar em meus negócios da mesma maneira: onde estava o valor na minha máquina de loteria? Como eu poderia colocá-la em uso de outra forma?

Quando cheguei a Los Angeles na manhã seguinte, uma mudança sutil tinha acontecido. Já no aeroporto, procurei pelo jeito mais barato de voltar para casa e parei no balcão de informações para perguntar sobre os horários e serviços de translado. Para meu azar, não havia ninguém no balcão, e não havia nenhum outro lugar no terminal onde eu pudesse obter essas informações. Percebi, talvez por causa das horas que tinha passado me questionando, que esse problema trazia uma oportunidade. Comecei a pensar em minha situação de todos os ângulos possíveis: quantos dos cinquenta milhões de visitantes anuais do Aeroporto Internacional de Los Angeles tinham esse problema? Os balcões tinham atendentes por quantas horas diárias, e a que custo? Quantos idiomas os visitantes falavam? Instintivamente, eu analisava o tamanho e o alcance da oportunidade, enquanto juntava os pontos fortes que apenas eu tinha. Quem mais tinha em sua garagem o protótipo de uma cabine top de linha? Vinte e quatro horas antes, achava que minha grande ideia era uma cabine interativa de loteria; agora, eu sabia que estava errado. Em um momento decisivo, percebi qual seria meu próximo empreendimento: balcões de informações automatizados para aeroportos.

Adaptei o PAT 2500 para um sistema de informação voltado para aeroportos que fornecia dados sobre táxis, ônibus e translado em oito idiomas e até coloquei nele um telefone de discagem automática (isso anos antes de as pessoas começarem a usar celulares) que conectava o viajante à telefonista. Com um simples toque em uma tela, os visitantes seriam recebidos em Los Angeles por uma mulher amigável que falava o idioma deles e oferecia informações precisas sobre como chegar a mais de quinhentos destinos locais a um baixo custo. Em dois anos, minha empresa incipiente de prestação de serviços terceirizados se transformou na única fornecedora de serviços de informação do Aeroporto de Los Angeles, implementando os sistemas que bilhões de pessoas usam até hoje. Pense na última vez em que você foi ao aeroporto: você precisou ir ao balcão para imprimir as passagens, despachar a bagagem ou mudar de assento? A máquina que causou a disrupção do agente humano envolvido na venda passagens já foi uma cabine fracassada de loteria.

Eu tinha vinte e quatro anos e, das cinzas do fracasso, ergui-me para me posicionar no caminho do empreendedorismo em série — um caminho no qual estou há mais de trinta anos e que nunca me desapontou.

Esse sucesso precoce não foi um acidente. Foi a consequência lógica do processo introspectivo que implementei na noite em que percebi que havia perdido o contrato da loteria. Sempre fui criativo e sabia que queria deixar minha marca nos mundos dos negócios e do entretenimento. Eu tinha várias ideias, mas nunca conseguia juntar as peças para tornar meu sonho realidade. Como a maioria das pessoas, eu não sabia como canalizar minhas ideias e energias em ações positivas. Frustrado com minha falta de progresso, reexaminei minha compreensão sobre mim mesmo e minhas habilidades. Passei a me referir ao processo intenso e introspectivo de questionar minhas crenças e objetivos — o que me levou repetidas vezes às maiores inovações nos negócios — como autodisrupção. Através da autodisrupção, passei a ver que consigo executar o que antes achava ser impossível. Descobri que, se conseguir expressar qualquer problema como uma série de desafios, consigo montar uma equipe capaz de desafiá-los. Percebi que as empresas — quer produzam comida de cachorro ou *softwares* — não vendem produtos; vendem soluções. Durante minha carreira, meu método de autodisrupção me fez trabalhar rápida e facilmente em áreas completamente diferentes — automotiva, telecomunicação, produtos embalados e restaurantes *fast-food* —, mudando a natureza desses negócios. Deixei de comandar uma *startup* de vinte pessoas e virei o diretor de uma empresa internacional com mais de 160.000 funcionários. Já colaborei com empresas da *Fortune 500*, governos estrangeiros e até mesmo com o Vaticano. Em apenas um ano, assumi riscos em mais de vinte empresas ao redor do mundo (sem investir um centavo sequer) e gerei mais de US$ 100 milhões em lucro. E o melhor de tudo é que nunca me preocupei com estabilidade profissional ou de onde minha próxima grande ideia viria, porque sempre posso fazer uso das técnicas de autodisrupção que me ajudaram a transformar a mim mesmo e aos meus negócios repetidas vezes.

> *Empresas — quer produzam comida de cachorro ou softwares — não vendem produtos; vendem soluções.*

Ao longo das últimas três décadas, percebi que não estou sozinho no modo como questiono minhas crenças e encontro oportunidades. Os pioneiros de sucesso da história sempre usaram alguns aspectos dessa abordagem. A forma como Gutenberg inaugurou a Renascença e a consequente democratização do conhecimento não nasceu com a invenção da prensa móvel, mas da forma como ele desconstruiu a cadeia de valor de uma prensa de vinho alemã, permitindo que ele inventasse a prensa. O mágico Harry Houdini deixou de se apresentar várias vezes por dia por centavos para se tornar o artista mais famoso do planeta — não por ser o melhor prestidigitador, mas por ter sido disruptivo em relação à maneira como o entretenimento em massa era comercializado. Quase um século depois, o artista de rua canadense Guy Laliberté desconstruiu de forma parecida a cadeia de valor do circo, inovou a indústria com o *Cirque du Soleil*, dominou os salões de exibições de Las Vegas e se tornou um multimilionário.

Cada disruptivo de sucesso emprega uma ou mais dessas técnicas para transformar a si mesmo, seus negócios e o mundo. Eles olham para dentro, questionam a compreensão que têm de si mesmos e reavaliam seus talentos únicos. Eles se colocam no caminho para o sucesso, mesmo que não saibam o que os espera. E entendem que não podem se apaixonar por ideias, que têm de estar dispostos a destruir seus conceitos e a canalizar suas energias antes que o mercado torne seus negócios obsoletos.

Toda disrupção começa com introspecção. A forma como entendemos nossa cadeia de valor interna — como nos vemos e como interpretamos nossos pontos fortes — está no centro de todo sucesso externo. Usei essas percepções para levantar mais de US$800 milhões para startups, bem como para inaugurar novos negócios em indústrias bilionárias tão diversas quanto telecomunicação, música e e-commerce. Não frequentei as escolas certas nem tampouco conheci as pessoas certas, mas aprendi a ser disruptivo com meu próprio sistema de crenças a fim de me reposicionar para tirar vantagem das oportunidades e obter sucesso. E o fiz inúmeras vezes — conquistando resiliência e segurança em um cenário de negócios frequentemente instável.

> Toda disrupção começa com introspecção.

O bilionário *self-made* de vinte e poucos anos, possibilidade sem precedentes há uma década, agora surge com frequência. Da noite para o dia, uma empresa startup, com pouco capital e uma equipe pequena, desbanca empresas centenárias com bilhões em rendimentos. Um consultor sem experiência em tecnologia ou administração ganha milhões de dólares ao oferecer um curso online. A Primavera Árabe, que pacificamente derrubou os governos antigos do Reino do Bahrein, da Tunísia e do Iêmen, conseguiu, sem armas ou apoio internacional, tirar governantes do poder. O mundo hiperconectado do século XXI está explodindo com novas oportunidades para empoderamento pessoal e independência financeira. O que todas essas disrupções têm em comum? Elas foram lideradas por pessoas que entendem como analisar suas cadeias de valor internas a fim de determinar seus talentos únicos e capacidades e, então, analisar a cadeia de valor dos setores em que atuam para encontrar oportunidades disruptivas.

Sir Richard Branson fundou a *Virgin* como uma loja de discos, apenas para descobrir que o dinheiro estava na criação de discos, não somente na venda. O disruptivo em série mais bem-sucedido da história, Branson criou empresas bilionárias em oito segmentos econômicos diferentes.

Lowell "Bud" Paxson desconstruiu a cadeia de valor de sua estação de rádio falida na Flórida. Quando ninguém quis usar sua estação para fazer propagandas, ele comprou produtos supérfluos e os vendeu no ar em vez de veicular comerciais. Essa ideia foi tão bem-sucedida que Paxson transformou sua estação local em um império bilionário do varejo, conhecido hoje como *Home Shopping Network*.

Há um século, Joyce Clyde Hall ia à falência vendendo cartões-postais baratos, quando matou sua grande ideia de que as pessoas desejavam escrever para os entes queridos que ficaram em casa. A percepção de que a maioria das pessoas não sabe escrever o levou a preencher os postais para elas. Com um rabisco de uma caneta, ele criou a *Hallmark* e lançou toda a indústria de cartões comemorativos.

Há alguns anos, o site *Tune In Hook Up* foi criado por Chad Hurley, Steve Chen e Jawed Karim para causar a disrupção do mundo do namoro online. A maioria dos sites de namoro tinha fotos de possíveis parceiros, mas os ex-funcionários do *PayPal* acharam que exibir vídeos de namoro seria muito melhor. Ainda que o site tenha sido um fracasso, Hurley, Chen e Karim perceberam que as pessoas gostavam bastante de assistir aos vídeos disponíveis. Rearticulando o conceito original de um site de namoro, a equipe mudou o nome do site para *YouTube*.

Os passos para ser disruptivo não são ensinados na escola nem na faculdade.

Ainda assim, as histórias de empreendimentos bem-sucedidos e as décadas de pesquisas quantitativas provam a veracidade das técnicas que descrevo em *SEJA Disruptivo!* Não faz diferença se o objetivo é ganhar milhões de dólares ou resolver o aquecimento global, abrir um restaurante ou começar uma revolução.

Durante anos, ensinei empresários e estudantes a serem disruptivos. O que descobri é que essas técnicas podem ser aplicadas a praticamente todas as áreas ou empreendimentos. Eu realmente acredito que todos podem alcançar o sucesso pessoal. *SEJA Disruptivo!* fornece aos leitores instruções para a prática da autodisrupção, assim como as ferramentas para aplicar esse conhecimento ao causar a disrupção em mundos comerciais e não comerciais. Este livro é para aqueles dispostos a aniquilar suas compreensões para criar um novo "eu". É um guia para aqueles que desejam mais de seus trabalhos, carreiras e vidas. Pode, também, ser um guia para o nosso mundo, já que os disruptivos são os únicos capazes de lidar com os macroproblemas que afetam a sociedade no geral e o planeta como um todo. *SEJA Disruptivo!* revela um novo paradigma para romper com os padrões que limitam o sucesso e o crescimento pessoal ao compartilhar estudos de casos reais com dúzias dos disruptivos mais bem-sucedidos do mundo.

O filósofo da Renascença Italiana Nicolau Maquiavel disse que empresários são "simplesmente aqueles que entendem que há pouca diferença entre obstáculos e oportunidades e são capazes de transformar ambos em vantagens." Esse é o tipo de pensamento que levará ao sucesso no mundo atual.

Você tem uma escolha: persiga seus sonhos ou seja contratado por alguém para ajudar a realizar os dele. Os maiores disruptivos constantemente reinventam a si mesmos e suas carreiras. Nunca temem perder o emprego, porque criam empregos. Eles controlam seu próprio destino. Este livro foi escrito para responder a duas perguntas muito básicas: como eles conseguiram? Como eu posso conseguir? A terceira pergunta depende completamente de você: você vai conseguir?

> *Você tem uma escolha: persiga seus sonhos ou seja contratado por alguém para ajudar a realizar os dele.*

Capítulo Um

Em Defesa da Disrupção

*O mundo, tal como o criamos, é um
processo do nosso pensamento.
Ele não pode ser mudado se não
mudarmos nosso pensamento.*
—Albert Einstein

Na Roma do século I, um vidraceiro inovador criou o *vitrum flexile,* o vidro flexível. Orgulhoso de sua invenção, ele pediu uma audiência com o Imperador Tibério. O imperador jogou o copo no chão, mas, para sua surpresa, ele não quebrou. Na época, todos os copos e as taças eram feitos de ouro ou prata, o que dava um gosto metálico ao vinho. Ao pensar na criação do vidreiro, Tibério percebeu que ela seria completamente disruptiva para a economia de Roma. Se as taças não fossem mais feitas de ouro e prata, o valor dos metais preciosos cairia imensamente. Tibério perguntou ao vidreiro se mais alguém conhecia a fórmula. Quando o inventor jurou solenemente que apenas ele sabia como criar o *vitrum flexile,* o imperador mandou decapitá-lo.

Hoje não é tão fácil impedir a disrupção.

As manchetes de negócios dizem que o mundo virou um lugar assustador. Os avanços na impressão 3D, que cria estoques *just-in-time*, ameaçam o trabalho de 320 milhões de operários ao redor do mundo.[1] Veículos autônomos, caminhões e drones vão substituir outras dezenas de milhões de trabalhadores. A energia renovável, como a obtida com células solares, cujo preço caiu mais de 85% desde o ano 2000, mudará o futuro geopolítico de nações cujas economias são baseadas em combustível fóssil.[2] De acordo com um estudo recente do McKinsey Global Institute, a automatização do trabalho com conhecimento técnico terá um impacto de US$5 a US$7 trilhões em trabalhos administrativos.[3] Está previsto que os ganhos do *e-commerce* e de produtividade na entrega diminuam o número das lojas de varejo em 15%.[4] Qual é o verdadeiro valor de um shopping, fábrica ou prédio de escritórios quando seu propósito se torna obsoleto? A mão de obra norte-americana está lidando com a percepção de que, apesar de a recessão ter acabado, essa foi uma recuperação sem empregos. Esta era de inovações sem fim fez com que multinacionais enormes perdessem mais de 2,9 milhões de trabalhos internos desde a recessão, e o ritmo dessa mudança só acelera.[5] Parece que sempre que repórteres, âncoras, estudiosos e economistas discutem essa rápida mudança, eles usam a palavra *disruptiva* — frequentemente usando a linguagem de guerra: destruição e desordem. À medida que empresas centenárias e marcas outrora valiosas são substituídas por startups eficientes e ágeis, somos levados a acreditar que novas tecnologias disruptivas injetaram doses violentas de raiva nos cães desse mundo competitivo.

A disrupção que caracteriza o atual cenário de negócios vai além da inovação — e *há* uma diferença entre as duas. Pegue a espada como exemplo. Os homens usam espadas em lutas há mais de cinco mil anos. As primeiras espadas de bronze eram mortalmente afiadas, mas, considerando a baixa resistência à pressão do bronze, elas precisavam ser curtas. A inovação do aço e outras ligas de metal permitiu que as espadas fossem mais longas, espessas e importantes socialmente. Os habilidosos esgrimistas passaram a ser os defensores de reis e reinos, e a espada passou a ser o símbolo da liberdade e da força. A inovação, portanto, consistia em como as sucessivas culturas e gerações melhoravam as espadas, mudando a forma como elas eram moldadas e empunhadas em combate. Mas um dos maiores filmes de aventura de Hollywood, *Os Caçadores da Arca Perdida,* é o exemplo perfeito de como a disrupção funciona. Quando Indiana Jones é desafiado para um duelo por um esgrimista árabe que balança de forma extravagante uma enorme cimitarra, Indiana coloca a mão no coldre casualmente, saca seu revólver e mata o esgrimista com um tiro. A presença da pistola fez com que a espada ficasse obsoleta. A disrupção é para os negócios e para os modelos de negócios o que a Smith & Wesson do Indy foi para a espada: ela muda instantaneamente a forma como o mundo funciona e o curso da história.

A disrupção é quase sempre causada por uma mudança tecnológica. Mas o impacto da disrupção vai além das indústrias de tecnologia. Quando Eli Whitney inventou o descaroçador de algodão em 1793, ele fez mais do que tornar o algodão uma safra lucrativa; sua invenção aumentou o número de escravos no sul dos Estados Unidos em cinco vezes e deu início à revolução industrial no norte do país. Impulsionou a economia de uma jovem nação e precipitou a deflagração da Guerra Civil. A vida de todos os norte-americanos foi afetada. A história foi alterada por um único avanço tecnológico. Uma tecnologia ou um produto é disruptivo quando cria um mercado, base de consumo ou usuários completamente novos, e destrói ou desloca o mercado da tecnologia sendo substituída. O e-mail causou a disrupção dos correios, por exemplo, e a Wikipédia foi disruptiva com a tradicional enciclopédia de vários volumes.

No começo da minha carreira, vi pessoalmente a diferença entre algo verdadeiramente disruptivo e algo meramente inovador. Quando abri minha primeira empresa, a Jasmine Productions, nós éramos uma firma pequena com apenas doze funcionários trabalhando em produções pequenas de gráficos e efeitos especiais sob encomenda. Eu estava ansioso para participar de Hollywood. Ao mesmo tempo, a fabricante de eletrônicos japonesa Pioneer também procurava por uma entrada no mercado. A Pioneer tinha adquirido os direitos sobre um novo formato de vídeo — o videodisco laser — da Philips e da MCA (Universal Studios). Chamados de LaserDisc, os discos de doze polegadas do tamanho de um vinil tinham vídeo e áudio de qualidade amplamente superior ao VHS e ao videocassete betamax, então populares entre os consumidores. O aparelho de laserdisc foi comercializado como um "toca-discos que produz belos sons e imagens" que podiam ser aproveitados na sua televisão. Os laserdiscs eram lidos por lasers e não tinham partes móveis tão frágeis quanto as do videocassete; por isso, a imagem e o som não se deterioravam com o passar do tempo como as fitas, tampouco travavam ou rasgavam, como acontecia com o videocassete. Além disso, enquanto os videoteipes precisavam rodar linearmente por toda a fita para chegar a um ponto diferente, os lasers podiam ir instantaneamente de um ponto a outro, criando, assim, a possibilidade de um "vídeo interativo". As histórias podiam ter fins diferentes dependendo de quais escolhas o espectador fizesse. Ao contrário das narrativas lineares dos filmes e da televisão, o laserdisc conseguia combinar a interatividade dos videogames com os valores de produção do cinema. Eu estava convencido de que isso revolucionaria as formas de entretenimento doméstico e queria ser o líder dessa revolução.

A Pioneer Electronics precisava de desenvolvedores que criassem títulos consumíveis para essa área emergente. A tecnologia era tão superior à do videoteipe que eu não via como ela poderia fracassar. Eu me juntei aos produtores de cinema para trabalhar em *Time Frame*, o primeiro título de laserdisc interativo a ser produzido, que a Pioneer distribuiria pelo recém-lançado selo DiscoVision. Eu me sentia como um astro do rock contratado por uma gravadora. Tínhamos dezenas de ideias para laserdiscs interativos voltados para crianças e para adultos. Planejávamos produzir um sucesso atrás do outro. A IBM e os fabricantes japoneses gastaram milhares de dólares para inventar essa nova mídia, e tive a sorte de me juntar a eles logo no começo. Eu seria o rei do laserdisc e mudaria para sempre o entretenimento doméstico. Eu estava certo de que o laserdisc substituiria o videocassete do mesmo jeito que a televisão substituiu o rádio depois da Segunda Guerra Mundial. Infelizmente, depois das primeiras vendas de Natal, ficou claro que, por não conseguirem usar o laserdisc para gravar seus programas favoritos como faziam com o videocassete, os consumidores o viam como um produto de valor muito limitado. Nossa primeira grande temporada de vendas foi um fracasso. Sabíamos que demoraríamos a chegar a algum lugar. O único legado do laserdisc foi sua tecnologia central, base para formatos de disco óptico mais bem-sucedidos que surgiriam com o passar das décadas: o CD e o DVD. Por mais que eu houvesse imaginado que o mercado de vídeo interativo cresceria, assim como minha fortuna pessoal, as vendas nunca se materializaram, e a Pioneer abandonou o entretenimento doméstico. Como conseguimos estar tão errados?

Aprendi, então, que existe uma diferença entre falhar e fracassar.

Falhar é tentar algo que você descobre não funcionar. Fracassar é jogar a toalha e desistir. Eu me recusava a fracassar. Como Winston Churchill disse: "Sucesso é ir de um fracasso ao outro sem perder o entusiasmo".

> *Aprendi que existe uma diferença entre falhar e fracassar. Falhar é tentar algo que você descobre não funcionar. Fracassar é jogar a toalha e desistir.*

Percebi que o laserdisc não transformou o entretenimento doméstico porque a única novidade que oferecia aos consumidores era uma experiência melhorada. O laserdisc queria competir em uma área já dominada pelo videocassete. O videocassete causou a disrupção da televisão por uma geração inteira; o laserdisc trazia apenas uma melhora na qualidade visual. Os laserdiscs eram vendidos nos mesmos canais de venda, pelos mesmos vendedores, para os mesmos consumidores do videocassete.

Para que um produto ou processo seja verdadeiramente disruptivo, ele deve criar um novo mercado e transformar um modelo de negócios existente. Essa percepção deu início aos meus trinta anos de estudo sobre a disrupção. A verdadeira disrupção altera para sempre um mercado ou um sistema. O DVR [gravador de vídeo digital], por exemplo, não mudou apenas a maneira como assistimos à televisão; ele subverteu todo o modelo de negócios televisivo com base em publicidade praticado nos últimos cinquenta anos.

> *A verdadeira disrupção altera para sempre um mercado ou um sistema.*

Mas, assim como o homem progrediu da Idade da Pedra para a Era do Bronze e a Idade do Ferro, cada tecnologia disruptiva também será vítima da disrupção em algum momento. Há cento e cinquenta anos, a invenção do gramofone foi disruptiva. Por causa do gramofone, o amor que a humanidade tem pela música virou uma indústria em massa de mídia (um mercado foi criado) e, pela primeira vez na história, artistas e músicos puderam acumular uma fortuna com seus trabalhos (um novo modelo de negócios foi lançado). O gramofone significava que o ato de apreciar o talento musical de Enrico Caruso, o maior tenor de sua geração, não era mais restrito a alguns patronos abastados da ópera. Os cidadãos comuns desenvolveram uma paixão pela música e, de repente, podiam comprar uma coleção de gravações populares. As gravações faziam tanto sucesso entre as massas que a cantora de blues Bessie Smith ficou milionária na década de 1920. Após um certo tempo, por meio de melhorias graduais na forma de gravar e de ouvir, o disco compacto nasceu. O CD virou a maior inovação tecnológica da indústria musical, mas não forçou nenhuma mudança significativa no modelo de negócios multibilionário. Os artistas ainda assinavam com gravadoras, as gravadoras ainda produziam e lançavam os álbuns e os consumidores compravam CDs do mesmo jeito que antes compravam vinis.

A indústria da música de US$40 bilhões nasceu com uma invenção — o gramofone — e dependeu confortavelmente de um modelo de negócios por mais de um século de lucros. Então, a disrupção veio de outra tecnologia: a internet. Serviços digitais disruptivos, como o Napster, o iTunes e o Spotify, mataram o todo-poderoso álbum, criando um mercado de downloads individuais; estriparam o modelo de receita das gravadoras e assassinaram a indústria. Pode-se argumentar sobre o valor inerente de cada inovação gradual nos negócios, mas o impacto da disrupção é inegável e inconfundível. Nas pegadas da disrupção digital, a EMI — a empresa centenária que inventou a gravação elétrica e contratou Caruso, os Beatles e outras centenas de artistas — simplesmente deixou de existir.

No século XXI, indústrias bilionárias podem ser vítimas da disrupção e surpreendidas praticamente da noite para o dia — nenhum setor do comércio ou do governo é imune a essa ameaça.

Para as gravadoras e os artistas vítimas da disrupção causada pelos downloads e pelo MP3; para os funcionários dos correios e das empresas de mala direta vítimas da disrupção do e-mail e para os jornalistas e editores vítimas da disrupção dos novos modelos de propaganda como a Craigslist e das plataformas de disponibilização como e-books e autopublicação, a disrupção traz consigo a sensação de ruína e tristeza. Pensamos nesses negócios se retraindo e nos empregos perdidos. Mas a verdade é que, sempre que um negócio é vítima da disrupção, um volume é liberado. Uma oportunidade massiva é criada e sucedida por mudanças enormes na disposição da riqueza na economia. A disrupção cria oportunidades. As estradas de ferro criaram os barões das estradas de ferro. O automóvel criou os magnatas do petróleo. O Vale do Silício criou vários milionários *ponto-com*. A maioria das pessoas fica surpresa ao descobrir que o homem mais rico de Los Angeles não é uma celebridade de Hollywood, mas um médico que ganhou mais de US$7 bilhões ao desenvolver produtos farmacêuticos disruptivos.[6] Identifique a tendência certa ou crie a startup certa, e bilhões de dólares podem ser seus. Todo mundo tem o poder da disrupção, e todo mundo tem a oportunidade de se beneficiar dela. Nunca houve um momento na história em que a mobilidade ascendente tenha sido tão equitativamente distribuída.

> *Não há um momento na história em que a mobilidade ascendente tenha sido tão equitativamente despendida.*

Sim, o ritmo da disrupção tem crescido exponencialmente graças à confluência de tecnologias disruptivas que mudam o modo como trabalhamos, nos comunicamos, viajamos, aprendemos e envelhecemos. Há um século, ter algumas centenas de consumidores para seu produto significava que você era nacionalmente conhecido por 75 milhões de norte-americanos. Agora, a possibilidade de ter mais de seis bilhões de consumidores está a um clique de distância. Nuvens de computação, tecnologia portátil, impressora 3-D e a Internet das Coisas podem ser apenas conceitos abstratos hoje, mas o impacto que eles terão na sua carreira e no seu futuro é inevitável. Há fortunas a serem feitas ao identificar e explorar os menores aspectos dessas mudanças sísmicas na tecnologia e na organização dos negócios. Os executivos da *Gulf Oil* não precisavam saber como projetar ou manufaturar automóveis para perceber a crescente demanda por gasolina em 1913; eles só precisavam satisfazer as necessidades dos consumidores e, por isso, criaram o primeiro posto de gasolina. Hoje, o mundo gasta US$2,5 trilhões no consumo de petróleo[7], e cinco das dez empresas mais rentáveis do mundo são petrolíferas.[8] Não é preciso ter um diploma em engenharia ou um mestrado para se beneficiar financeiramente das mudanças tecnológicas. Para sobreviver e ter sucesso na era de inovações sem fim, você só precisa pensar como um disruptivo.

ESQUEÇA AS TEORIAS DA DISRUPÇÃO

Desde que Clayton Christensen cunhou a frase "inovação disruptiva" em seu livro de 1997, *O Dilema da Inovação*, vários acadêmicos e consultores gerenciais estudam uma variedade de setores econômicos e empresas para identificar e classificar as várias formas de disrupção. Christensen afirma que há uma firme distinção entre as tecnologias de continuidade e as disruptivas — pense na melhoria no consumo de combustível dos carros nos últimos trinta anos como uma série de tecnologias de continuidade. Mas um carro elétrico não precisa de gasolina: essa seria a tecnologia disruptiva. Primeiro, as tecnologias disruptivas não são uma ameaça à tecnologia já estabelecida por conta de uma queda na performance. No caso da primeira geração de carros elétricos, a quilometragem pode ser ótima, mas a bateria não aguenta a viagem de Los Angeles até Las Vegas. Se a Tesla, por outro lado, lançasse um carro de US$30.000 com autonomia de 1.600km, seria o fim da linha para o motor de combustão.

Seguindo os passos de Christensen, toda uma indústria caseira de experts inovadores desenvolveu seu próprio jargão para identificar e classificar disrupções. Existem agora mais teorias de disrupção do que podemos contar. Algumas focam o ponto mais lucrativo de um mercado existente, enquanto outras examinam como a disrupção funciona ao invadir o ponto menos lucrativo.[9] Uma teoria sustenta que a disrupção começa à margem dos mercados existentes em função das necessidades não satisfeitas de novos consumidores.[10] Outra se concentra no preço como força de mercado.[11] Meu jargão favorito é o da tecnologia da curva em S, que mostra em um gráfico como as novas invenções crescem lentamente no mercado, passam por um período de explosão de vendas e gradativamente perdem tração ao se consolidarem com o passar do tempo.[12] Em outras palavras, as coisas começam pequenas, crescem e, por fim, morrem. Eu acredito que a tecnologia da curva em S pode ser usada para mostrar qualquer coisa em um gráfico, desde o ciclo de vida da indústria de discos rígidos até o ciclo de vida de um carvalho. Tudo que é vivo cresce e acaba morrendo. Tudo. Conhecer a curva em S dos dinossauros não nos ajuda a entender por que eles sumiram ou como a humanidade pode evitar a extinção. Da mesma forma, planejar a curva em S do seu produto ou da sua empresa não ajuda a organização a se preparar para o inevitável. A teoria da política administrativa da disrupção chegou à fase de amadurecimento, como fica evidente pelo fato de que a Universidade do Sul da Califórnia, na qual sou professor adjunto, até oferece um curso de graduação em disrupção! Mas o problema com todas essas abordagens teóricas é que elas são como a ciência dos respingos de sangue usada na série do *Dexter* Morgan: são ótimas para revelar quem é o assassino, mas inúteis para prever quem será a próxima vítima.

Prefiro deixar o passado para os historiadores, antropólogos e arqueólogos. Acredito que a maioria das pessoas quer saber como elas e seus negócios vão sobreviver. E os verdadeiramente motivados e ousados querem saber como podem ter sucesso ao virarem agentes da mudança. As metodologias descritas em *SEJA Disruptivo!* são poderosas porque são preditivas e permitem que qualquer um se torne disruptivo.

Tive a sorte e o privilégio de estar no centro de algumas das tendências mais disruptivas dos últimos trinta anos. Do nascimento do computador pessoal ao lançamento da internet e à criação do e-commerce, das mídias digitais e dos smartphones, sempre ocupei um lugar privilegiado e trabalhei ao lado de Davis maravilhosos que derrubaram Golias multibilionários. Por diversas vezes meus colegas e eu nos juntamos às companhias que seriam destruídas por nossa disrupção. A disrupção faz muito dinheiro sair de empresas e modelos empresariais existentes e ir para novos participantes. *SEJA Disruptivo!* é sobre como entrar nesse jogo.

> *A disrupção faz muito dinheiro sair de empresas e modelos empresariais existentes e ir para novos participantes.*

Quando eu tinha vinte e poucos anos e o computador pessoal ainda estava em sua infância, as mentes mais brilhantes que eu conhecia estavam imaginando novos usos para os computadores domésticos. Com os PCs, podia-se fazer o balanço dos talões de cheque, processar palavras, fazer boletins informativos, jogar videogames, formatar scripts de filmes e rodar outros aplicativos contra os quais as máquinas de escrever não podiam competir. Todos viam que os PCs tinham um potencial ilimitado, mas ninguém tinha ganhado dinheiro ainda com esse empreendimento diletante. Assim como todos os engenheiros atualmente têm ideias para novos aplicativos de smartphone, diversas empresas de software foram criadas para competir pelos possíveis bilhões que essa nova indústria disruptiva prometia. Essas novas empresas criaram softwares, chips de circuito, placas mães e vários outros componentes de hardware. Cada empresa investia pesado para superar os limites técnicos do que os PCs primitivos conseguiam fazer. Todos os dias, mais inovações e empresas surgiam, como dentes-de-leão no verão.

Ainda que os desenvolvimentos tecnológicos criem novas oportunidades para disrupção, não é preciso dominar a nova tecnologia para colher os benefícios. Os jovens empreendedores da década de 1990 estavam tão desesperados para encontrar uma forma de lucrar melhorando a nova tecnologia — ou tentando inventar novos dispositivos e equipamentos para serem utilizados pela nova tecnologia — que investiam mais em sistemas de computadores do que nos carros que dirigiam. Mas qual startup incipiente da época foi a primeira a ser vendida por mais de US$100 milhões? Não foi uma empresa de software. Tampouco uma de hardware. De fato, meu amigo Billy Myers nem sequer sabia como usar um computador. Mas ele era um empreendedor nato, que reconhecia uma oportunidade criada pela disrupção quando via uma. Enquanto outros empreendedores estavam ocupados investindo em sistemas de computadores complexos para criar a inovação tecnológica mais incrível e moderna, Billy recuou e analisou o que acontecia à sua volta. Ele viu pessoas comprando um item de US$2000 para suas casas. Sua epifania foi simples: algo tão caro e valioso quanto um computador precisava de uma capa contra a poeira. Quem não gastaria US$10 para proteger um investimento de US$2000? Billy começou a fabricar capas de plástico para monitores e unidades centrais de processamento (CPUs). Ele fabricou capas para teclados e hard drives externos. Quando percebeu que as pessoas armazenavam seus softwares em dezenas de disquetes, ele fabricou capinhas e arquivos de plásticos. Os consumidores usam um mouse? Então eles precisam de um mousepad de plástico. Billy foi o primeiro a identificar e a criar um mercado de acessórios para computadores pessoais e, por fim, vendeu por uma fortuna sua empresa, a MicroComputer Accessories, para a Rubbermaid.

O sucesso de Billy não veio por ele ter criado algo novo; foi o resultado de ele ter visto a oportunidade criada por uma tecnologia disruptiva e aproveitado essa oportunidade. Enquanto a Kaypro, a Eagle, a Franklin, a Magnuson, a Osborne e dezenas de outras empresas de informática gastavam milhões de dólares em sua briga para capturar uma parte do crescente mercado dos PCs, uma pessoa de fora identificou onde o maior valor poderia ser capturado nessa nova indústria com maior rapidez. (Décadas mais tarde, quando a Apple anunciou o iPhone e criou uma segunda geração de desenvolvedores de aplicativos que queriam ganhar dinheiro, eu sorria e observava os consumidores fazendo fila em frente à loja da Apple para comprar um telefone novo e caro e, com ele, uma capinha de plástico de US$30. A maioria das empresas de aplicativo gasta milhões de dólares competindo por downloads e um lugar na App Store, apenas para perder dinheiro e falhar. Enquanto isso, o mercado de acessórios para iPhone cresceu rapidamente para um negócio de US$16 bilhões.)

A história de Billy, que se deu bem ao produzir e vender capas, capinhas para disquete e mousepads no começo da era dos computadores pessoais, é a ilustração perfeita de uma frase que os marinheiros e programadores amam: K.I.S.S., um acrônimo em inglês para *keep it simple, stupid* [ou seja: simplifique, idiota]. Enquanto Billy vendia acessórios, percebi que eu não tinha a equipe ou o dinheiro necessários para superar as grandes corporações. Então, segui os passos de Billy e procurei por uma oportunidade em uma parte do mercado que os outros deixavam de lado. Meu objetivo era capturar o máximo de valor no menor tempo possível. Eu queria gerar lucros que pudessem fomentar uma expansão para setores de produtos mais caros.

Em termos leigos, eu queria entrar na disputa, ganhar dinheiro com um produto simples e, depois, investir meus lucros em produtos melhores e mais complexos. Eu também queria focar um nicho com maiores margens de lucros e menos competição. Eu tinha vinte e oito anos e administrava minha empresa de produção tecnológica sob encomenda havia quase sete anos. Decidi que a nova tecnologia do CD-ROM me oferecia a oportunidade que eu procurava. Eu me juntei à *IBM* — à época, a líder de vendas de computadores no país — e licenciei meu produto para que ela pudesse vendê-lo para o mundo todo. Meu primeiro produto, o *Jasmine 6-Pack*, vinha com a tecnologia dos computadores *ActionMedia II* da *IMB* embutida, era vendido a US$1.500 e tinha um custo de produção de apenas US$12. Então, onde eu encontrei a oportunidade para criar um produto com uma margem de lucro de 12.500% que ninguém mais tinha visto? No banco de imagens.

> *Capte o máximo de valor no menor tempo possível.*

Quando os computadores deixaram de ter telas monocromáticas com texto esverdeado e passaram a ter telas coloridas, parecidas com TVs, eu soube que não demoraria muito para que os usuários quisessem ver e usar fotos reais naquelas telas. Percebi que brochuras corporativas, panfletos e softwares educacionais e de treinamento precisariam de milhares de fotos de pessoas, lugares e coisas que pudessem ser incorporadas em seus produtos. Como eu havia trabalhado em uma agência de publicidade durante a faculdade, consegui identificar uma necessidade que a maioria dos engenheiros não teria visto. Como veremos no próximo capítulo, ser um disruptivo de sucesso tem a ver com aplicar suas experiências únicas e pontos de vista para encontrar oportunidades.

O novo produto da minha empresa não focava tanto a disrupção que os computadores pessoais causavam na tecnologia, mas em como eles eram disruptivos aos modelos de negócios já existentes e não relacionados à tecnologia. Na época, sempre que alguém precisava de uma foto para algo que estivesse publicando, tinha apenas duas escolhas: contratar um fotógrafo ou falar com uma agência de banco de imagens. Então, quando você precisa da fotografia de um elefante, podia mandar um fotógrafo ao exterior e esperar várias semanas até conseguir a imagem ou ligar para uma agência de banco de imagens. Por mais primitivo que pareça, você tinha que ligar para o número da agência e dizer que precisava da fotografia de um elefante ao lado de um rio. Durante a noite, a agência mandava vários slides para você escolher. A taxa para usar a imagem uma única vez variava de algumas centenas a alguns milhares de dólares. O processo era lento, manual, ineficiente e muito caro. Minha solução foi simples.

Entrei em contato com agências de imagens que não entendiam ou não se importavam com computadores. Logo fechei negócio com a PhotoBank pelo direito de digitalizar 750.000 imagens de todo o mundo. Além de imagens incríveis com os temas natureza e viagens, a PhotoBank tinha uma coleção enorme de fotografias de pessoas fazendo todos os trabalhos e atividades sociais imagináveis. Licenciei as imagens e coloquei trezentas de cada vez, organizadas por tema ou tópico, em CD-ROMs, concordando em pagar os direitos autorais à PhotoBank por cada CD que eu vendesse. Havia dois aspectos únicos em meu modelo de negócio. Primeiro, quem comprasse meu software poderia usar todas as trezentas imagens no CD sem pagar direitos autorais. As empresas que comprassem meus CD-ROMs economizariam milhares de dólares por ano e teriam o direito de usar as imagens várias vezes. Segundo, como eu não conseguia colocar trezentas imagens com a maior resolução possível (por exemplo, a qualidade necessária para uma revista) em um único disco, meu produto não acabaria com as agências de banco de imagens já existentes. As revistas e outras organizações profissionais ainda teriam de passar pelos bancos de imagem para conseguir as imagens de alta resolução. Meus clientes eram usuários individuais e pequenas empresas que queriam colocar imagens em brochuras, trabalhos escolares ou folhetos que criavam em seus novos editores de texto.

Ao me unir comercialmente à IBM, foi possível fazer meus produtos aparecerem em feiras profissionais e brochuras vinculadas à empresa, e tivemos acesso aos seus milhares de consumidores. A IBM abriu portas para nós, e os produtos da minha empresa tiveram um crescimento explosivo. Com esse fluxo de receita estável, conseguimos expandir para outros produtos de software, como jogos e programas educacionais. Quando a tecnologia evoluiu e os computadores passaram a reproduzir som e vídeo, comecei a licenciar bibliotecas de música e vídeo para ampliar nossa atuação sem mudar substancialmente o modelo de negócio inicial da minha empresa. Minha startup se estabeleceu e virou a líder da área. Tínhamos uma distribuição ampla e ocupávamos os melhores lugares nas prateleiras das lojas. Com esse sucesso inicial e a vantagem do pioneirismo no mercado, a Jasmine Multimedia Publishing acabou por produzir mais de trezentos CD-ROMs, de videogames a ferramentas de produtividade. Assim que percebi que o advento da web significava o fim dos pacotes de software, vendi minha empresa antes que *nós* nos tornássemos vítimas da disrupção — e foquei todas as minhas energias em definir como eu poderia usar a internet para levar a disrupção a outros setores de atividade.

O CAMINHO DISRUPTOR PARA O SUCESSO

Esse sucesso não foi o resultado de eu ter inventado uma nova tecnologia. Em vez disso, usei uma tecnologia existente para ser disruptivo em um negócio diferente. Nesses tempos turbulentos de transformação tecnológica incessante, esse é o segredo para ter sucesso como disruptivo.

Uma empresa ou produto podem ser entendidos como a soma dos elos que agregam valores. Tradicionalmente, esses elos são pesquisa e desenvolvimento, design, produção, marketing/vendas e distribuição. Cada um desses elos únicos agrega diferentes valores ao negócio como um todo. Todos os produtos começam na pesquisa e desenvolvimento. É ali que se definem quais necessidades o produto satisfaz e quais funções ele deve ter. O produto, então, terá seu design e produção determinados de acordo com as restrições financeiras e materiais da empresa. O marketing e as vendas se concentram em como criar e satisfazer a demanda pelo produto. E, por fim, a distribuição cuida dos problemas logísticos de levar o produto aos consumidores. Para que o produto seja um sucesso, cada elo deve ser sólido e sustentável, e novos participantes podem romper cada uma das junções se puderem satisfazer as mesmas funções com mais eficiência. Uma empresa está em risco de ser vítima da disrupção quando um ou mais desses elos podem ser substituídos por uma tecnologia ou produto que entrega um serviço melhor ou agrega mais valor ao novo mercado de modo mais eficiente. Vamos usar o exemplo óbvio do correio. O e-mail conseguiu ser disruptivo em relação ao elo da distribuição na cadeia de valor do correio ao possibilitar que as pessoas mandassem mensagens umas às outras instantânea e diretamente, tornando o serviço postal desnecessário em quase todas as formas de comunicação diária.

Mas, para ter sucesso na era da disrupção, não é preciso inventar algo novo. Não é preciso descobrir algo que o mundo nunca viu. Há riquezas a serem encontradas ao simplesmente capturar o valor liberado nos progressos disruptivos dos outros. Ainda que o e-mail tenha rompido a ligação da distribuição na cadeia de valor do serviço postal, incontáveis negócios cresceram e lucraram tremendamente ao usar o e-mail como uma forma de comercializar, vender, desenvolver e até fabricar outros produtos. Em outras palavras, a disrupção de um dos elos na cadeia de valor cria oportunidades em outras ligações.

> *Há riquezas a serem encontradas ao simplesmente capturar o valor liberado nos progressos disruptivos dos outros.*

Qualquer um que tire proveito das oportunidades criadas pela disrupção, que se recuse a ser intimidado pela inovação tecnológica e que encontre meios de continuamente se reinventar para que seus recursos nunca fiquem obsoletos — essas são as pessoas que considero disruptivas.

Ter sucesso como alguém disruptivo é capturar o valor liberado através da disrupção. Todas as empresas sofrerão com a disrupção tecnológica mais cedo ou mais tarde. Do restaurante de família que não sabe como interagir com aplicativos de comida, como o OpenTable, o Yelp e o Groupon, até o corretor de hipotecas que se tornou redundante com o surgimento de softwares online de empréstimos, como o Quicken, você pode aceitar a jornada do disruptivo ou morrer no caminho. No mundo de negócios de hoje, se você não está indo para a frente, então está ficando para trás.

A velocidade da mudança continua a aumentar e, por isso, são muitas as novas oportunidades. Novos participantes tomarão o lugar de corporações antigas que sobreviveram até arrancar o último centavo de produtos já estabelecidos em vez de aceitar as realidades da canibalização e enfrentar a disrupção. Como disse o executivo da Kodak Larry Matteson, antes de a empresa centenária se declarar insolvente: "Sábios executivos concluíram que era melhor não ter pressa em deixar de ganhar setenta centavos de dólar por filme para, talvez, ganhar no máximo cinco centavos com o formato digital." Meu primeiro sucesso nos negócios foi publicar CD-ROMs. Seria fácil me classificar como um produtor de CD-ROMs, mas, se eu o tivesse feito, minha carreira teria desaparecido junto com essa indústria. Em vez disso, me vejo como um disruptivo em série. Constantemente procuro por formas de usar novos avanços tecnológicos para revolucionar o modo como trabalhamos, aprendemos e jogamos. Já administrei negócios em e-commerce, distribuição de mídia digital, *publicidade social*, aplicativos de celular e financiamento coletivo. Fiz minha carreira ao capitalizar as oportunidades criadas pelas tecnologias disruptivas. Eu me orgulho de saber como me adaptar quando as regras do jogo mudam; me recuso a ser um mero peão no tabuleiro.

Apesar de eu ter passado a maior parte da minha carreira como um empreendedor de startup, em todas as minhas três "performances corporativas" (na alta direção da Universal Studios, da EMI e da Sony), fui contratado especificamente como um *intraempreendedor*. Um intraempreendedor causa a disrupção de dentro para fora em vez de esperar que a empresa seja atacada por forças externas. Na Universal Studios, em meados da década de 1990, minha tarefa era encontrar maneiras de alavancar a recém-criada Rede Mundial de Computadores (World Wide Web) para ver se ela ajudaria a comercializar filmes, vender músicas, reservar viagens a parques temáticos e gerar novas fontes de receita. No começo dos anos 2000, eu era o presidente da EMI, na qual tinha o duplo desafio de combater a onda de pirataria na internet, lançada pelo Napster e seus descendentes, enquanto migrava nossos lucros para downloads digitais e serviços de stream. Depois, fui contratado pela Sony — uma empresa que, por décadas, tinha sido líder de inovações — para criar um ecossistema digital para os mais diversos departamentos da empresa: música, filme, vídeo, livros, eletrônicos pessoais, PlayStation, televisão e computadores.

Quando se tem autonomia total, ser um intraempreendedor é o melhor trabalho do mundo. Você tem toda a velocidade e a agilidade de uma *startup*, turbinada com o aparato comercial e financeiro de uma empresa global. Você também pode escolher sua própria equipe (algo crítico para construir um negócio de sucesso) e bancar a contratação dos melhores do mundo. Em cada um de meus lances corporativos, construí novas divisões para ir atrás de novas oportunidades em mercados emergentes. Algumas vezes conseguíamos influenciar toda a cultura corporativa; em outras, éramos tratados como um filho postiço, feio e com ebola.

Meus três trabalhos corporativos me permitiram fazer parte de uma indústria maior durante um tempo de grande disrupção. Incapaz de traçar o próprio destino, a Universal Studios mudou de donos seis vezes desde 1990. A EMI foi comprada por uma empresa de "private equity" [uma companhia de gestão de investimentos] pelo incrível valor de US$4,7 bilhões,[13] apenas para ser desmembrada e vendida quatro anos depois.[14] A Sony, relutante ou incapaz de se adaptar às mudanças do cenário digital, perdeu quase 90% de seu valor de mercado — as ações da empresa, que valiam mais de US$100 bilhões em 2000, eram cotadas a US$18 bilhões em 2012.[15] Eu já fui tanto o conquistador quanto o conquistado. Obtive êxito ao causar a disrupção de mercados dominados pela IBM, Microsoft, Apple e Google, e já fui vítima da disrupção iniciada por dois universitários em um dormitório da faculdade. As lições que aprendi naquelas experiências em corporações influenciaram o *SEJA Disruptivo!* tanto quanto o que aprendi administrando startups. A verdade é que os funcionários corporativos não podem mais ser imunes ao espírito empreendedor. Inovação progressiva é como andar na areia movediça: você se esforça muito, mas não chega muito longe. Construir organizações disruptivas tem de estar no sangue de toda corporação de sucesso do século XXI.

Uma das minhas expressões favoritas é: "Segurança rouba a ambição". A maioria das pessoas não está disposta a arriscar o que construiu pela oportunidade de ter algo melhor. Muitos profissionais (incluindo a maioria dos advogados de meia-idade que conheço) já se cansaram de suas carreiras, mas se sentem presos à segurança salarial e à rotina confortável. Não é por coincidência que nos referimos à nossa acumulação de bens materiais como "armadilhas". Quanto mais tempo você ficar em um emprego de que não gosta, mais dinheiro irá ganhar e menor será a probabilidade de sair para perseguir seus sonhos. Mas a escolha é sempre sua. Pergunte a si mesmo: você prefere trabalhar quarenta horas semanais em um emprego que odeia ou oitenta em um emprego que ama?

> A maioria das pessoas não está disposta a arriscar o que construiu pela oportunidade de ter algo melhor.

> Você prefere trabalhar quarenta horas semanais em um emprego que odeia ou oitenta em um emprego que ama?

A maioria das pessoas foi condicionada a acreditar no tão chamado "plano de vida quarenta–quarenta". Na época das corporações estáveis e das pensões totalmente financiadas, os funcionários trabalhavam quarenta horas semanais por quarenta anos e, então, se aposentavam. Na era do plano de aposentadoria 401(k)* e dos cortes de pensões, trabalhar quarenta horas semanais já não é mais a fórmula para o sucesso. Vinte e três milhões de norte-americanos com sessenta anos ou mais são considerados "financeiramente inseguros", e um terço dos idosos não têm dinheiro sobrando no fim do mês ou ficam endividados depois de terem tido gastos essenciais.[16] E o pior, se alguém tem um pouco de experiência em uma empresa ou em uma área, o que acontece se essa área desaparecer? Enquanto você se lamenta por sua posição "segura" na vida, alguém pode estar sendo disruptivo na sua indústria e levando à falência a empresa para a qual você trabalha. Acha que seu alto cargo corporativo não é ameaçado por disruptivos? Apenas setenta e uma empresas da lista original da Fortune 500, publicada em 1954, continuam na lista.[17] Apenas 14% das maiores e mais bem-sucedidas corporações sobreviveram tempo o bastante para que um funcionário fizesse sua carreira em uma única empresa e se aposentasse.[18] A segurança não rouba a ambição; a *ilusão* de segurança é que a rouba.

> A segurança não rouba a ambição; a ilusão de segurança é que a rouba.

SEJA Disruptivo! examina como qualquer um pode adotar a mentalidade disruptiva e se colocar no caminho do sucesso — quer isso signifique começar seu próprio negócio, provar seu valor na empresa em que já trabalha ou buscar reposicionamento em sua carreira. Veremos como os disruptivos de sucesso identificam oportunidades criadas por rupturas nas cadeias de valor de outros negócios, encontram grandes ideias e sabem quando centralizar

---

*   Nos Estados Unidos, o plano de aposentadoria 401 (k) é análogo a uma previdência privada aberta pelo empregador, na qual os empregados podem aplicar parte de seu salário e administrar os ativos financeiros como um plano de investimentos. O resgate pode ser feito pelo empregado ao atingir um prazo mínimo, que varia de acordo com o tempo de casa. (Nota da edição brasileira)

suas energias e ajustar seu modelo de negócios. Por fim, *SEJA Disruptivo!* explora as várias maneiras como empresas e organizações sociais foram vítimas da disrupção recentemente e prevê quais elos em sua cadeia de valor estão prontos para a disrupção futura.

De acordo com o USA Today, atualmente, 50% dos universitários querem ser empreendedores.[19] Além dos estudantes, inúmeros trabalhadores sonham em ser seus próprios chefes, criar um pequeno negócio ou apenas ganhar mais dinheiro. Dezenas de incubadoras de empresas estão aparecendo pelos Estados Unidos. Em 1980, havia apenas doze incubadoras em toda a nação; hoje, são mais de 1.250, e estima-se que esse número cresça a uma taxa de 10% ao ano.[20] Ao viajar pelo país palestrando em incubadoras, encontro empreendedores iniciantes sedentos por conselhos práticos sobre como transformar suas indústrias e fazer mudanças construtivas. Mesmo nessa época economicamente difícil, vários norte-americanos abandonaram seus trabalhos no ano passado por quererem mais da vida do que um contracheque.[21] Eles querem fazer a diferença. *SEJA Disruptivo!* não é apenas para empreendedores de startups e funcionários corporativos; é para todos que querem uma promoção, um aumento ou um jeito de ter mais satisfação na vida.

Capítulo Dois

Torne-se Disruptivo

Todos pensam em mudar o mundo, mas ninguém pensa em mudar a si mesmo.
— Liev Tolstói

Ser disruptivo é simplesmente um estado de espírito. É a habilidade de procurar por uma oportunidade em cada obstáculo, encarar toda derrota como um novo começo. É ver o lado bom das coisas. Todas as pessoas de sucesso que transformaram um negócio ou uma organização social começaram com um problema pessoal e notaram quantas outras pessoas tinham o mesmo problema. O que diferencia um disruptivo das outras pessoas que meramente vivenciam seus problemas é que os disruptivos veem a si mesmos e aos seus mundos de um jeito diferente. Esse ponto de vista único faz com que eles virem agentes da mudança — e colham as recompensas. A disrupção não diz respeito ao que acontece com você e sim a como você responde ao que acontece com você.

> *Disrupção não diz respeito ao que acontece com você, e sim a como responde ao que acontece com você.*

Todo guerreiro de estrada [expressão originada no famoso filme *Mad Max*] já experimentou a tristeza de perder um voo de conexão e sentir-se impotentemente preso em um aeroporto longe de casa. Mas quando isso aconteceu ao lendário empreendedor Sir Richard Branson, ele respondeu de um jeito diferente. Em 1979, quando o empresário da música perdeu um voo para Porto Rico e ficou preso nas Ilhas Virgens Britânicas, ele olhou pelo aeroporto e calculou mentalmente quantos outros viajantes também estavam presos. Ele logo fretou um avião e escreveu em uma lousa: *VIRGIN AIRWAYS US$39*. Todos chegaram aonde queriam. Mas Sir Richard e sua noiva, Joan, viajaram de graça. Para Sir Richard, começar o que viraria uma companhia aérea bilionária foi realmente tão fácil quanto perder um voo. Os disruptivos reconhecem que os problemas que eles enfrentam provavelmente também acontecem com os outros.

Quando ainda estava na faculdade, Jenn Hyman viu sua irmã, Becky, ficar frustrada ao passar por um dilema conhecido por quase todas as mulheres: ela tinha "um guarda-roupa cheio, mas nada para vestir". O desejo que Becky tinha de ficar linda para o casamento de uma amiga não podia ser satisfeito com seu modesto salário. Ela queria usar um vestido caro das marcas Hervé Léger ou Proenza Schouler, ainda que só por uma noite. Foi quando Jenn teve uma ideia disruptiva simples: e se existisse um guarda-roupa dos sonhos do qual as mulheres pudessem alugar roupas da última moda e um novo vestido para cada ocasião? Jenn se juntou à sua colega da Harvard Business School, Jenny Fleiss, e a Rent the Runway nasceu. "Nossa intenção é causar a disrupção de todas as partes do significado histórico do varejo", afirmou Jenn recentemente em uma entrevista para a Forbes.[1] E causar a disrupção foi o que elas fizeram. Com quase US$55 milhões financiados por capital de risco [prática em que o investidor de risco adquire parte do controle acionário da empresa], a Rent the Runway agora emprega mais de duzentas pessoas, envia vestidos e acessórios para mulheres do mundo todo e desafia a maneira como os maiores estilistas e lojas de departamento de Nova York funcionam.[2] Enquanto Jenn e Jenny lançavam seu império, a maioria dos universitários norte-americanos se afundavam em dívidas. Os graduados pelas faculdades norte-americanas agora são responsáveis por mais de US$1 trilhão em dívidas estudantis.[3] Uma geração inteira carrega o fardo de uma hipoteca sem as vantagens de ter uma casa. O advogado Gene Wade viu esse problema enorme e criou uma solução simples, mas disruptiva: um diploma online barato. Ao contrário das outras escolas digitais, a UniversityNow de Wade fornece aos alunos um modelo "self-service sem balança" por apenas US$2.600 ao ano.[4] A pechincha inclui todos os livros e mensalidades para diplomas completamente credenciados, desde um bacharelado até um M.B.A. "Eu virei um empreendedor da educação porque o sistema atual não tem a capacidade de servir às pessoas com necessidades únicas para o ensino superior", disse Wade. Com um capital de risco um pouco maior do que US$42 milhões, a UniversityNow está bem posicionada para ser disruptiva aos negócios do ensino superior e poupar as futuras gerações de dívidas incontroláveis.[5] Wade é um homem com uma missão e sonhos grandes e ousados.

O que Sir Richard Branson, Jenn Hyman e Jenny Fleiss e Gene Wade têm em comum é a mentalidade de um disruptivo. Em vez de observar um problema e deixar que os outros resolvessem, eles mergulharam de cabeça, vendo problemas enormes como oportunidades enormes. Para adotar a mentalidade de um disruptivo, você precisa, primeiro, ser disruptivo consigo mesmo.

A ARTE DA AUTODISRUPÇÃO

No capítulo anterior, vimos como a disrupção acontece quando um elo da cadeia de valor é completamente transformado pelo surgimento de uma tecnologia ou produto — que cria uma nova demanda de mercado e força uma reformulação do modelo de negócios anterior. Sugeri que ser disruptivo não é necessariamente inventar um produto revolucionário e sim aproveitar as oportunidades criadas em outros pontos da cadeia de valor de uma empresa quando um elo for vítima da disrupção. Neste capítulo, exploraremos como analisar e ser disruptivo às ligações da sua cadeia de valor pessoal para revelar seu potencial e preparar-se para agarrar a oportunidade.

"A mente é tudo. O que você pensa, você se torna", escreveu Buda há dois milênios. Você não é mais do que acredita ser. Você deve remover todas as definições internas e externas de *si próprio* que limitam seu progresso na vida.

A autodisrupção não é um processo confortável ou fácil. É preciso que você saia da sua zona de conforto. Por mais banal que pareça, pense na metamorfose longa e dolorosa que uma lagarta precisa aguentar para ressurgir como uma bela borboleta. A autodisrupção é como passar por uma cirurgia complexa, na qual é você quem segura o bisturi. Uma busca por "autoajuda" na Amazon traz mais de 400.000 títulos sobre deixar de ser o próprio obstáculo, alcançar seus sonhos e recriar sua vida de dentro para fora. Estou certo de que cada um desses livros está cheio de lições sobre como curar seu emocional e melhorar sua autoestima. Não sou psicólogo, e sou a última pessoa neste planeta que deveria dar conselhos sobre felicidade duradoura ou despertar espiritual. Mas sou especialista em desconstruir um conjunto de concepções para analisar problemas de forma disruptiva e criar, portanto, novas oportunidades.

> *A autodisrupção é como passar por uma cirurgia complexa, mas é você quem segura o bisturi.*

Assim como toda empresa possui uma cadeia de valor que define seu sucesso, podemos pensar em nossas identidades como formadas por nossas cadeias de valor internas. São essas cadeias de valor que fazem de nós quem somos; elas guiam a maneira como operamos no mundo. Nosso centro de pesquisa e desenvolvimento pega informações de nosso ambiente e as entende como um obstáculo ou uma oportunidade. O cérebro, nosso centro de design e produção, dita as ações em resposta às nossas percepções. Nós comercializamos e vendemos a nós mesmos pela forma como nos apresentamos ao mundo, baseada no que vemos como nossos pontos fortes e nossas limitações. Distribuímos a nós mesmos nas maneiras que escolhemos de passar o tempo e nos pontos onde focamos nossa energia. Quando visto dessa forma, o processo de autotransformação passa a ser acessível: você precisa apenas analisar cada elo da sua cadeia de valor interna e encontrar o elo específico que está limitando sua vida. Depois, mude esse elo para ser disruptivo consigo mesmo.

SEJA DISRUPTIVO COM SEUS ELOS DE PESQUISA E DESENVOLVIMENTO

Em 1948, o psicólogo da UCLA Bertram Forer realizou um experimento famoso para provar que a percepção que os seres humanos têm de si mesmos é muito maleável. O Dr. Forer instruiu seus alunos a completarem um detalhado teste de personalidade. Em seguida, usou as respostas de cada aluno para fazer uma análise de personalidade. Foi pedido que os alunos classificassem a precisão da análise comparando-a à percepção que tinham de si mesmos. O teste de Forer é aplicado há mais de meio século e continua com uma taxa de 4,26 de precisão, segundo as respostas dos participantes, que variam em uma escala de 1 a 5. Com uma precisão de mais de 85%, essa é provavelmente a ferramenta de medida para os traços de personalidade humana mais meticulosa já construída. Há um único problema com o teste de Forer: o teste é uma farsa. Todos os alunos, independentemente de como respondem às perguntas do teste, recebem a mesma análise:

> Você precisa que as pessoas gostem de você e o admirem. Você tende a ser seu maior crítico. Você tem muita capacidade adormecida, da qual não tirou proveito. Ainda que tenha algumas fraquezas em sua personalidade, você geralmente consegue compensá-las. Disciplinado e controlado por fora, você é preocupado e inseguro por dentro. Às vezes, você questiona se tomou a decisão correta ou se fez o certo. Você gosta de um pouco de mudanças e variedade, e fica insatisfeito quando é contido por restrições e limitações. Você se orgulha de pensar por si mesmo e não aceita o que os outros dizem sem provas fundamentadas. Aprendeu que não é inteligente ser franco demais e revelar-se totalmente aos outros. Às vezes, você é extrovertido, cortês e sociável; em outras, introvertido, cauteloso e reservado. Algumas das suas aspirações tendem a ser bastante irreais. Segurança é um dos seus maiores objetivos na vida.

Não importava como os participantes respondiam às perguntas, Forer lhes dava o mesmo *feedback*, dizendo que analisava cada personalidade — e 85% do tempo, os participantes diziam que a avaliação de Forer os descrevia com precisão.[6] Se nossas identidades são tão facilmente influenciadas por fontes externas, então devemos ter a capacidade de mudar nossa mentalidade. Pense na maneira como o teste de Forer pode se aplicar a você. As vozes externas em nossas vidas são o elo de pesquisa e desenvolvimento na cadeia de valor que determina quem somos. Quando você começou a acreditar nessas vozes? O que elas dizem sobre você? Como elas o limitam?

Não era para eu ser bem-sucedido quando crescesse (Basta perguntar a qualquer um na minha família.) Quando criança, demorei para aprender a falar e a ler. Assim que entrei no ensino fundamental, os alunos da minha sala foram divididos em três grupos de leitura: as Águias, os Gaviões e os Galeirões-americanos. Eu era um galeirão-americano nato. Você sabe quando o professor o coloca no grupo dos perdedores, mesmo aos cinco anos. As águias levantam voo, enquanto os galeirões-americanos ficam no canto, brincando com a terra. Eu não conseguia aprender como as outras crianças e fui convencido pelos professores de que era estúpido.

Anos mais tarde, depois de alguns exames, meus pais e meus professores descobriram que eu tinha dislexia.

Quando eu era criança, nos anos 1960, a dislexia não era vista como um "dom" e sim como um distúrbio de aprendizado. As escolas colocavam os alunos disléxicos em turmas de educação especial ou nos deixavam no fundo da sala de aula. Classificar os alunos como *diferentes* os faz acreditar que são inferiores em relação aos colegas. Todo mundo já se sentiu diferente na escola uma ou duas vezes. Já falaram a todos nós quais talentos nos faltavam. *Você é ruim em matemática. Não sabe ler um mapa. Não tem habilidade artística. Você nunca entenderá como administrar uma empresa.* Repetidas com bastante frequência por pais, professores e exemplos de vida, essas opiniões são internalizadas pelas crianças. Com o tempo, as pessoas aceitam as limitações que a sociedade lhes impõe.

Para minha sorte, os anos 1960 foram uma época de teorias educacionais novas e experimentais. Os Estados Unidos queriam chegar à lua, e o ensino universitário rompia com as tradições do passado. A era da memorização maquinal dava lugar à da autoexpressão. Os professores começaram a experimentar coisas novas na sala de aula. Alunos como eu tinham a escolha de escrever uma redação ou fazer um desenho. Fazer a prova de ortografia ou juntar vários objetos cujos nomes começavam com o som de "sm", como em *Smurfs* ou *smiles* [sorrir]. Eu enrolei plástico-filme na cabeça da Barbie da minha irmã para representar a palavra *smother* [sufocar]; ganhei uma estrela dourada e uma consulta com o psicólogo da escola.

Consegui completar o ensino fundamental ao mascarar minha "dificuldade" de aprendizagem desenvolvendo alternativas criativas para compensar minha inabilidade de fazer as coisas do mesmo jeito que os outros. Eu preferia apresentar um seminário em frente à turma inteira a escrever uma redação. Dada a escolha entre trabalhar em um projeto sozinho ou em grupo, eu sempre escolhia o grupo, no qual podia delegar as tarefas em que não era bom. Incapaz de competir no campo acadêmico, aprendi a inventar novas maneiras de burlar o sistema para mascarar minha incapacidade de ler e escrever no mesmo nível que meus colegas. Na quinta série, eu tinha adaptado meu mundo para acomodar minhas habilidades e só tirava dez. Ao olhar para trás, encontrar alternativas ao sistema estabelecido a fim de sobreviver foi o treinamento perfeito para um disruptivo autônomo. Eu causei a disrupção à educação tradicional quando ainda era muito jovem.

Acontece que eu não fui o único disruptivo disléxico. Steve Jobs, Albert Einstein, Thomas Edison, Alexander Graham Bell, Sir Richard Branson, Leonardo da Vinci, Michael Faraday, Henry Ford, Ted Turner e Walt Disney eram todos disléxicos. Todos eles reclamavam de se sentirem entediados na escola, e todos os educadores os viam como desmotivados. Tantos disruptivos, em tantas áreas, são disléxicos que não é possível, estatisticamente, considerar isso uma coincidência. No exército, George Washington e o general George S. Patton, dois dos estrategistas mais criativos no campo de batalha, eram disléxicos. Artistas que desafiavam o *status quo*, como Pablo Picasso e Andy Warhol, também "sofriam" por serem especiais.[7] Será que há alguma vantagem em pensar dessa forma?

Steve Jobs, em seu brilhante discurso de paraninfo para os formandos de 2005 da Universidade Stanford, refletiu sobre seus desafios acadêmicos na faculdade. Jobs sabia que queria fazer algo incrível quando escolheu seu caminho de vida, mas não sabia quais passos o levariam ao sucesso.

> É claro que, quando eu estava na faculdade, era impossível juntar os pontos ao pensar no futuro. Mas tudo parece muito, muito óbvio quando se observa agora o que aconteceu há dez anos. De novo, não dá para juntar os pontos quando se pensa no futuro; só é possível fazê-lo ao pensarmos no passado. Por isso, vocês precisam acreditar que, no futuro, os pontos irão se juntar de alguma forma. Vocês precisam acreditar em alguma coisa — nos seus

instintos, no destino, na vida, no carma, no que quer que seja. Essa abordagem nunca falhou comigo e fez toda a diferença em minha vida.[8]

Assim como a maioria dos disléxicos, Jobs ficava entediado durante a aula. Ele abandonou a Reed College depois de um semestre. Mas, em vez de voltar para casa, Steve se matriculou em aulas que achou que capturariam sua imaginação. Uma delas era um curso de caligrafia. Anos depois, ao desenvolver o computador Macintosh, ele se inspirou nessa experiência para criar o primeiro computador pessoal com múltiplas fontes. Quando artistas gráficos procuraram mais pelo Mac, Jobs percebeu que sua jovem empresa tinha encontrado seu primeiro mercado de nicho. Assim surgiu a editoração eletrônica, e logo os computadores com Windows seguiram seu exemplo. Jobs participou como aluno ouvinte de uma aula aleatória na faculdade, e a função social dos computadores foi transformada.

Em um recente estudo sobre gêmeos idênticos promovido pelo Center for Regenerative Therapies Dresden, geneticistas comportamentais concluíram que as interações pessoais que os gêmeos tinham com seu ambiente remapeavam de fato seus cérebros. Um ciclo de *feedback* se desenvolve quando novos comportamentos são reforçados positivamente e, no fim, gêmeos idênticos podem desenvolver personalidades radicalmente diferentes. Fala-se mais com a criança que faz mais barulho. Com o tempo, essa criança desenvolverá mais ligações verbais em seu cérebro como resultado do reforço positivo recebido de seu ambiente. O estudo descobriu que o gêmeo que recebe menos atenção cresce introvertido e menos verbal.[9] Nós nos adaptamos diariamente em resposta ao nosso ambiente.

Quando Mohandas Gandhi estudava direito em Londres, suas ideias não eram muito seguidas ou aceitas. Ao voltar para a Índia, Gandhi mudou de ambiente e viveu entre o povo; só então sua nova autopercepção surgiu. Em seu livro para empreendedores, *The Start-up of You* [*Comece por Você*], o cofundador do *LinkedIn* e investidor-anjo Reid Hoffman diz o seguinte: "A identidade não é encontrada. Ela surge".[10] Desde muito cedo, somos ensinados a acreditar que temos limitações imutáveis. Nossos pais, professores e treinadores nos elogiam ou nos criticam. Com testes de QI e provas de admissão, somos julgados e pontuados. Quando adultos, podemos fazer testes de aptidão para saber quais carreiras são melhores para nós.

A experiência de vida é frequentemente uma série contínua de pesquisa e desenvolvimento que estreita nossos objetivos e, como resultado, limita as oportunidades que achamos ter. Nós moldamos nossas ambições com base nos *feedbacks* que recebemos dos outros. Você é extrovertido ou introvertido? Você se apoia na intuição ou no raciocínio lógico ao tomar uma decisão? A infeliz realidade é que o que limita a maioria das pessoas é, na verdade, a própria crença de que não são boas o bastante ou dignas de sucesso.

Muito da pesquisa e desenvolvimento que fazemos em nós mesmos começa logo cedo em nossas vidas. Moldamos nossas personalidades com base nos *feedbacks* que recebemos em casa e na escola. As crianças que ouvem que têm talento para os esportes crescem e viram atletas melhores. Esse fenômeno foi comprovado diversas vezes em estudos clínicos; o sociólogo da Universidade Columbia, Robert K. Merton, chamou esse fenômeno de Efeito Mateus, com alusão à passagem bíblica: "Ao que tem, se lhe dará e terá em abundância, mas ao que não tem será tirado até mesmo o que tem."[11] Em outras palavras, você recebe o que acha que merece.

> *Você recebe o que acha que merece.*

Em seu best-seller *Fora de Série,* Malcolm Gladwell reconta o estudo com jogadores profissionais de hóquei realizado pelo psicólogo canadense Roger Barnsley. Por mais que pareça estatisticamente impossível, era mais provável que os atletas mais bem-sucedidos da National Hockey League tivessem nascido entre os meses de janeiro e março. O motivo disso era o Efeito Mateus.

"Não tem a ver com astrologia, tampouco há algo mágico nos três primeiros meses do ano", escreveu Gladwell. "É simplesmente por que, no Canadá, o limite de elegibilidade por idade para as aulas de hóquei é em primeiro de janeiro. Um garoto que faz dez anos em dois de janeiro, então, vai jogar ao lado de alguém que só vai fazer dez anos no fim do ano — e nessa idade, na pré-adolescência, uma diferença de doze meses representa uma diferença enorme na maturidade física."[12]

Assim, as crianças maiores se sobressaem no hóquei, e seus pais e treinadores reforçam essa ideia ao lhes dizerem que são boas no esporte. Ser elogiado por ser bom em algo deixa o esporte mais agradável para as crianças. Quanto mais as crianças eram elogiadas, mais elas gostavam do jogo, mais tempo passavam treinando e ficavam cada vez melhores. Esse reforço positivo não só era internalizado na identidade da criança, mas gravado no cérebro dela. As crianças desenvolviam uma mentalidade de hóquei superior. A pequena vantagem física que elas tinham ao entrar no gelo pela primeira vez aos dez anos levava esses jogadores a terem domínio e uma carreira no hóquei. Quando as crianças nascidas entre janeiro e março se tornavam profissionais, elas se juntavam a uma liga dominada por jogadores que nasceram no primeiro trimestre do ano. Nós nos tornamos o que acreditamos ser.

O mesmo vale para a maneira como as mulheres entendem seus papéis na sociedade e no ambiente de trabalho. Se as garotas são chamadas de mandonas quando são confiantes, elas ficam menos propensas a se tornarem adultos sociáveis? No livro que Sheryl Sandberg escreveu sobre mulheres e o ambiente de trabalho, *Faça Acontecer*, ela ressalta que "não podemos mudar aquilo de que não estamos cientes e, quando estamos conscientes, não podemos deixar de mudar."[13]

SEJA DISRUPTIVO COM SEUS ELOS DE *DESIGN* E PRODUÇÃO

A Dra. Sally Shaywitz, professora na Yale University School of Medicine e diretora do Yale Center for Dyslexia & Creativity, dedicou sua carreira ao estudo da dislexia. Sua pesquisa traz uma base científica para que a dislexia seja reclassificada como um dom de aprendizagem, em vez da doença que eu cresci acreditando que ela era. O cérebro disléxico é fisiologicamente programado para revolver os problemas de um jeito diferente. Ao usar imagens por ressonância magnética funcional, Shaywitz identificou em leitores disléxicos uma "assinatura neural para dislexia", uma disrupção de dois sistemas neurais na parte posterior do cérebro. A pesquisa da Dra. Shaywitz mostra que os cérebros disléxicos obedecem a uma programação diferente.

"As imagens cerebrais fornecem evidências visíveis da realidade da dislexia", escreveu Shaywitz. "A dislexia não é mais um transtorno silencioso."[14] Os disléxicos tendem a ver os problemas em sua totalidade; nós processamos os problemas fora de uma série de passos lineares e tiramos conclusões de outras associações. A habilidade do disléxico em ver o quadro geral significa que ele consegue avaliar rapidamente os possíveis valores de um negócio. Por exemplo, Ted Turner conseguiu ver valor onde os outros não viram na biblioteca de filmes da MGM e lançou novas formas de obter lucro no mundo emergente da TV a cabo. A Dra. Shaywitz se refere ao pensamento mais crítico e à criatividade associados à dislexia como um "Mar de Forças". É fascinante que a campanha publicitária mais efetiva que o disléxico Steve Jobs criou para a Apple tenha sido "Pense Diferente".

O fundador e presidente do Virgin Group, Sir Richard Branson, diz que a dislexia é sua "maior força".

"Quando eu estava na escola, poucas pessoas entendiam a dislexia e o que fazer com ela", explica Branson. "Em um dos meus últimos dias na escola, o diretor disse que eu acabaria na cadeia ou me tornaria um bilionário. Foi uma previsão bastante assustadora, mas, de certa forma, ele estava certo sobre as duas coisas!"[15]

As características mais comuns no mar de forças que o empreendedor disléxico leva ao mundo dos negócios são o pensamento crítico, a maneira nada ortodoxa de resolver os problemas, a tenacidade e os níveis superiores de inteligência. Um estudo inovador sobre as ligações entre os empreendedores e a dislexia, conduzido na Cass Business School, em Londres, descobriu que 35% dos empresários norte-americanos entrevistados se viam como disléxicos.[16] O estudo, liderado pela professora de empreendedorismo da Cass Julie Logan, identificou que os disléxicos são mais propensos a delegar autoridade e excelentes em comunicação oral. Assim como eu fiz na escola, a maioria dos disléxicos compensam suas fraquezas em uma área ao se fortalecerem em outra. "Descobrimos que os disléxicos de sucesso enfrentam muitas dificuldades em suas vidas desenvolvendo habilidades compensatórias", de acordo com o estudo da Cass. "Se você disser a amigos e conhecidos que planeja abrir uma empresa, vai ouvir várias vezes que não vai funcionar, que não pode ser feito. Mas os disléxicos são extraordinariamente criativos ao lidarem com problemas."[17] A forma como nossos cérebros processam e respondem às informações pode ser vista como o elo de design e produção em nossa cadeia de valor interna. Da mesma forma que uma empresa pode se transformar ao mudar a forma como desenvolve e produz seus produtos, você pode remapear suas ligações neurais para pensar de forma diferente. Você tem o poder de mudar a programação das conexões físicas em seu cérebro. A forma como você escolhe pensar muda a forma como o cérebro processa as informações. Por exemplo, estudos recentes mostram que os pensamentos positivos são mais do que uma ferramenta motivacional; eles adaptam nossa fisiologia.[18]

É possível reprogramar seu cérebro para compreender e resolver problemas como se você fosse disléxico. Não se permita ver a resolução de problemas como uma série de passos discretos. Treine-se para ver além das variáveis dadas e veja o problema como um todo. Não tente ver os passos para resolver o problema; primeiro visualize a solução e, depois, trabalhe para essa solução. Ao pensar dessa maneira, você descobrirá o caminho mais curto, os passos mínimos necessários, e identificará as peças que faltam para resolver o quebra-cabeça. Todo um conjunto de atividades profissionais foi desenvolvido para ensinar pessoas e instituições a pensarem holisticamente. A Innovation Arts, sediada em Londres, é uma consultoria que usa "recursos visuais" para mudar a forma como os departamentos se comunicam, projetam e produzem novos produtos e ideias; seus clientes vão da British Telecom à empresa de seguros Swiss Re.

Os atletas profissionais praticam os mesmos movimentos várias vezes para desenvolver memória muscular. "Todas as noites, pelos últimos quatro anos, eu me vejo no pódio, com a medalha de ouro pendurada em meu pescoço", disse Megan Jendrick, nadadora olímpica que ganhou o ouro duas vezes, quando lhe perguntaram como ela mantém sua performance tão constante.[19] O corpo de um atleta sabe instantaneamente como reagir a qualquer situação porque eles treinaram e condicionaram seus corpos para isso. O mesmo ocorre quando visualizamos o sucesso.

O neurocientista cognitivo Antti Revonsuo dedicou sua carreira ao estudo do papel dos sonhos para os seres humanos. Seu trabalho laboratorial na Universidade de Turku, na Finlândia, e na Universidade de Skövde, na Suécia, mostrou que a parte do cérebro conhecida como amídala é a mais ativa no estágio REM do sono. É a amídala que controla nossas emoções, o que explica por que nossos sonhos nos parecem tão emocionalmente reais. Estamos verdadeiramente assustados quando somos perseguidos em um sonho. Nosso cérebro não distingue entre realidade e sonho quando estamos dormindo. Revonsuo também descobriu que a parte do cérebro que controla as funções motoras de nossos membros (subir, correr, preparar-se para uma queda) é ativada durante o REM.[20] O cérebro ensina ao corpo como reagir, apesar de nossos braços e pernas não se moverem. Revonsuo concluiu que sonhamos para ensaiar comportamentos do mundo real. Nossos sonhos nos condicionam a responder do mesmo jeito que um atleta condiciona seu corpo.

> *Nossos sonhos nos condicionam a responder do mesmo jeito que um atleta condiciona seu corpo.*

Ao reservar cinco minutos todas as manhãs para visualizar o sucesso, você treina seu cérebro a aceitar que você é capaz de lidar com o sucesso. Ao visualizar cada passo da sua jornada, você está preparando sua mente para lidar com a oportunidade.

"A mente é verdadeiramente incrível", disse o ex-governador da Califórnia, Arnold Schwarzenegger. "Antes de ganhar meu primeiro título de Mister Universo, eu andava pela competição como se já tivesse ganhado. Na minha cabeça, já tinha ganhado tantas vezes, que o título já era meu. Depois, quando comecei a fazer filmes, usei a mesma técnica. Eu visualizava diariamente que era um ator de sucesso e ganhava muito dinheiro."[21]

O segundo benefício de começar seu dia com a visualização é que isso fará você se sentir bem. Uma mente negativa nunca encontrará o sucesso. Nunca ouvi nenhuma ideia positiva de uma pessoa com uma condição mental negativa. Como você verá nos próximos capítulos, o sucesso é merecente transformar os obstáculos em oportunidades: quanto maior o obstáculo, maior seu potencial para o sucesso. Na Segunda Guerra Mundial, o *Blitzkrieg* ("guerra-relâmpago") alemão era tido como um ataque terrestre e aéreo imbatível. Os nazistas lançaram colunas de tanques para rapidamente dominar Polônia, Holanda, Bélgica e França. Depois de as Forças Aliadas terem chegado à Normandia, poucos sabiam como se defender do temido *Blitzkrieg*. Na época, o General Dwight D. Eisenhower disse aos seus generais: "A situação em que nos encontramos deve ser vista como uma oportunidade, não um desastre."²² Com esse espírito em mente, os Aliados perceberam que o *Blitzkrieg* deixava expostos os flancos das colunas à dianteira, o que levou cinquenta mil tropas alemãs a uma armadilha. Eisenhower visualizou a vitória em sua mente e compartilhou essa visão com aqueles que estavam sob seu comando. Essa abordagem positiva diante de um obstáculo transformou a Batalha das Ardenas em uma grande vitória.

> Uma mente negativa nunca encontrará o sucesso. Nunca ouvi uma ideia positiva vir de uma pessoa com uma condição mental negativa.

Pense na maneira como você aborda os problemas e reage ao mundo a sua volta como o elo de design e produção da sua cadeia de valor interna. Em que parte da sua vida você pode encontrar oportunidades para desenvolver e produzir diferentes respostas? Como incorporar a visualização, ou mudar a forma como você pensa, transformaria a maneira como você vive?

SEJA DISRUPTIVO COM SEU ELO DE MARKETING E VENDA

Sem saber o que fazer comigo quando eu era criança, minha mãe falsificou a data na minha certidão de nascimento para que eu pudesse ser matriculado na escola um ano mais cedo. Durante o ensino fundamental, eu era o menor e menos coordenado. Era péssimo em esportes e sempre o último a ser escolhido para os times. Aprendi a odiar todas as modalidades esportivas e evitava completamente qualquer coisa relacionada à atividade física. Eu me tornei o que eu pensava. Ainda hoje, sou um dos poucos adultos que conheço que não acompanham nem assistem a nenhum tipo de esporte profissional. Internalizei a crença de que não teria sucesso nos esportes e, por isso, adaptei meus objetivos conforme o modo como o mundo via minha identidade.

Mas quando fiz quarenta anos decidi confrontar minha autoidentidade como descoordenado e péssimo em esportes. Graças ao atestado médico que me liberou das aulas de educação física no começo da sétima série, eu não participava de nenhuma atividade desde os doze anos. Eu era um homem de meia-idade obeso (tinha noventa quilos) e perdia o fôlego depois de subir um pequeno lance de escadas. Ao viajar pelo mundo, ofegando de um aeroporto para o outro, percebi que era apenas uma questão de tempo até eu enfartar. Pensando nisso em termos da minha cadeia de valor interna, percebi que minha ligação de marketing e venda estava pronta para a disrupção. Eu me apresentava ao mundo como um homem de meia-idade, fora de forma e assustado. Era preciso mudar.

Procurei um mentor. Na época, trabalhando em meu departamento, estava Kenny Johnson Jr., que treinava para o time olímpico de luta livre dos Estados Unidos. Pedi a Kenny uma lista de exercícios que me deixassem em forma. Comprometi-me a segui-la duas vezes por semana. No primeiro dia, demorei três horas e fiquei tão cansado que precisei me deitar pelo resto do dia. Em três semanas, o mesmo programa demorava quarenta e cinco minutos. No segundo mês, passei a fazer mais três quilômetros na esteira uma vez por semana. Depois de seis meses, eu pesava setenta e quatro quilos, aguentava duas dúzias de flexões na barra e conseguia correr seis quilômetros.

Com um novo senso de identidade e tendo superado as limitações arraigadas em mim desde que tinha quatro anos, decidi seguir um sonho meu: aprender a arte do trapézio. Eu tinha quase o dobro da idade da maioria dos acrobatas, mas atravessava o ar com o dobro da alegria. Fui disruptivo com o elo de marketing e venda da minha cadeia de valor interna e mudei meu corpo ao mudar minha mente. Mark Zupan, ex-atleta profissional, também se recusou a ser definido pelo modo como os outros viam suas limitações. Depois de um acidente de carro confiná-lo a uma cadeira de rodas, o ex-jogador de futebol focou suas energias no rugby em cadeira de rodas. "Quebrar meu pescoço foi a melhor coisa que já me aconteceu", disse Zupan. "Eu tenho uma medalha olímpica. Estive em muitos países a que nunca teria ido, conheci muitas pessoas que nunca teria conhecido. Eu fiz mais em uma cadeira… do que muitas pessoas que não estão em uma."[23] Nossa própria estratégia de marketing e vendas não deve ser determinada pelo modo como os outros nos veem. Nossas vidas e carreiras são determinadas pela aceitação ou negação do que identificamos como limitações.

SEJA DISRUPTIVO COM O ELO DE DISTRIBUIÇÃO

Sara Blakely queria ser advogada, mas foi reprovada no LSAT [teste de conhecimentos para ingresso no curso de Direito] exigido para entrar na faculdade. Ao pensar nessa experiência anos mais tarde, ela disse: "Eu acho que o fracasso não é nada mais que o jeito que a vida encontrou para dizer que você está no caminho errado." [24]

Blakely aceitou um trabalho em vendas na Flórida para pagar as contas, mas ela sabia que, se quisesse ter sucesso, teria de focar sua verdadeira energia de um jeito diferente. Obrigada a usar meia-calça em seu trabalho, ela odiava como a costura do pé ficava na abertura do sapato. Ela cortou a ponta da meia e percebeu que a meia-calça sem dedos podia ser vendida como um novo produto. Apesar de não ter treinamento como estilista, fabricante de protótipos ou executiva de vendas, ela estava determinada a levar seu produto ao mercado. Blakely foi a fábricas de meias e grandes lojas, e em todos esses lugares seu cartão de visitas foi rasgado na sua frente. Sem dinheiro para pagar um advogado que patenteasse sua criação, ela foi até a livraria Barnes & Noble e comprou um livro sobre como elaborar sua própria reivindicação de patentes. Dedicou todo seu tempo livre a construir sua empresa, que, por fim, a deixou milionária e fez da Spanx uma marca mundialmente renomada. Àqueles que passam pelo processo de autodisrupção, ela diz: "Não se intimide pelo que não conhece. Essa pode ser sua maior força e assegure-se de fazer as coisas de um jeito diferente de todos os outros."[25]

O último elo da cadeia de valor interna é a distribuição, que pode ser vista como a forma como escolhemos gastar nosso tempo e o ponto para onde direcionamos nosso foco. Pense na maneira como passa seus dias e noites. Está devotando a energia necessária para alcançar seus sonhos, ou se pega mudando de um canal para outro todas as noites depois do trabalho?

Uma das desculpas mais comuns que as pessoas dão para não seguirem seus objetivos é a falta de tempo. "Se ao menos eu tivesse tempo para estudar uma nova área ou aprender uma nova profissão" é o lamento de todas as pessoas insatisfeitas que se esforçam para equilibrar o trabalho e a vida familiar. Mas as pessoas de sucesso têm as mesmas vinte e quatro horas por dia que você. A única diferença é que elas controlam seu tempo. Pense em que momentos você pode encontrar tempo extra. De quais frivolidades diárias você estaria disposto a abrir mão para seguir seus sonhos? Que tal dar o próximo passo e se matricular na "Traffic University" [Universidade do Trânsito, em tradução livre], como meu amigo Ed Gartenberg? Comprometido a aprender pelo resto da vida, Ed ouve audiolivros em seu carro. Ele dirige quarenta mil quilômetros por ano ao vir dos subúrbios do Vale de San Fernando até o centro de Los Angeles. Com a média de velocidade de trinta quilômetros por hora no horário de pico, Ed estuda por ano o dobro do tempo que um universitário de período integral passa na sala de aula. Ed não só continua a aprender e a alcançar seus objetivos, como também transformou a frustração do engarrafamento em um santuário móvel de conhecimento. Todas as manhãs ele anseia pelo tráfego lento, e já adquiriu um conhecimento tão vasto de história na *Traffic U* que tem planos de fazer um doutorado em história quando se aposentar como advogado, aos sessenta e sete anos.

> As pessoas de sucesso têm as mesmas vinte e quatro horas por dia que você.

Analisando o exemplo da Traffic University do Ed, percebi que gastava mais de trezentas horas por ano em aviões. Agora, em vez de temer o tempo perdido em um voo, comecei a ansiar pelo tempo que passo no céu, onde ninguém pode me interromper com e-mails, mensagens ou ligações.

Mas "se você quer que algo seja feito", como costumava dizer a comediante Lucille Ball, "peça a uma pessoa ocupada. Quanto mais você faz, mais consegue fazer."[26] Um sonho com um prazo é um objetivo.

> Um sonho com um prazo é um objetivo.

Sua energia é um recurso valioso: distribua-a sabiamente.

> Sua energia é um recurso valioso: distribua-a sabiamente.

Pense em si mesmo em termos da sua cadeia de valor interna. O elo de pesquisa e desenvolvimento é composto pelas diferentes formas como você interpreta o mundo ao redor. Onde você tem mais sucesso — em um escritório ou em um cenário mais independente e criativo? Com que tipo de pessoa você trabalha melhor? Quais crenças você tem sobre si mesmo que podem não ser verdadeiras? Como essas crenças podem ser eliminadas? Ao ver as influências ambientais como nada mais do que elos na cadeia que faz de você quem você é, o poder de realizar as mudanças necessárias para se tornar quem você quiser será seu.

O próximo elo na cadeia é produção e design. Quais emoções e ações são produzidas quando você é confrontado com um desafio ou um problema? Você se sente frustrado ou derrotado ou consegue mudar a maneira como pensa para resolver os problemas com a mente aberta, pensando holisticamente? Como você reage a situações estressantes, como ter um novo chefe no trabalho? Você se preocupa, pois terá de provar seu valor novamente para manter o emprego, ou vê nisso uma oportunidade para conseguir a promoção de que se crê merecedor? O estímulo ambiental é o mesmo, mas sua reação e as ações resultantes são completamente diferentes, dependendo da sua mentalidade.

Grande parte da autodisrupção consiste em tomar decisões deliberadas na sua vida em vez de funcionar no piloto automático. Nós todos já estivemos em uma reunião sem conhecer mais ninguém. A resposta "bater ou correr" do seu sistema nervoso enche seu corpo de adrenalina, fazendo seu ritmo cardíaco e respiratório aumentar. Faça um esforço consciente para sair do piloto automático. Não estamos na realidade de dez mil anos atrás — nenhum Neanderthal vai matá-lo. Ao perceber que todos se sentem do mesmo jeito que você, por que não transformar a situação em uma oportunidade de cumprimentar a todos e fazê-los se sentirem bem-vindos e seguros? Ao seguir essa abordagem em todos os seus desafios, você rapidamente entenderá que o sucesso não vem de circunstâncias fora do seu controle, mas da maneira como você responde a essas circunstâncias.

Ser disruptivo com o próximo elo da sua cadeia de valor pessoal envolve a forma como você comercializa e vende seu potencial. Não suas habilidades ou desempenho, mas seu potencial ilimitado. A maioria das pessoas, ao se candidatar a uma vaga de emprego ou levantar dinheiro para sua startup, foca sua energia em explicar algo que realizou no passado. O sucesso tem a ver com lutar pelo futuro e defini-lo. Como Henry Ford gostava de dizer:

"Quer você pense que consegue, quer pense que não consegue — você está certo." Por fim, pense na maneira como você distribui seu tempo e sua energia. Você está em uma posição na qual precisa passar horas fazendo coisas que odeia? Pode dedicar mais tempo à sua educação para ir atrás do trabalho dos seus sonhos? Pode encontrar um modo de usar seu tempo mais eficientemente? Ou pode, ao menos, fazer as mudanças necessárias para dedicar mais energia a tarefas de que gosta? O que aconteceria se você mudasse completamente a forma como passa seu dia — isso permitiria que você realmente seguisse seus sonhos?

Ser disruptivo com sua cadeia de valor interna é o mesmo que destruir o motor de um carro comum para reconstruí-lo como um carro de corrida. Não dá para vencer uma corrida sem uma mentalidade vitoriosa. Você tem tudo que precisa para vencer; só precisa se preparar para a corrida da sua vida. A jornada e o processo de cada pessoa são únicos. O fator principal para se adotar uma mentalidade disruptiva é avaliar honestamente sua cadeia de valor interna para superar todos os obstáculos do caminho. Aniquile todas as suposições que impõem limitações aos seus sonhos e suas próprias expectativas. Questione o que sempre disseram sobre suas forças e fraquezas. Treine-se para pensar diferente. Comercialize seu potencial. Distribua sua energia com sabedoria e eficiência. Como disse a atriz Katharine Hepburn, quatro vezes ganhadora do Oscar: "Somos ensinados a culpar nossos pais, nossas irmãs, nossos irmãos, a escola, os professores — mas nunca a nós mesmos. A culpa nunca é nossa. Mas é sempre nossa culpa, porque se quisermos mudar, seremos nós que teremos de mudar."

> *Não dá para vencer uma corrida sem uma mentalidade vitoriosa. Você tem tudo de que precisa para vencer; só precisa se preparar para a corrida da sua vida.*

Capítulo Três

O Mapa do Disruptivo

*Planeje seu futuro — mas o faça
a lápis. A estrada à frente será tão
longa quanto você quiser.
Faça a viagem valer a pena.*
—Jon Bon Jovi

O capítulo anterior demonstrou como você pode analisar sua cadeia de valor interna para adotar a mentalidade de um disruptivo. Ao apontar as fraquezas e as vulnerabilidades dos diversos elos que formam nossas identidades, nós nos damos o poder de fazer as mudanças necessárias para ter sucesso. Determinamos que o sucesso na era dos disruptivos vem de encontrar e explorar as oportunidades criadas pela chegada de uma nova tecnologia ou produto. Mas os disruptivos de maior sucesso não ficaram esperando a oportunidade aparecer. Não; eles a criaram. Todos os inovadores que conheço criaram oportunidades ao verem suas vidas e seus caminhos para o sucesso como uma viagem. Não estou dizendo que eles tinham tudo planejado, mas quase todos que entrevistei para este livro tinham um ponto de partida e um objetivo em mente. Eles não esperaram para saber quais seriam todos os passos da jornada, mas tentaram desenhar algum tipo de mapa antes de embarcarem. Frequentemente digo que, se eu soubesse tudo o que sei hoje sobre negócios quando abri minha primeira empresa, aos vinte e um anos, nunca nem teria começado. Aceitar que as probabilidades estão contra você é o mesmo que aceitar a derrota antes mesmo de começar. Ao decidir seguir seus sonhos, você precisará de algum direcionamento. Quer você prefira pensar nisso como criar um mapa disruptivo, escrever uma declaração da missão da empresa ou montar um plano de negócios pessoal, encorajo você a criar um documento respondendo — por escrito — aos pontos detalhados neste capítulo.

> *Aceitar que as probabilidades estão contra você é o mesmo que aceitar a derrota antes mesmo de começar.*

TRANSFORME SUAS ASPIRAÇÕES EM INSPIRAÇÕES

Lembra como era fácil fantasiar sobre seu futuro quando você era criança? Você conseguia se ver como um astronauta, um astro do rock ou um bombeiro. Talvez você tenha assistido a um filme ou lido um livro que mudou instantaneamente seus sonhos. Qual garoto não quis sair correndo para se alistar nas forças armadas depois de assistir a *Top Gun – Ases Indomáveis*? Qual garota não sonhou em ser uma poderosa produtora de jornal em Washington D.C. depois de assistir a *Nos Bastidores da Notícia*?

Em 1987, um comediante desconhecido de vinte e cinco anos passava por dificuldades; seu nome era Jim Carrey e, ao olhar para o símbolo de Hollywood, preencheu um cheque de US$10 milhões para si mesmo. Um sonho vira um plano no momento em que você determina um prazo. Carrey preencheu a data do cheque para o Dia de Ações de Graças de 1995. Ele começou sua jornada disruptiva ao determinar quanto tempo tinha para alcançar seus objetivos. Ao fixar uma data, você consegue trabalhar de trás para frente em sua mente, listando os passos necessários para chegar ao objetivo. Surpreendentemente, Carrey alcançou seus objetivos um ano antes do prazo. Em 1994, por seu trabalho como o protagonista Lloyd Christmas em *Débi & Loide: Dois Idiotas em Apuros,* Carrey recebeu US$10 milhões.

Ainda que nem todos possam ser astros do cinema, todos nós podemos visualizar nossos futuros. O que você realmente quer alcançar? Quais são os passos necessários para completar sua jornada? Há mais de cem anos, um fazendeiro de Illinois chamado Wallace Wattles escreveu um livro sobre visualização chamado *A Ciência de Ficar Rico.*

"More em uma nova casa, use roupas boas, dirija um automóvel; trilhe a jornada e planeje com confiança jornadas ainda maiores", escreveu Wattles. "Pense e fale de todas as coisas que você pediu como se já as possuísse. Imagine um ambiente e uma condição financeira exatamente como você os quer e viva o tempo todo nesse ambiente e nessa condição financeira imaginários."[1]

O que Wattles quer dizer é que você não pode alcançar os sonhos que não tem. Você não investiria em uma empresa que não tem um plano de negócios, certo? Para onde a empresa vai? Quais são seus objetivos? Ela tem os recursos necessários para ter sucesso? Por que não exigir essas coisas de si mesmo? Você sempre pode mudar os negócios, mas tem apenas uma vida. Se não sabe onde quer estar em cinco anos, como espera chegar lá? Como diz sabiamente o *life coach* Tony Gaskins: "Se você não construir seu sonho, alguém vai contratar você para construir os dele."

> *Se não sabe onde quer estar em cinco anos, como espera chegar lá?*

Eu cresci em um conjunto habitacional na Filadélfia, no qual tinha pouco contato e, portanto, nenhum conceito sobre o que era riqueza e como as pessoas ricas viviam. Até que um dia fiquei fascinado por um homem que tinha ursos polares como animais de estimação.

Meu pai era professor de matemática da rede pública, e vivia uma vida urbana normal até que os soviéticos lançaram o Sputnik em 1957. Esse ato de superioridade comunista estimulou o governo dos Estados Unidos a criar a Agência de Projetos de Pesquisa Avançada de Defesa [DARPA, na sigla em inglês]. Com o destino do mundo livre em risco, a DARPA tinha fundos quase ilimitados e acesso aos melhores departamentos de pesquisa norte-americanos com uma missão: restaurar a liderança tecnológica dos Estados Unidos. Foi por causa da DARPA que se criaram as redes de computadores e um sistema de hipertexto que acabaria virando a Internet.

Mas, ainda em 1957, no auge da Guerra Fria, quando milhares de moradores construíam abrigos atômicos para se protegerem de possíveis ataques nucleares e as crianças aprendiam a ir para debaixo da mesa para "se esconderem e se protegerem", o Sputnik colocou a população norte-americana em ação.

Washington percebeu que precisava de muito mais engenheiros para derrotar a Ameaça Vermelha. Com uma onda de histeria atingindo a população, o governo federal começou a destinar quantidades quase ilimitadas de dinheiro para programas de educação focados em matemática, ciências e engenharia. Todos os professores de matemática do ensino médio norte-americano foram convocados de volta à faculdade para fazer pós-graduação. Aos vinte e nove anos, meu pai pensou: se o governo iria pagar para que ele estudasse durante as férias escolares, por que não ir para o lugar mais distante possível e transformar esses verões de aprendizado nas férias da família? Foi quando começou a parte favorita da minha infância: nossas viagens pelo país e o homem dos ursos polares.

Enquanto meu pai trabalhava para conquistar seu mestrado pela Universidade do Estado do Arizona, minha irmã e eu morávamos nos dormitórios do campus. Foi lá, quando criança, que tive meu primeiro contato com os computadores. No fim do verão, antes de voltarmos às nossas verdadeiras vidas na Filadélfia, meu pai nos levava aos pontos turísticos dos Estados Unidos e enchia minha cabeça com um mundo muito melhor que o da minha imaginação. Eu amava a Disney, o SeaWorld e os parques nacionais, mas o lugar que mudou profundamente minha visão de mundo foi o Castelo de Hearst.

Para aqueles que nunca foram à *La Cuesta Encantada* [a *Enchanted Hill*, ou A Montanha Encantada, em tradução livre], como foi chamada pelo magnata da mídia William Randolph Hearst, o Castelo de Hearst é uma casa de mais ou menos 5.500 m² em 250.000 acres de colinas — incluindo 22 quilômetros de linha costeira particular — em San Simeon, na Califórnia. Construído ao longo de 28 anos, o castelo tem 56 quartos, 61 banheiros, 19 salas, piscinas internas e externas, quadras de tênis, um cinema, um campo de pouso e o maior zoológico particular do mundo. Quando criança, eu não podia apreciar as antiguidades do mundo todo que Hearst colecionava. As torneiras de ouro sólido e as mesas de jantar de seis metros também não chamavam minha atenção. Mas em um dia quente do verão californiano, quando o guia turístico explicou que, além do gado e das zebras que passeavam pela propriedade, Hearst mandava caminhões de gelo para o topo da montanha todos os dias para resfriar os ursos polares, fiquei fascinado. Isso era riqueza. Os sonhos eram feitos disso.

Então, quando meus pais me falaram que, se eu só tirasse dez na escola, um dia eu poderia ter meu próprio castelo, como o de Hearst, eu acreditei. Lembro-me de ter passado o ano seguinte desenhando o andar térreo do meu castelo em um papel quadriculado e de ter preenchido magicamente meu boletim escolar só com notas dez. Queria ser bem-sucedido e comecei a visualizar meu futuro. Eu não precisava saber como chegaria lá, mas sabia o que queria alcançar. Meus sonhos podem ter mudado conforme fui envelhecendo, mas ainda tenho uma foto do Castelo de Hearst na parede do meu escritório.

O autor best-seller e palestrante motivacional Norman Vincent Peale escreveu várias obras sobre a importância da atitude. "Formule e grave permanentemente a figura mental de você bem-sucedido. Prenda-se a essa imagem persistentemente. Nunca permita que ela suma. Sua mente tentará imprimir a imagem... Não construa obstáculos em sua imaginação."[2] Antes de ir trabalhar pela manhã, encontre um lugar silencioso e volte a essa imagem. Guarde o telefone e se feche para o mundo do presente. Quinze minutos todas as manhãs mudarão o resto do seu dia. Feche os olhos e imagine o mundo que você quer. O que quer fazer? Visualize-se vivendo essa vida. Visualize todos os detalhes e use todos os sentidos. Ouça as ondas se quebrarem na praia da casa que você quer ter. Sinta o cheiro salgado do mar. Quanto mais você focar em estar no mundo que quer criar para si mesmo, mais poderosos serão os resultados. Como Antti Revonsuo descobriu ao estudar pessoas enquanto estavam no estágio do sonho, seu subconsciente não consegue distinguir emocionalmente entre o que é real e o que você acha ser real. Começar todos os dias com uma mentalidade positiva é o passo mais importante na sua jornada para descobrir oportunidades.

> *Começar todos os dias com uma mentalidade positiva é o passo mais importante na sua jornada para descobrir oportunidades.*

A consultora financeira e apresentadora Suze Orman não começou a vida rica. Depois de fracassar no ramo da gastronomia e sem formação alguma em negócios, Orman começou a trabalhar em Wall Street. Em seus livros, ela reconta como se sentiu intimidada e sem valor, mas que visualizou uma vida melhor para si mesma. A afirmação de mudança de autopercepção mais famosa dela é: "Eu terei mais dinheiro do que nunca."[3]

Conforme você passar mais tempo consistentemente visualizando seu futuro, um padrão se desenvolverá. Você começará a focar nas coisas que lhe são mais importantes. Permita que essas aspirações lhe inspirem e escreva-as. Qual é sua paixão? O que falta em sua vida? Comece a redigir seus sonhos e transformá-los em objetivos. Essa é a essência de um mapa particular ou um caminho de vida.

PERGUNTE-SE: PARA ONDE EU QUERO IR DURANTE A JORNADA?

Você já pensou nas coisas pelas quais anseia; agora, pense no que mais quer encontrar ao longo de sua jornada. Quer uma família? Está disposto a atrasar uma parte da sua vida a fim de perseguir outro objetivo com mais foco? "O propósito da vida é uma vida de propósitos", escreveu o autor e mestre Robert Byrne.[4] O que é mais importante para você? O modo como você incorpora e concretiza esses valores centrais determinará como você mede o sucesso. Tente escrever esses valores em um papel. Seja o mais detalhista possível. Inclua seus objetivos pessoais e profissionais.

Em seguida, liste suas prioridades em termos de relacionamentos e compromissos. De quanto tempo você precisa para a família, para a espiritualidade e para si mesmo? *Muito trabalho e pouca diversão* é um plano de vida insustentável. Você pode ter tudo o que quer, mas não dá para ter tudo ao mesmo tempo. Quanto mais realista você for sobre a forma como priorizará seus objetivos de vida, mais comando terá sobre seu futuro. Para as mulheres, balancear os objetivos com o relógio biológico faz esse passo ser ainda mais importante. Tente ser honesto e completo — quanto mais detalhado for seu plano, mais recursos você terá para realizá-lo.

> *Você pode ter tudo o que quer, mas não dá para ter tudo ao mesmo tempo.*

Ser um pai presente e participativo era tão importante para mim quanto construir minha empresa. Encontrei o equilíbrio de que precisava na minha vida ao administrar minha empresa em casa até que meus filhos começassem a ir para a escola. Criamos um jogo para os meninos ficarem bem quietos sempre que eu recebesse uma ligação de negócios. Quando eles já estavam crescidos, eu os envolvi nos meus projetos de softwares para que eles entendessem o que o papai fazia o dia todo. No fim, aos nove anos, meu filho mais velho tinha desenvolvido um verdadeiro talento para revisar as informações das embalagens e gostava de encontrar os erros que todos os "grandões" deixaram passar. Eu sabia o que queria da vida e ajustei minhas prioridades de acordo. Durante sua licença-maternidade em 2010, Kristy Lewis, mãe de primeira viagem, teve a ideia de criar uma pipoca de micro-ondas mais saudável. Equilibrando a maternidade e o lançamento de uma empresa, ela fundou a Quinn Popcorn (em homenagem ao seu filho recém-nascido), que agora está disponível em mais de mil lojas. "O primeiro ano foi um verdadeiro desafio. Eu trabalhava 24 horas por dia. Mas, se você tem uma missão, você faz dar certo", disse Lewis.[5]

O comediante David Brenner estava no auge da carreira quando seu divórcio o fez entrar em uma batalha pela custódia de seu filho Cole. Apesar de Brenner ser o convidado mais frequente do *The Tonight Show* durante as décadas de 1970 e 1980, um juiz declarou que ele seria considerado um pai ausente se passasse mais de cinquenta noites por ano fora de casa. O sonho de ser pai era maior que o sonho de ser o maior comediante da América do Norte; então, Brenner parou de aparecer no programa de Johnny Carson para poder ficar com a custódia do filho. Nós todos temos de fazer escolhas durante nossas vidas e carreiras. O mapa disruptivo ajuda a controlar essas escolhas.

Para conseguir equilibrar o trabalho e a vida pessoal é preciso definir seus objetivos e expressá-los em seu mapa do disruptivo. Quais são as coisas, além de sua carreira, que você quer ter ou experimentar? Planeje espaço e tempo em seu mapa para seguir suas paixões. Quanto tempo é preciso separar para você se dedicar à sua família e aos seus amigos? Ficamos tão envolvidos em nossas próprias vidas que acabamos perdendo as vidas das pessoas mais importantes para nós. Planeje maneiras de ter mais prazer em sua vida e você *será* mais feliz.

> *Planeje maneiras de ter mais prazer em sua vida e você será mais feliz.*

FAÇA SUA MALA DE DISRUPTIVO

Quer você esteja saindo de férias ou para uma importante viagem de negócios, você fará uma mala cheia de coisas de que irá precisar. Não dá para aproveitar o Havaí sem roupa de banho, e é muito difícil apresentar qualquer coisa no PowerPoint sem seu laptop. Uma carreira não passa de uma viagem mais longa, com muito mais bagagem. Se você começar despreparado, não fique surpreso quando não alcançar seus objetivos. Hoje você precisa reconhecer as coisas que podem ser essenciais para que você chegue ao destino. É preciso muito empenho ao fazer sua mala de disruptivo.

> *Uma carreira não passa de uma viagem mais longa, com muito mais bagagem.*

Ao pensar nas coisas pelas quais você anseia e ao considerar suas outras prioridades, você não levou em conta os recursos necessários para alcançar esses resultados. Da mesma forma que um plano de negócios define a necessidade de mais pessoas na equipe e as habilidades específicas para construir uma empresa, sua jornada como disruptivo precisará de ajuda externa. De quais treinamentos e mentores você precisará e de quanto capital? Assim como faria com produtos concorrentes, pesquise as outras pessoas em sua área e descubra como elas conseguiram os recursos de que precisavam para ter sucesso. Na maioria dos casos, você descobrirá um mundo cheio de pessoas esperando para ajudá-lo a alcançar seus objetivos.

Até o emprego que você tem agora e seu local de trabalho podem ser um recurso. Ao aceitar uma vaga, sempre faça duas perguntas: este cargo ajudará a alcançar meu objetivo? Quanto tempo ficarei neste emprego? A resposta da segunda pergunta deve ser determinada pelo quanto você pode aprender e crescer com um trabalho em particular. Um emprego em uma startup pequena, por exemplo, pode ser sua chance de experimentar diversas tarefas que não realizaria em um cargo fixo de uma empresa maior. Ao testar e superar seus limites na startup, você pode descobrir pontos fortes e habilidades que não sabia ter. Por outro lado, transcender um limite pode destacar as áreas em que você precisa de mais treinamento e experiência para ter sucesso. Escolha sabiamente e com propósito.

Quando um trabalho já não oferece a oportunidade de crescimento pessoal, então é hora de seguir em frente. Lembre-se de que há uma grande diferença entre desistir e saber quando é hora de parar. Se sua rotina for monótona e as semanas virarem anos, você verá seus sonhos ficarem cada vez mais longe. Se você não pode arriscar pedir demissão, tente uma transferência interna em sua empresa ou procure por outro cargo em sua área. Se você trabalha em uma empresa maior, converse com alguém dos Recursos Humanos sobre as habilidades que você quer desenvolver; você também pode descobrir quanto a empresa está disposta a pagar para que você faça cursos e conquiste outro diploma em troca de sua permanência na empresa. Posso garantir que, quando você chegar ao meio da carreira, você se arrependerá mais das coisas que não tentou do que das que tentou e não conseguiu.

> *Você se arrependerá mais das coisas que não tentou do que das que tentou e não conseguiu.*

Eu passei a vida entrando em novas indústrias e áreas com pouca compreensão dos seus funcionamentos e sem conhecimento nenhum sobre seus principais influenciadores. Em cada caso, meu sucesso não foi alcançado sozinho. Quando fui contratado pelo presidente e CEO da EMI Ken Berry para levar a gravadora britânica centenária para a era digital, eu não sabia nada sobre como gerenciar um selo musical. Eu me lembro exatamente do que Ken disse no meu primeiro dia: "Eu tenho onze mil pessoas que conhecem a indústria da música. O que eu não tenho é um futuro." Durante os anos seguintes, sempre que eu chegava a um beco sem saída ou tinha uma ideia que podia ou não funcionar, Ken arrumava um tempo para me ensinar. Juntos, nós transformamos a empresa e a indústria da música ao sermos pioneiros em novos modelos de negócios digitais, downloads, assinaturas de música e streaming de rádios pela internet. Eu não precisei viajar sozinho e posso garantir que você também não precisará.

Os mentores são inestimáveis — e frequentemente essenciais — para o sucesso de um disruptivo.

É surpreendentemente fácil encontrar um mentor. Ao ler os blogs de seu ramo de atividade, você logo encontrará os indivíduos que deseja imitar. Mande um e-mail para eles. Procure-os e peça conselhos. Não escreva "quer ser meu mentor?". Em vez disso, tente algo como: "Eu estava pensando em abrir uma empresa para fazer X e queria saber sua opinião." Valorize o tempo que as pessoas lhe dão e agradeça a elas quando esse tempo for útil. Mesmo no século XXI, nada é tão poderoso e pessoal quanto mandar uma carta de agradecimento escrita à mão (eu conheci a pessoa mais importante na vida, minha esposa, através de uma simples carta de agradecimento). Com persistência e um pouco de sorte, você encontrará um mentor que poderá guiar sua carreira e ajudar a agilizá-la.

"O jeito mais rápido de mudar a si mesmo é andar com pessoas que já são do jeito que você quer ser", sugere o bilionário Reid Hoffman.[6] Exemplos de vida são o fator principal para se desenvolver uma personalidade de sucesso. O sucesso *pode* ser transferido para você. Como conhecer seus ídolos? Você pode começar indo a mais conferências e reuniões em sua área. Conheça os líderes dela. Use o LinkedIn e outras ferramentas online para falar com as pessoas que admira. Encontrar o mentor certo pode dar a você validação pessoal e crescimento profissional.

Tenho uma amiga que mandou uma carta inesperada para um dos mais famosos líderes empresariais dos Estados Unidos. Ela explicou que, por ter ganhado dinheiro no programa de perguntas e respostas *Jeopardy*, poderia trabalhar como sua assistente por um dólar. Ele deve ter ficado impressionado com sua abordagem prática, pois a contratou e lançou sua carreira como uma das pessoas mais bem conectadas no mundo dos negócios. Vinte anos depois, ela participa de várias comissões de diretores e aconselha a próxima geração de bilionários. Para aqueles sem os meios de trabalhar de graça, estágios pagos podem abrir a porta para inúmeras oportunidades. Oprah Winfrey aprendeu os truques do ofício como estagiária em uma filial da CBS em Nashville, e o estilista Tom Ford começou em um estágio na Chloé. George Hu estagiou na Salesforce.com e agora é o chefe de operações de uma cmpresa de capital aberto de US$33 bilhões.

O provérbio que diz que o mestre aparece quando o aluno está pronto para aprender só será verdadeiro se você fizer o esforço de procurar ajuda. Todas as pessoas de sucesso adorariam compartilhar seu conhecimento com a próxima geração. Isso reforça as realizações do mentor e lhe dá a sensação de um valor que perdura. Hoje sou mentor de universitários e empreendedores iniciantes como forma de retribuir as inúmeras vezes em que alguém me ajudou. Gosto de me juntar às diretorias dessas empresas, de ajudá-las a levantar capital e até de testar os aplicativos delas.

> *O provérbio que diz que o mestre aparece quando o aluno está pronto para aprender só é verdade se você fizer o esforço de procurar ajuda.*

RECONHEÇA QUE O TEMPO NÃO ESPERA

Você não viverá para sempre. Os funcionários de casas de repouso dizem que o maior arrependimento que ouvem dos pacientes que estão prestes a expirar é o desejo de que tivessem tido a coragem de viver para si mesmos em vez de terem sido guiados pelas expectativas dos outros.[7] A vida é curta — então, o que impede você de arriscar? Para realmente alcançar tudo o que quer realizar, você precisa de prazos. Trabalhe de trás para frente com cada prazo e desenvolva passos graduais. Quais são as partes que compõem o objetivo como um todo? No filme *Nosso Querido Bob*, o personagem de Bill Murray é brilhante ao repetir para si mesmo a necessidade de dar "um passo de cada vez".

Alcançar objetivos significa também abrir mão da satisfação instantânea que surge tão facilmente em nossas vidas corridas. Adiar casamento, filhos ou férias em prol da construção de uma carreira ou de uma empresa é viver alguns anos da vida de um jeito que a maioria das pessoas não quer, a fim de passar o resto da vida em um nível que a maioria não consegue bancar. O jeito mais fácil de fixar prioridades é trabalhar de trás para frente com um objetivo futuro. Jovens empreendedores frequentemente me perguntam se agora é um bom momento para começar uma empresa. Minha resposta é sempre a mesma: "Um ano atrás era o melhor momento para você abrir sua empresa. O segundo melhor momento é agora."

> Viva alguns anos da vida do jeito que a maioria das pessoas não quer, a fim de passar o resto da vida em um nível que a maioria não consegue bancar.

Meu parceiro de negócios Doug Netter é uma prova de que nunca é tarde demais para ser disruptivo. Aos 92 anos, Netter (junto com Steven Latham e eu) vendeu em 2012 o primeiro game show interativo de múltiplas telas para uma enorme rede de televisão. Doug trabalha em Hollywood há mais tempo do que muitos executivos estão no planeta, mas, desde que trabalhei com ele na exploração de nova tecnologia em *Babylon 5* nos anos 1990, ele sempre vem tentando inovar a televisão. Nós queríamos finalmente mudar a maneira como as pessoas interagiam com a televisão tradicional através desse game show. O mote de *Bet You Know* é: "Em vez de assistir de casa, você pode ganhar de casa". Apesar de o programa não ter passado do episódio-piloto, Doug continua sendo uma inspiração constante, demonstrando que você realmente pode mudar qualquer tipo de atividade econômica se apenas seguir em frente e que *nunca* há um momento certo para desistir.

Todos os disruptivos que conheço se recusaram a sentar e esperar. Eles não se preocuparam se era o momento certo ou se as condições eram perfeitas; eles só mergulharam de cabeça. Você quer ficar sozinho na praia?

"Deixar de planejar é planejar para fracassar", escreveu o autor de best-sellers em gerenciamento de tempo Alan Lakein.[8] O autor de *How to Get Control of Your Time and Your Life* [Como Ter o Controle de seu Tempo e sua Vida, em tradução livre] acrescenta: "Planejar é trazer o futuro para o presente a fim de fazer algo."[9] Se você assimilou esses pontos, agora tem seu mapa de disruptivo. Colocar suas aspirações, prioridades e prazos no papel lhe dá um plano de negócios pessoal através do qual se torna possível medir seu progresso. A diferença entre pessoas de sucesso e as malsucedidas é que as bem-sucedidas sabem que as coisas mais inúteis a serem produzidas são as desculpas.

> A diferença entre pessoas de sucesso e as malsucedidas é que as bem-sucedidas sabem que a coisa mais inútil a ser produzida são as desculpas.

Capítulo Quatro

Construindo Sua Marca

Quem sou eu, afinal?
Seria eu meu próprio currículo?
—"I Hope I Get It," *A Chorus Line*

Quando li na internet que a HealthAddress foi comprada, soube que mais uma vez meu amigo Kelly Lefkowitz estava desempregado. Nós todos já passamos por isso. Você acabou de perder o emprego e teme que seu telefone nunca mais toque. Você se pergunta se encontrará um novo emprego compatível com seus talentos ou sua área. Quando estamos nessa situação, gostamos de culpar a economia, a concorrência ou aquele supervisor ingrato e tapado, mas no fim sempre acabamos por nos culpar. Não importa o motivo, ser demitido é o mesmo que receber um soco no estômago. Quer tenha sido corte de custos ou porque a empresa fechou, não há nada mais disruptivo à sua vida do que ficar desempregado. Estar desempregado e procurando por um novo emprego acontece mais com meu amigo Kelly do que com qualquer outra pessoa. A recompensa de Kelly por ser um brilhante diretor financeiro e construir uma empresa financeiramente estável é ser demitido quando a empresa é vendida para uma corporação maior. Kelly tem o infeliz hábito de ser demitido.

Quando almoçamos juntos para discutir o que ele poderia fazer a seguir, Kelly já estava envolvido em finanças há mais de vinte anos. Muitos trabalhadores de meia-idade temem que todos os seus anos de experiência sejam usados contra eles ao procurarem por um novo emprego. Eles são muito velhos ou muito caros? Eu encorajei Kelly a aproveitar a oportunidade para ser disruptivo consigo mesmo. Desconstruímos seu treinamento e experiência, seus pontos fortes e conhecimentos. Exploramos as maneiras como ele se apresentava e passava o tempo. Kelly já trabalhou com dezenas de startups e escreveu centenas de planos de negócios. Orientou CEOs inexperientes sobre todo o processo de obtenção de fundos. Ele não é apenas da área de finanças; ele é um dos estrategistas mais experientes quando o assunto é startups. Ao pensar em seu "eu" profissional como o valor total de cada um dos elos entrelaçados na cadeia, Kelly definiu como poderia fazer a transição para sua próxima posição profissional. Ele percebeu que o elo de sua cadeia de valor pessoal que estava pronto para a disrupção era o da distribuição: qualquer empresa que quisesse obter fundos poderia usar seus talentos, mas poucos podiam contratá-lo em período integral. Por que não criar uma empresa para oferecer seus serviços como diretor financeiro interino a jovens empresas em expansão apenas pelo breve período em que elas mais precisam de ajuda? Kelly criou a empresa Strat/Assist e nunca mais olhou para trás.

Este capítulo irá explorar as maneiras de pensar de um disruptivo sobre seu "eu" profissional e como ele aborda o mundo dos negócios, localizando as oportunidades para ajudar a construir sua carreira. Irá explorar, também, como as disrupções recentes no cenário empresarial transformaram a maneira como as pessoas promovem a si mesmas e suas empresas.

Para ser bem-sucedido nos negócios é preciso ver a si mesmo como uma marca: a marca de uma pessoa. Os elos em sua cadeia de valor pessoal constituem sua marca exclusiva. O elo de pesquisa e desenvolvimento é definido por sua educação, sua experiência profissional e as fontes que você segue para encontrar um emprego. O trabalho que você fez — sua qualidade e conteúdo — cria o elo de design e produção. A forma como você se apresenta profissionalmente constitui o elo de marketing e venda em sua cadeia de valor pessoal. E onde você trabalha, com quem você trabalha e para onde você direciona sua energia profissional determinam seu elo de distribuição. Pense em seu valor profissional como a combinação desses elos na cadeia. Se você está com dificuldade para conseguir um emprego, ou se está pronto para fazer uma transição de carreira, tudo o que precisa fazer é atacar o elo que está pronto para a disrupção.

SEJA DISRUPTIVO COM A CADEIA DE VALOR DO RECRUTAMENTO

Para a maioria das pessoas, encontrar o trabalho perfeito parece uma fantasia. Parece que não ficamos sabendo do emprego dos sonhos até ele já estar ocupado e que os empregadores em potencial nem sabem que existimos. Sites como o LinkedIn e o Monster.com nem sempre resolvem esse desencontro entre oferta e procura.

De fato, o mero volume de empregos e currículos online faz com que a maioria dos candidatos sinta que é a menor das agulhas no maior dos palheiros. Mas, no volátil mundo de negócios de hoje, seguir o caminho profissional certo é essencial para alcançar seus objetivos — especialmente se você quiser começar a própria empresa.

A verdade é que, ao pensar no lugar onde procura emprego como um elo em sua cadeia de valor, você poderá ver claramente como o valor é criado e levar a disrupção a esse processo passará a ser uma tarefa manejável e fácil. Na geração passada, quando me formei pela UCLA, a economia dos Estados Unidos estava em ruínas, e quase nenhum recrutador ia ao campus. Eu sabia que queria um emprego na indústria de entretenimento, mas não tinha conexão nenhuma e só ficava sabendo quem estava contratando quando a vaga já tinha sido preenchida. Muitas vezes, as melhores oportunidades eram preenchidas sem nem mesmo serem anunciadas. Olhando para essa situação da perspectiva da cadeia de valor, percebi que o verdadeiro valor a ser capturado estava em descobrir quem estava contratando *antes* que qualquer descrição da vaga fosse divulgada. Instintivamente, eu sabia que precisava criar uma vantagem competitiva. Percebi que se tivesse a primeira oportunidade em uma vaga de trabalho, teria mais chances de ser contratado. Mas como eu poderia descobrir antes dos meus concorrentes quem estaria disposto a contratar alguém com minhas qualificações?

A resposta era simples: publicar um anúncio na revista *Hollywood Reporter* descrevendo uma posição imaginária que combinava com minhas qualificações. Essa abordagem nada ortodoxa rendeu três informações cruciais. Primeiro, os currículos que as pessoas mandaram em resposta ao anúncio me mostraram o cenário competitivo de talentos empregáveis. Antes da internet, conseguir qualquer informação desse tipo era um verdadeiro desafio. Isso me ajudou a responder perguntas do tipo: como reescrever e reinventar meu currículo para que ele seja mais competitivo e tenha destaque? Tenho alguma habilidade que não mostrei do jeito certo, mas que os outros destacaram em seus currículos? Com esse reconhecimento da concorrência, pude criar o currículo perfeito.

Segundo, a maioria das pessoas que se candidatou ao meu "emprego dos sonhos" estava empregada em outro lugar. Essas pessoas não estavam apenas empregadas em algum lugar, elas acreditavam estar ocupando o degrau perfeito para conseguir o meu emprego dos sonhos. A lógica dizia que se eu trabalhasse nesses lugares, também estaria mais perto de conseguir meu emprego dos sonhos.

Por fim, publicar aquele anúncio mostrou quais empregadores tinham funcionários prestes a sair. Por qualquer motivo, as pessoas que responderam ao anúncio queriam sair de suas posições e trabalhar em outro lugar. Agora eu tinha uma lista de empresas que provavelmente passariam por reestruturações e possivelmente contratariam alguém do meu nível no futuro próximo. Tudo o que eu precisava fazer era garantir que meu currículo melhorado chegasse às mãos do chefe do Departamento de Recursos Humanos imediatamente — antes mesmo de aqueles funcionários se desligarem da empresa. Um dos primeiros lugares que receberam meu currículo me ligou imediatamente para marcar uma entrevista, e minha carreira começou.

Atualmente, a maioria das vagas de trabalho não são publicadas em jornais, e as que são publicadas online nem sempre trazem o nome do empregador. Então, como meu exemplo de trinta anos atrás funciona na era digital? A mesma cadeia de valor do capital humano ainda existe, e ainda é fácil causar sua disrupção.

Em 2010, Alec Brownstein era mais um redator trabalhando no mais baixo nível de uma agência de publicidade em Nova York. Não é que Alec odiasse seu trabalho, mas ele sonhava em trabalhar em um escritório realmente criativo, com os diretores criativos mais inovadores da Madison Avenue. Ele sabia quem eram esses profissionais, mas não sabia como conhecê-los e se colocar no radar deles. Ao usar o Google para conferir os últimos trabalhos dessa indústria, Brownstein notou que não havia nenhum link patrocinado atrelado à pesquisa dos nomes deles. Um link patrocinado é um anúncio que aparece no topo de todas as páginas de pesquisa. Brownstein viu aí uma oportunidade.

"Todo mundo procura a si mesmo no Google", explicou Brownstein, "mesmo que ninguém admita. Eu queria invadir esse momento secreto e egoísta, quando as pessoas estão mais vulneráveis".

Como o único proponente dos nomes dos maiores diretores criativos, Brownstein conseguiu garantir os melhores resultados nas pesquisas a quinze centavos por clique. Sempre que o nome de um diretor era pesquisado, a seguinte mensagem aparecia ao lado do resultado: "Olá, [nome do diretor]: Goooglar [*sic*] a si mesmo é muito divertido. Também é divertido me contratar", com um link para o site do Brownstein. Seu plano engenhosamente simples funcionou.

Oitenta por cento dos diretores criativos morderam a isca e ligaram para ele. Brownstein recebeu ofertas de emprego de dois diretores criativos conhecidos, Scott Vitrone e Ian Reichenthal. Custo total para ser disruptivo com uma das indústrias mais criativas do mundo: US$6. O efeito na carreira de Brownstein: inestimável. Esse não foi o único bônus que recebeu por seu investimento. Em uma área que recompensa a criatividade, Alec Brownstein também ganhou um Clio — o maior prêmio da indústria da publicidade — na categoria de autopromoção. "Não tenha medo de se destacar de um jeito interessante", aconselha Brownstein. "As pessoas para quem você quer trabalhar não podem deixar você mais desempregado do que já está. Então, espere pelo melhor."[1]

A abordagem mais criativa que um candidato já adotou para chamar minha atenção aconteceu quando eu era o presidente de uma divisão da Universal Studios. O candidato pensou corretamente que todo mundo gosta de presentes, até executivos. Um dia, recebi uma caixa enorme pelo correio. Dentro, estavam os dois itens mais estranhos que eu poderia imaginar: um pacote de tâmaras [*dates*, em inglês] cristalizadas e um escorredor [*colander*, em inglês] de macarrão. Intrigado, li o bilhete: "*Peço desculpas pelo mal-entendido. Eu pedi para minha assistente marcar* [*to date*, em inglês] *uma reunião em sua agenda* [*calendar*, em inglês] *e ela entendeu errado. Podemos nos encontrar na semana que vem?*" Supus que valia a pena me encontrar com alguém que me fez rir com um trocadilho. Você não vai conseguir o trabalho de seus sonhos em sua área se não for notado. Diferenciação no mercado de trabalho é apenas mais uma variável do meu axioma: "Seja o melhor no que você faz ou seja o único a fazê-lo."

> "Seja o melhor no que você faz ou seja o único a fazê-lo."

RELANÇANDO SUA MARCA

E o que acontece quando você consegue o trabalho dos sonhos, constrói uma ótima carreira, mas toda sua área de atuação é vítima da disrupção? Ou pior, e se você se vê com experiência só em uma empresa ou setor, e essa área desaparece; sua carreira termina? O caso em questão: a indústria da música no começo do século XXI. Como falarei com mais detalhes depois, em 1999, quando um Shawn Fanning de dezenove anos entrou em meu escritório na Capitol Records, eu soube que o mundo das gravadoras nunca mais seria o mesmo e que as gravadoras eram canários na mina [alusão ao costume de mineiros de carvão, no século XIX, de levar esses pássaros para monitorar os gases tóxicos, pois as aves seriam as primeiras a morrer e eles teriam tempo de sair do local] da propriedade intelectual digital. Graças à tecnologia do Napster, desenvolvida por Fanning e Sean Parker, milhares de consumidores podiam roubar a música que quisessem e tocá-la em qualquer aparelho. Da noite para o dia, a cadeia de valor da indústria da música foi destruída. Compor músicas, descobrir e cultivar novos talentos, fazer o marketing, produzir videoclipes, conseguir que tocassem no rádio e na MTV, garantir que os novos lançamentos estivessem em um bom lugar nas prateleiras das lojas — nada disso importava se ninguém comprasse os álbuns. As vendas de música nos Estados Unidos despencaram de US$14,6 bilhões em 1999 para US$6,3 bilhões em 2009.[2] Talvez o ex-chefe do Yahoo Music, Dave Goldberg, tenha acertado ao dizer: "O negócio de músicas digitais tem sido uma guerra de desgastes."[3]

A implosão da indústria da música levou dezenas de milhares de funcionários de gravadoras a perderem seus empregos. Quando eu era o presidente global da EMI, tivemos que consolidar e fechar selos, reduzir nossa lista de artistas e demitir vários funcionários ao redor do mundo. A empresa que surgiu da primeira comercialização de discos por Emile Berliner em 1889, a maior companhia musical independente do mundo, que contratou o Queen e o Pink Floyd, seria fragmentada e vendida por seu catálogo em uma década.

As pessoas que tinham desenvolvido habilidades muito específicas na indústria da música foram forçadas a entrar em um novo mercado de trabalho que não procurava por executivos de gravadoras. Para essas pessoas, a disrupção de suas carreiras forçou a autodisrupção. Peguemos os publicitários de uma gravadora como exemplo. Alguns dos maiores publicitários do mundo trabalharam em gravadoras. Ao contrário dos publicitários da Coca-Cola ou do Jim Beam [fabricante americano de whisky], que cresceram com o reconhecimento do nome de uma marca que se desenvolveu durante décadas e investiu milhões de dólares em propaganda, uma gravadora não comercializa "Capitol Records" ou "Blue Note". Em vez disso, os publicitários de gravadoras precisam pegar um bando de garotos desconhecidos que tocam suas músicas na garagem e apresentá-los ao mundo. Esses pensadores criativos precisam realizar esse milagre várias vezes, com orçamentos limitados e um "produto" que pode responder e dizer "não", se o artista não gostar da campanha de marketing.

Essa apresentação constante de novos artistas pelas gravadoras indicava que essas equipes de marketing dominavam um número de habilidades desejáveis que nada tinham a ver com música. Todos esses conhecimentos, desde a criação da imagem da banda (branding) a gerar um buzz (mídia conquistada) e colocá-los nas prateleiras (ponto de venda da mercadoria), são experiências e habilidades aplicáveis a todos os produtos vendidos no mundo. Com tantos publicitários de gravadoras perdendo o emprego, esse conhecimento ficou disponível para outras categorias de produtos que precisavam de inovação publicitária.

Por exemplo, em 2011, o mercado global de acessórios para celulares estava estimado em US$34 bilhões.[4] A maioria dos itens era vendida em conjunto com o telefone ou podia ser usada por outros aparelhos e, por isso, apenas migraram para a categoria, tornando-se equipamentos de áudio portátil. Fones de ouvido eram, em grande parte, acessórios sem diferencial. Se uma gestão de marca [branding] melhor pudesse ser aplicada a essa categoria de seis bilhões de consumidores, o potencial de lucro seria gigantesco.

E se todas as ferramentas e marketing criativo usados com bandas de sucesso pudessem ser usados com os fones de ouvidos? É lógico pensar que essa abordagem seria bem-sucedida, já que o consumidor final é o mesmo fã de música. A Beats by Dr. Dre, uma invenção do presidente da Dre e Interscope, Jimmy Iovine, fez exatamente isso. Eles contrataram ex-executivos de gravadoras para construir a marca e a mídia para os fones e se associaram a artistas e atletas. Ter um apoio tão grande de celebridades significa que as lojas vão vender bem. Os consumidores vão às lojas e pedem pelos produtos da Beats, o que, por sua vez, faz as lojas quererem mais de seus produtos. A startup fez uma distribuição em massa às lojas e vendeu mais de US$350 milhões em fones de ouvidos em 2011.[5] No ano seguinte, a marca fez uso do marketing de guerrilha [publicidade de baixo custo e eficiente em atingir diretamente o consumidor em locais de grande circulação de pessoas] para chamar atenção durante os Jogos Olímpicos de Londres (no qual os patrocinadores oficiais gastaram mais de US$100 milhões e investiram em mídia para participar) sem gastar um centavo.

O departamento de marketing da Beats observou todas as regras do Comitê Olímpico Internacional ao enviar fones de graça aos atletas. Quando os espectadores ligaram a televisão para ver o nadador Michael Phelps (e quase todos os outros nadadores) ostentando o fone da Beats antes de entrar na água do Centro Aquático de Londres, era o trabalho brilhante de ex-executivos da indústria fonográfica que estava à mostra. Bilhões de imitações "roubadas" da TV foram apropriadas indevidamente por pessoas que recomeçaram suas carreiras. Para esses profissionais da indústria fonográfica que estavam sem trabalho, bastou apenas um pouco de autodisrupção. Eles foram disruptivos em relação ao elo da produção em suas cadeias de valor internas, pensando criticamente em suas habilidades e experiências e usando-as para algo além de uma banda ou uma gravadora. Quando as pessoas pedem meu conselho para fazer uma transição na carreira, eu sempre digo para elas pensarem n*o que* faziam em seus trabalhos, não apenas *para* qual empresa ou produto elas trabalhavam.

Além de pensar sobre suas verdadeiras habilidades, é importante continuar a atualizar o elo da pesquisa e desenvolvimento em sua cadeia de valor interna. No século XXI, o aprendizado constante não é mais um luxo, mas uma necessidade. Você iria a um médico de cinquenta anos que não aprendeu nada de novo desde que se formou em 1988? Dos cem remédios mais prescritos nos Estados Unidos, desde o Esomeprazol ao Oseltamivir, todos os cem foram inventados depois que seu médico terminou a residência.[6]

> O aprendizado constante não é mais um luxo, mas uma necessidade para ser empregado

"Começamos a perceber que não faz sentido trabalhar em um único emprego por toda sua vida, aposentar-se por alguns anos e, então, morrer. Em vez disso, estamos mais propensos a adotar uma abordagem cíclica baseada em educação constante, trabalho, prazer e em uma mistura disso tudo durante nossas vidas. As pessoas estão voltando a estudar aos 45, 65 e até aos 80 anos", escreveu Maddy Dychtwald em seu livro *Cycles: How We Will Live, Work, and Buy* [Ciclos: Como Viveremos, Trabalharemos e Compraremos, em tradução livre]. "As pessoas têm segundas, terceiras, quartas e até quintas carreiras."[7]

DIFERENCIE SUA MARCA

Por que um empregador o contrataria se suas habilidades estão desatualizadas? E, se você está começando sua própria empresa, o conhecimento que você tem está alinhado com as condições presentes do mercado? Com o ensino à distância e cursos online, é fácil se manter atualizado. É possível assistir à maioria das aulas no momento mais oportuno em sua agenda. Muitos fabricantes de software oferecem cursos online de baixo custo ou até de graça, com certificados de conclusão que podem ser acrescentados em seu currículo. Qualquer um pode dizer no currículo que sabe mexer no Photoshop, mas você não acha que os empregadores preferem contratar alguém com um certificado da Adobe?

Também é importante pensar em como sua educação profissional se reflete no elo do marketing de sua cadeia de valor pessoal. Muitos programas de certificação permitem que as pessoas que concluem o treinamento usem o poder da marca em seus cartões de visitas ou em seus sites. Um dos meus primeiros cartões de visita tinha o logotipo de "Sócio da IBM Business" como um diferencial. Uma vantagem de fazer esses cursos é que os recrutadores que querem contratar novos talentos frequentemente leem os registros profissionais dos graduados.

Aprender uma nova habilidade contribui com o elo de pesquisa e desenvolvimento da sua cadeia de valor pessoal, mas o modo como você comunica essas habilidades contribui com o elo de marketing e vendas. Ser notado e diferenciar-se de seus colegas é meio caminho andado. Criar a linguagem certa para descrever suas conquistas também é importante. A maioria dos candidatos é analisada pelos recrutadores em poucos segundos. Com sua carreira toda em risco, cada palavra precisa ser cuidadosamente escolhida para "vender" sua história.

A ferramenta mais importante em um currículo é a linguagem. Verbos de ação transmitem energia e animação diante das suas conquistas e comunicam sua motivação. Eles dão vida às atividades passadas e fazem parecer que cada experiência foi especial e útil. A seguinte lista de termos foi originalmente criada no coração do Vale do Silício pela NOVA, uma agência de empregos e treinamento que fornece programas educacionais voltados para as necessidades da força de trabalho que interessa às empresas da área.[8] Tente reescrever seu currículo e incorporar esses termos para comunicar sua experiência profissional e seus conhecimentos. Pense em como seu currículo comunica quem você é, o que pode fazer e como essas habilidades o definem como alguém importante e único.

> *A ferramenta mais importante que você tem em um currículo é a linguagem.*

Competências Transferíveis
FINANÇAS

Administrar	Avaliar	Estimar	Planejar
Alocar	Computar	Explicar	Ponderar
Analisar	Consolidar	Gerenciar	Preparar
Apreciar	Contabilizar	Normalizar	Projetar
Apresentar	Contadoria	Orçar	Resolver
Arquivar	Depositar	Pacificar	
Auditar	Desenvolver	Pesquisar	

CRIATIVO

☐ Agir	☐ Desenvolver	☐ Gerar	☐ Planejar
☐ Apresentar	☐ Distinguir	☐ Imaginar	☐ Produzir
☐ Atrair	☐ Dividir	☐ Inovar	☐ Projetar
☐ Cantar	☐ Dramatizar	☐ Integrar	☐ Representar
☐ Causar	☐ Escrever	☐ Inventar	☐ Restituir
☐ Comandar	☐ Esculpir	☐ Memorizar	☐ Simplificar
☐ Conceituar	☐ Estabelecer	☐ Moldar	☐ Sintetizar
☐ Construir	☐ Executar	☐ Observar	☐ Supervisionar
☐ Criar	☐ Exemplificar	☐ Personalizar	☐ Visualizar
☐ Descobrir	☐ Fixar	☐ Pintar	

TÉCNICO/MANUAL

☐ Abastecer	☐ Diagnosticar	☐ Manter	☐ Projetar
☐ Alçar	☐ Digitar	☐ Manusear	☐ Puxar
☐ Amarrar	☐ Dirigir	☐ Montar	☐ Remodelar
☐ Calcular	☐ Empacotar	☐ Mover	☐ Reparar
☐ Classificar	☐ Entregar	☐ Operar ferramentas	☐ Resolver
☐ Conduzir	☐ Enviar	☐ Operar maquinário	☐ Restaurar
☐ Consertar	☐ Fabricar	☐ Perfurar	☐ Supervisionar
☐ Construir	☐ Instalar	☐ Permear	☐ Testar
☐ Controlar	☐ Instaurar	☐ Pesar	☐ Triturar
☐ Cortar	☐ Inventar	☐ Planejar	
☐ Criar	☐ Manipular	☐ Programar	

DETALHE/ADMINISTRATIVO

☐ Anotar	☐ Copiar	☐ Forçar	☐ Projetar
☐ Aprovar	☐ Criar	☐ Implementar	☐ Registrar
☐ Arquivar	☐ Despachar	☐ Inspecionar	☐ Responder
☐ Arrumar em tabelas	☐ Detectar	☐ Monitorar	☐ Reter
☐ Catalogar	☐ Dispensar	☐ Operar	☐ Retomar
☐ Classificar	☐ Distribuir	☐ Ordenar	☐ Revisar
☐ Coletar	☐ Documentar	☐ Organizar	☐ Sistematizar
☐ Comparar	☐ Especificar	☐ Persistir	☐ Transcrever
☐ Compilar	☐ Executar	☐ Preparar	☐ Validar
☐ Comprar	☐ Extrair	☐ Preparar inventário	
☐ Conferir	☐ Facilitar	☐ Processar	

Competências Transferíveis (continuação)

PESQUISA

- Analisar
- Avaliar
- Certificar
- Coletar
- Criticar
- Decidir
- Descobrir defeitos
- Diagnosticar
- Entrevistar
- Esclarecer
- Escrever
- Examinar
- Experimentar
- Extrair
- Identificar
- Inferir
- Inspecionar
- Interpretar
- Investigar
- Isolar
- Ler
- Organizar
- Pesquisar
- Receber
- Resumir
- Reunir
- Sintetizar
- Sistematizar

AJUDAR

- Aconselhar
- Adaptar
- Atuar como mentor
- Avaliar
- Classificar
- Conduzir
- Consultar
- Contar
- Cuidar
- Demonstrar
- Diagnosticar
- Direcionar
- Educar
- Entender
- Esclarecer
- Escutar
- Facilitar
- Falar
- Guiar
- Habituar
- Interpretar
- Motivar
- Observar
- Orientar
- Preocupar-se
- Promover
- Reabilitar
- Representar
- Servir

ENSINO

- Aconselhar
- Adaptar
- Adotar
- Apresentar
- Atuar
- Avaliar
- Calcular
- Capacitar
- Comunicar
- Coordenar
- Decidir
- Demonstrar
- Desenvolver
- Desmistificar
- Direcionar
- Educar
- Encorajar
- Ensinar
- Esclarecer
- Estabelecer objetivos
- Estimular
- Explicar
- Facilitar
- Influenciar
- Informar
- Inspirar
- Instruir
- Introduzir
- Inventar
- Monitorar
- Motivar
- Orientar
- Palestrar
- Persuadir
- Resumir
- Treinar

GERENCIAMENTO

- Administrar
- Agendar
- Analisar
- Antecipar
- Aumentar
- Avaliar
- Classificar
- Coordenar
- Criticar
- Delegar
- Demitir
- Descobrir defeitos
- Desenvolver
- Designar
- Estimar
- Executar
- Expandir
- Fiscalizar
- Fortalecer
- Gerar
- Gerenciar
- Orientar
- Planejar
- Presidir
- Priorizar
- Produzir
- Recomendar
- Resolver problemas

☐ Conquistar	☐ Direcionar	☐ Iniciar	☐ Supervisionar
☐ Consolidar	☐ Discursar	☐ Inspirar	☐ Traçar gráficos
☐ Construir equipes	☐ Elaborar diretrizes	☐ Melhorar	
☐ Contratar	☐ Empregar	☐ Motivar	
☐ Controlar	☐ Ensinar	☐ Organizar	

COMUNICAÇÃO

☐ Aconselhar	☐ Desenvolver	☐ Interpretar	☐ Promover
☐ Ajudar	☐ Direcionar	☐ Ler	☐ Publicar
☐ Aprender	☐ Discursar	☐ Liderar	☐ Reconciliar
☐ Arbitrar	☐ Editar	☐ Mediar	☐ Recrutar
☐ Autorizar	☐ Escrever	☐ Moderar	☐ Traçar
☐ Colaborar	☐ Escutar	☐ Motivar	☐ Traduzir
☐ Considerar	☐ Facilitar	☐ Obter	☐ Vender
☐ Convencer	☐ Formular	☐ Organizar	
☐ Corresponder	☐ Influenciar	☐ Palestrar	
☐ Criar	☐ Inscrever	☐ Persuadir	

Eu nem sempre estive ciente da importância do *branding* pessoal. De fato, passei boa parte da minha carreira achando que meu trabalho devia falar por si. Não é assim. A maneira como nos comercializamos e nos vendemos entra no processo muito antes de termos a oportunidade de nos afirmarmos através de nosso trabalho. A desvantagem do meu *branding* pessoal me foi mostrada na minha primeira semana na EMI pela então vice-presidente da Virgin Music Group, Nancy Berry.

Cresci acreditando que, no mundo dos negócios, os homens usavam terno e gravata em reuniões importantes. Quando comecei na EMI, minha primeira vez na diretoria, ia viajar para me encontrar com os diretores de gravadoras nos Estados Unidos, na Europa e na Ásia e, é claro, planejava usar meus melhores ternos e gravatas. Eu era um empresário internacional e queria parecer um. Tinha sido contratado para transformar a indústria fonográfica e levava essa responsabilidade a sério. Mas o que não percebi era que essa era a maior empresa da indústria fonográfica do mundo, não um banco — todos ao redor usavam camisetas e jeans. Para minha sorte, minha primeira reunião foi em Los Angeles com a vice-presidente da Virgin Records.

Eu me sentei no escritório de Nancy em Beverly Hills, cheiro de velas preenchendo o ar; usando um terno listrado e uma gravata conservadora, tentei explicar minha visão para o futuro da indústria da música para uma vice-presidente descalça. Ela me escutou com graça e elegância, mas dava para ver que minha mensagem não fora registrada. Então, Nancy fez uma pergunta que me pegou de surpresa: como eu convenceria os músicos, seus agentes e os executivos das gravadoras a me seguirem para a era digital se nenhum deles se identificava comigo? Eu parecia um advogado corporativo, não alguém trabalhando em uma gravadora e um apaixonado pelo futuro da música. Eu entrara no mundo deles, mas estava tão deslocado quanto um Amish em um show do Jay-Z. Assim como ela fez com vários músicos ao longo dos anos, Nancy fez o que faz de melhor: me ajudou a criar minha marca. Ela me ajudou a criar uma nova imagem antes de eu embarcar na minha turnê mundial pelos trinta selos da gravadora.

Deixei crescer um cavanhaque, troquei os ternos por um guarda-roupa todo preto e criei um estilo consistente com a mensagem que eu vendia: evolução musical. Por mais superficial que pareça, as roupas fazem o homem. A primeira impressão era importante, porque eu ia pedir a todos que eu encontrasse para mudarem a forma como administravam suas empresas. Eles precisavam acreditar que eu entendia o mundo deles antes de se disporem a aprender sobre o novo mundo digital que eu propunha. Graças a Nancy, a mensagem agora combinava com a embalagem, e consegui que todos concordassem em alcançar os objetivos que criei para a empresa.

Às vezes, o *rebranding* é tão simples quanto repensar a forma como você distribui sua energia profissional. Eileen Gittins, uma CEO do Vale do Silício, tinha quarenta e poucos anos e estava exausta depois do colapso das empresas ponto-com em 2000. Procurando por mais equilíbrio e alegria, ela focou suas energias na fotografia, seu passatempo. Gittins passou um ano fotografando as pessoas com quem trabalhava e revelou manualmente cada uma das fotos. Pensando em sua marca mais como uma artista do que uma executiva da tecnologia, Gittins passou a procurar por um site em que pudesse subir suas fotos e imprimir um livro de qualidade. Ao não encontrar, ela combinou sua paixão, sua nova marca, e seu passado para criar a Blurb. Hoje, a Blurb envia mais de dois milhões de livros por ano a mais de 75 países.[9]

O *rebranding* mais profundo que eu já vi foi o de um criminoso condenado, para quem os médicos deram dezoito meses de vida por conta de um câncer. Nos anos 1980, Michael Milken era o homem mais poderoso de Wall Street. Um investidor esperto e motivado, para quem Drexel Burnham uma vez pagou US$550 milhões, Milken mudou as finanças corporativas norte-americanas e era a personificação da frase "ganância é boa", de Gordon Gekko [protagonista do famoso filme "Wall Street"]. Mas seus excessos e seu sucesso chegaram ao fim em 1989, quando o governo apresentou 98 acusações contra ele. Depois de cumprir sua sentença, poucas pessoas esperavam qualquer coisa de Milken.

Poucos dias depois de sair da prisão, em 1993, Milken foi diagnosticado com câncer de próstata e informado que tinha menos de dois anos de vida. Ele mudou suas prioridades e sua marca. Sem saber quanto tempo ainda tinha, Milken focou toda sua energia em ajudar aos outros. Trabalhou com caridades e estabeleceu a *Prostate Cancer Foundation*. Ele ajudou empresas educacionais a levantar recursos e fundou o Milken Institute, um laboratório de ideias dedicado a "mudar o mundo de maneiras inovadoras". A Conferência Anual de Milken atrai líderes de negócios globais, chefes de estado e diretores de ONGs, todos trabalhando juntos para resolver os problemas que afligem nosso mundo. O *rebranding* de Michael Milken foi completo, e seu impacto foi muito maior do que podíamos ter imaginado quando ele estava no auge de seus dias em Wall Street como corretor de títulos de alto risco, décadas atrás.

Hoje, depois de ter feito a autodisrupção e mudado de trabalho várias vezes desde aqueles primeiros dias na EMI, eu voltei a trabalhar no mundo corporativo dos engravatados. A disrupção de seu estilo e marca é evoluir. No fim, o fracasso acontece quando você para. Ou, como o rapper e empresário norte-americano 50 Cent tão apropriadamente disse: "Enriqueça ou morra tentando."

PROMOÇÃO PESSOAL

O *branding* pessoal é particularmente desafiador. Você pode ter vários trabalhos em sua vida, mas tem apenas uma carreira. Ainda que você mude de direção, como Gittins e Milken fizeram, você precisa acreditar nos valores básicos que fazem você acreditar em si mesmo. Se a corrida contra os efeitos da lei dos rendimentos decrescentes [princípio que indica que, além de um certo ponto, parcelas adicionais de capital já não têm retorno proporcional, ou seja, sua taxa de retorno vai diminuindo] define a *startup*, então é a corrida contra o tempo que define a marca. Em vez de reviver os erros do passado e remoer o que poderia ou deveria ter feito, procure por maneiras de melhorar. Veja sua carreira como uma corrida constante contra o relógio.

> Se a corrida contra a queda das taxas de retorno define a startup, então é a corrida contra o tempo que define a marca.

Uma das melhores formas de alavancar e promover sua marca é falar em público. Sei que, para muitos, ficar em frente a uma sala cheia de estranhos pode ser intimidador, mas falar em público é, sem dúvida, o jeito mais eficaz de fazer a prospecção de centenas de pessoas ao mesmo tempo.

Todas as áreas de atividade econômica promovem conferências que precisam de palestrantes. Você não precisa ser famoso; só precisa ser persistente. Mande e-mails aos organizadores dos eventos, descrevendo em um parágrafo o que você planeja apresentar e por que será importante para aquele público em particular. Noventa por centro do tempo eles ficam felizes por encontrar alguém para preencher um horário. Se você fica nervoso na frente de uma multidão, peça para falar em um café da manhã de negócios ou para ser o professor convidado de alguma turma da universidade local para ganhar confiança. Muitas organizações nacionais coordenam conferências regionais para que você possa viajar pelo país fazendo a mesma palestra em várias reuniões do mesmo grupo.

Quanto mais original for seu tema, menor será a competição. Uma das primeiras palestras que eu fiz, quando tinha meus vinte e poucos anos, foi na convenção da *National Association of Chiefs of Police* [Associação Nacional dos Chefes de Polícia]. Eu não sabia nada sobre a aplicação da lei, mas sabia o impacto que a internet teria quanto aos crimes cibernéticos. Fui o primeiro nerd de computadores que eles chamaram, e a palestra resultou em um trabalho de consultoria. Sobre o que você está qualificado a discutir melhor do que ninguém? Como você pode ser a mudança que o organizador do evento procura? Quanto mais original for o tema, mais demanda terá. Um dos palestrantes mais interessantes e únicos que já ouvi, Michio Kaku é um físico teórico que faz da ciência mais incompreensível algo relevante e envolvente.

No ano passado, palestrei em Mumbai para um público de quase mil executivos de mídia indianos. Em um país com mais de um bilhão de pessoas, eu não conhecia ninguém. Depois de uma palestra de trinta minutos, fui cercado por pessoas me dando seus cartões, marcando reuniões e mandando e-mails com pedidos para parcerias. Em um mês, eu tinha uma rede de contatos por todo o subcontinente e estava negociando com uma das maiores empresas tecnológicas da Índia. De Seul a Roma, de Toronto a Moscou, eu entrei em salas cheias de estranhos e saí com associados de negócios e amigos para a vida toda.

Quando estávamos desenvolvendo o ooVoo para criar o melhor aplicativo adolescente do mundo, eu precisava encontrar uma maneira de convencer os principais publicitários das marcas jovens a executarem nossa campanha. Como a maioria das marcas trabalha com agências de publicidade, encontrar o verdadeiro chefe do marketing é uma tarefa formidável. A conferência na qual eu precisava palestrar era a PTTOW! (*Plan to Take on the World*), uma conferência de publicidade jovem administrada por Roman Tsunder. Eu já tinha ido antes e sabia que a sala estaria cheia de possíveis clientes. Em conferências grandes, as palestras são reservadas aos patrocinadores. Então, quando nada mais der certo e se o público for essencial para o sucesso da empresa, não tenha medo de apostar. Assim que terminei minha palestra, o CMO da Target, Jeff Jones, me abordou e falou que precisava conversar comigo. Sua filha de quatorze anos usava muito o ooVoo e lhe disse que eu era "a pessoa a se conhecer" na conferência. A Target gasta mais de US$1 bilhão por ano em propaganda.[10] Não fica melhor que isso. Por mais que falar em público seja uma ferramenta poderosa para você e sua empresa, sei que não é todo mundo que gosta. Se você é o tipo de pessoa que, em um funeral, prefere estar no caixão a fazer o discurso fúnebre, então há uma forma de se comunicar com milhões de pessoas sem falar nem sequer uma palavra em público: a mídia social.

Editar um blog, tuitar e postar o insere em um ambiente controlado no qual você pode "falar" com seu público. Com um notebook e uma conexão de internet, você consegue alcançar todas as pessoas de uma área a qualquer momento, de qualquer lugar. Todas as áreas têm sites populares que encorajam comentários e inscrições de terceiros. Publicações voltadas para ramos de negócios específicos e jornais influentes já não controlam mais a mídia. Ao ser autêntico com sua voz e compartilhar seu conhecimento, você possibilitará que duas coisas aconteçam. Primeiro, seu nome passará a ser conhecido em sua área. Essa popularidade ajudará a aumentar seu número de seguidores no Twitter ou no LinkedIn. Todos esses seguidores representam possíveis novos negócios e colaborações. Quanto mais você postar, mais seguidores terá, maior será sua influência no Klout Score*— e mais negócios serão gerados. A segunda vantagem de gerar todo esse conteúdo "de marca" é que seu nome aparecerá com mais frequência nos resultados de pesquisas.

> *Com um notebook e uma conexão de internet, você consegue alcançar todas as pessoas de uma área a qualquer momento, de qualquer lugar.*

Sejamos honestos: você usa o Google para encontrar as informações e as coisas de que precisa na vida. Bem, é o que todos fazem. Há uma década, nos Estados Unidos, você teria de contratar uma agência de relações públicas e torcer para que escrevessem um artigo sobre você no *Wall Street Journal* ou no *New York Times* para que mais pessoas soubessem do seu trabalho. Hoje, o Google é o grande nivelador. Quando alguém procura por informações, é igualmente provável que encontre seu blog e um artigo nos jornais. Graças aos programas de busca, você tem o mesmo alcance que qualquer outra publicação do mundo.

Quanto mais você postar, maiores serão suas chances de ser descoberto por alguém que procura por seus conhecimentos. Suas palavras permitirão que você defina sua realidade e seja disruptivo na sua área. Suas palavras podem ter o mesmo peso e autoridade daquelas vindas das enormes organizações midiáticas. Como declara o autor Seth Godin em *Você é Indispensável?*: "Conhecimento lhe dá discernimento suficiente para reinventar o que todos admitem como verdade."[11]

---

* Trata-se de um site e aplicativo de celular que analisava as mídias sociais classificando os usuários por seu grau de influência social. Ele foi comprado pela empresa Lithium Technologies em 2014 a qual encerrou esse serviço em maio de 2018.

> *Suas palavras permitem que você defina sua realidade e seja disruptivo na sua área.*

Uma jovem empreendedora chamada Stacey Ferreira, que conheci no programa de rádio de Ken Rutkowski, *Business Rockstars*, usou o Twitter para lançar sua startup, a MySocialCloud.com. A ideia era simples: criar uma empresa que guardasse todas as suas senhas seguramente em uma nuvem. Usuária ávida do Twitter, um dia ela viu um tuíte de Sir Richard Branson convidando todos que doassem US$2.000 para caridade para um coquetel exclusivo na Flórida. Com menos de vinte e um anos, a ex-aluna da Universidade de Nova York respondeu ao tuíte de Sir Richard, perguntando se ela poderia participar mesmo que ainda não tivesse atingido a maioridade. Branson, que começou seu império bilionário na adolescência, respondeu que, se ela fizesse a doação, ele cuidaria de tudo e a encontraria em Miami. Ferreira pediu emprestado o dinheiro da doação a seus pais e foi se encontrar com Branson. Impressionado com ela e com sua visão para a empresa, ele investiu US$1 milhão na MySocialCloud pouco depois de eles terem se conhecido.[12] A mídia social paga... apesar de raramente ser tão rápido!

Postar e escrever também é um ótimo jeito de ser notado dentro de uma empresa grande. Depois de ter se formado por Princeton na turma de 2008, o primeiro emprego do meu filho Danny foi como assistente na United Talent Agency. Todo mundo começa de baixo nas agências de Hollywood, e destacar-se do resto do grupo pode demorar anos. À época, o Twitter tinha pouco menos de um ano, e Danny percebeu que esse novo meio de comunicação, se usado corretamente, poderia ser uma vantagem para as estrelas da agência. Então, ele tomou para si a responsabilidade de escrever um guia que ensinasse como usar o Twitter para os talentos da UTA. O guia se espalhou pela agência e chegou aos clientes mais importantes. A UTA manteve sua reputação como uma das agências de pensamento mais progressista, e Danny conseguiu se destacar dos outros assistentes.

Ainda que postar ou manter um blog seja um ótimo começo, o segredo para construir sua marca é ter seu nome endossado por marcas já estabelecidas. É aqui que a disrupção da mídia impressa volta a funcionar a seu favor. As grandes publicações, como a *Forbes* e o *Huffington Post*, não têm todos os redatores necessários para escrever sobre todos os temas de que tratam. O escambo na indústria nunca foi tão frequente. Essas publicações estão ansiosas para publicar conteúdos gratuitos. Mais histórias geram mais leitores e mais lucros. Se a história que você postou em seu blog aparecer em um artigo do Huffington Post, isso significa que você é um colunista. Pete Cashmore, criador do blog Mashable e colunista de tecnologia da CNN, usou essa técnica para virar um dos maiores influenciadores digitais e, no processo, construir um império midiático multimilionário, que iniciou apenas com um computador em seu quarto, aos dezenove anos.

Seja por ambição ou circunstâncias, todas as carreiras são vítimas da disrupção. A era de relógios de ouro e pensão garantida acabou. Nenhuma multinacional ou setor econômico está imune à disrupção. Mas as mesmas ferramentas que estão mudando o cenário corporativo podem ser usadas para fornecer oportunidades de crescimento e sucesso maiores do que qualquer outra disponível anteriormente. Para ter sucesso, você precisa construir sua marca. E, ao ficar consciente da sua marca pessoal e das ferramentas disponíveis para se reinventar rapidamente, você sempre terá a capacidade de mudar a si mesmo, a sua área e o seu mundo.

> *Seja por ambição ou circunstâncias, todas as carreiras são vítimas da disrupção.*

Capítulo Cinco

Disruptivos Trabalhando e o Valor do Empreendedorismo

*"Eles não têm inteligência.
Eles têm o que eu chamo de
'subinteligência'. Eles enxergam
a situação imediata. Eles pensam
pequeno e chamam isso de 'manter
o foco'. Eles não enxergam o que
está a sua volta. Eles não enxergam
as consequências.
Por isso temos uma ilha como essa.
Por causa da subinteligência."*
— Dr. Ian Malcom em Parque dos
Dinossauros, de Michael Crichton.

Há uma sequência de ação maravilhosa em *Parque dos Dinossauros III,* na qual Sam Neill e William H. Macy estão presos na selva da ilha, entre um feroz Tiranossauro e um Espinossauro igualmente agressivo. Não é possível que esses minúsculos humanos lutem contra um Espinossauro claramente dominante e sobrevivam. Mas o Espinossauro está muito ocupado defendendo seu território do Tiranossauro para se importar com esses fracos humanos. Para o Espinossauro de cérebro pequeno e corpo gigantesco, o Tiranossauro representa uma ameaça maior à sua sobrevivência. Dinossauros lutam com outros dinossauros. Os insignificantes intrusos humanos podem ficar para depois. Ao fazer o que sempre fez de melhor, o Espinossauro destrói o Tiranossauro, quebra seu pescoço e urra vitoriosamente. Nesse meio-

-tempo, os humanos sobrevivem tempo o bastante para chamar mercenários com armas de tecnologia de ponta e saem vitoriosos. Essa cena primordial é a parábola perfeita para se entender como startups com poucos recursos não apenas sobrevivem, como também são continuamente disruptivas com os protagonistas no mercado. Os dinossauros grandes sempre estarão ocupados demais competindo entre si para prestar atenção ao disruptivo. Houve um momento na evolução de toda grande empresa disruptiva em que os líderes dominantes de mercado poderiam ter destruído (ou comprado) seus futuros concorrentes, mas focaram inevitavelmente os adversários errados.

Nos capítulos anteriores, examinamos o que significa ser disruptivo, como podemos adotar uma mentalidade disruptiva e como os disruptivos alavancam seus pontos de vista para encontrar empregos e se promoverem. Neste capítulo, exploraremos a forma como os disruptivos podem influenciar organizações de dentro para fora. O segredo para sobreviver no mundo de negócios em constante mudança de hoje é reconhecer se você e sua empresa são os disruptivos ou os dinossauros. Se você estiver competindo contra um disruptivo, olhe-se demoradamente no espelho. Você pode ter acabado de virar o dinossauro. Isso aconteceu comigo uma vez.

SOBRE SER DISRUPTIVO

Quando eu ainda trabalhava na Universal Studios, tinha uma reunião agendada com o CEO da EMI Music, Ken Berry, no prédio da Capitol Records em Hollywood. Quando cheguei, a assistente de Ken me avisou que teríamos de remarcar a reunião, já que Ken precisava ir a Londres para uma reunião da diretoria. Eu sabia que demoraria meses para conseguir remarcar. Quando Ken saiu de seu escritório para se desculpar pessoalmente, aproveitei a oportunidade e sugeri que fizéssemos a reunião durante seu deslocamento até o aeroporto de Los Angeles. Ele concordou e entramos no carro. Graças ao trânsito de Los Angeles, tive mais tempo no carro com esse ocupado CEO do que teria tido se, como planejado, a reunião houvesse ocorrido em seu escritório. Tivemos uma conversa detalhada sobre os desafios que a indústria da música enfrentava e a oportunidade única da EMI como a maior gravadora independente do mundo. Ao contrário da Universal, da Sony e da

Warner, a EMI não precisava se preocupar com a forma como sua música digital afetaria as divisões de televisão, vídeo e filme. A EMI era uma gravadora independente e não tinha outros interesses além da música.

Quando chegamos ao aeroporto, Ken sugeriu que nos encontrássemos de novo quando ele estivesse em Los Angeles. Eu sabia que essa seria minha única chance de transformar uma indústria de US$40 bilhões, mas também sabia que, mais uma vez, teria de ser autodisruptivo para aproveitar a oportunidade. Eu precisava deixar de ser o homem da produção digital e passar a ser alguém que entendia do mundo da música. A Universal Studios, com suas várias divisões, desde seus parques temáticos até seus filmes, ainda não tinha percebido como a internet transformaria seus negócios porque só a música era afetada. Mas para a EMI, cuja única fonte de receita era a música, enfrentar a ameaça da internet era uma questão de sobrevivência. Eu queria ir à EMI e transformar as ameaças da internet em oportunidades de crescimento. Enquanto o Sr. Berry estava em seu voo de dez horas, escrevi minhas ideias para a EMI e esquematizei o passo a passo do plano para aumentar os lucros da empresa ao virarmos parceiros das startups digitais em vez de tentar competir contra elas. Antes mesmo de o avião de Ken tocar em solo londrino, mandei-lhe por e-mail minha pesquisa de vinte páginas e fui contratado no mesmo dia. Foi assim que começou uma das minhas primeiras experiências com intraempreendedorismo.

Quando me juntei à EMI como chefe da distribuição digital em 1999, fiquei animado com o desafio de transformar a indústria fonográfica. Apesar do nome do meu cargo evocar a ideia do digital, minha posição era única, porque nenhuma gravadora, nem mesmo a EMI, distribuía música digitalmente em 1999. Os grandes nomes da música — Sony, Warner Bros., Universal, BMG e EMI — viam os downloads digitais como uma ameaça à indústria que precisava ser contida. As gravadoras achavam que estavam no negócio dos CDs. Eu achava que estávamos no negócio de monetizar a música, independentemente do formato, da embalagem e do meio de venda. Víamos o digital como uma oportunidade de criar uma nova fonte de receita. Na verdade, a EMI nem sequer estava procurando por um chefe global do digital ou uma estratégia para lidar com o despertar da era digital até eu ter dado a ideia a eles.

Convenci Ken de que não tínhamos tempo a perder. Quando comecei a trabalhar na EMI, logo espalhei na imprensa e na indústria que a EMI viraria parceira de qualquer startup do mundo que tivesse um jeito novo e melhor de monetizar a música. Em vez do antigo modelo de negócios de cobrar uma enorme quantidade de dinheiro das empresas para licenciar nosso catálogo de música, a EMI teria ações nessas empresas iniciantes. Se o novo empreendimento funcionasse, ganharíamos dinheiro de duas maneiras: com a venda das músicas e com a venda das ações de um empreendimento bem-sucedido. Se as empresas ponto-com fracassassem, não teríamos prejuízos. Era uma estratégia de ganho mútuo.

Não obstante eu tivesse consciência de que as pessoas que roubavam e trocavam arquivos MP3 online nos levariam à falência, ainda não sabia como detê-las. Você não precisa saber o fim da jornada para começá-la. Só precisa saber a direção em que deseja ir. Eu estava disposto a tentar qualquer coisa, já que nossas vendas de CDs começaram a cair muito. Com o apoio total da diretoria da EMI, meu mantra era simples: facilitar a compra de música digital e dificultar muito o roubo. Eu estava aberto a qualquer ideia imprudente que os empreendedores quisessem tentar. Não tínhamos nada a perder, porque a alternativa era agir como avestruzes e ficar com as cabeças enfiadas na terra enquanto roubavam nossos negócios.

Toda empresa tem seu "feudo", e a EMI não era diferente. Um intraempreendedor é alguém que começa uma nova divisão dentro de uma estrutura criada para manter o status quo. Se eu ia monetizar a música de um jeito novo, isso significava que, provavelmente, tiraria a fonte de lucro de outra gravadora ou divisão. Intraempreendedores de sucesso fazem inimigos internos com muito mais rapidez do que fazem progresso. O objetivo do intraempreendedor é mostrar resultados moderados antes que aqueles que querem sua cabeça o destruam.

Na EMI, minha equipe e eu fechávamos negócios para streaming digital de rádios, *jukeboxes* digitais, CDs personalizados fabricados sob encomenda, inscrições de músicas e até música digital em cartões comemorativos e brinquedos. Se você entrasse no meu escritório com uma ideia, meu trabalho era testar a validade dela. Tentamos de tudo. No meu primeiro ano com a EMI, adquirimos ações de mais de quarenta empresas e aumentamos o faturamento em mais de US$100 milhões. Apesar de parecer muito dinheiro, não estávamos nem perto de chegar às paradas musicais da indústria norte--americana, que vendeu US$14,6 bilhões em música naquele ano.[1] Porém, por mais rápido que eu tentasse mover a EMI para o digital, o mercado de música gravada regredia fisicamente com mais rapidez.

Na primavera de 1999, Shawn Fanning e Sean Parker criaram o Napster no dormitório de Fanning. O Napster foi o primeiro serviço de compartilhamento de arquivos via internet organizado no sistema P2P [em que os computadores se conectam uns aos outros]. O conceito de Fanning, de usar o poder pouco utilizado dos consumidores dos computadores pessoais para criar um sistema de distribuição global, foi revolucionário. Não há dúvidas de que Fanning e Parker são disruptivos brilhantes. Qualquer pessoa, em qualquer lugar, poderia "compartilhar" (roubar) arquivos de outro computador que tivesse baixado o software Napster. Milhões de músicas foram subidas, e centenas de milhões de músicas foram baixadas. Tudo o que já havia sido gravado estava disponível no Napster, sem que nenhum artista, compositor ou gravadora fosse pago. O impacto do Napster nos consumidores e na indústria da música foi instantâneo e enorme. Sozinho, o Napster foi disruptivo em uma indústria centenária e multibilionária.

Em um dia do ano 2000, Sean Parker e o vice-presidente do Napster, Bill Bales, foram ao meu escritório no prédio da Capitol Records. Eu sabia que os serviços que o Napster oferecia eram ilegais, mas pensei que talvez pudéssemos achar uma maneira de usar a tecnologia deles em um negócio legítimo. Eu ouvi seus planos e sua ousadia. Eles não tinham um modelo de negócios para ganhar dinheiro, mas estavam convencidos de que eventualmente seriam os donos dos selos musicais. Sugeri que encontrássemos um jeito de lucrar juntos. "Vamos fazer um experimento", sugeri. "Voltem com um modelo de negócios que possamos colocar em prática". Eles nunca voltaram.

Anos depois, descobri que, do outro lado da minha porta do escritório, Bales disse: "Acho que não precisamos fechar acordos com as gravadoras. O mais provável é que tantas pessoas vão usar o Napster que as leis de direitos autorais acabarão sendo modificadas."[2]

Bill Bales não era o único a pensar assim. Um dos primeiros investidores do Napster, o investidor de risco John Hummer, se gabou na revista *Fortune* de ser "o pior pesadelo das gravadoras".[3] À essa altura, Hummer estava certo. O roubo de música através dos serviços P2P cresceu tanto que, entre 2000 e 2004, as gravadoras demitiram mais de cinco mil funcionários e nunca se recuperaram.[4] Em uma década, o negócio de US$14,6 bilhões da indústria da música estava com a metade de seu tamanho anterior.[5] Em outubro de 2000, quando eu ainda era o chefe de distribuição digital na EMI, conseguimos processar o Napster por infringir leis de direitos autorais. O Napster foi forçado a suspender suas operações, mas a vitória custou caro. A indústria da música passou anos resistindo à internet e recusando-se a se adaptar a um novo modelo de negócios. Enquanto os dinossauros estabelecidos lutavam entre si, as necessidades de nossos consumidores eram ignoradas. Os consumidores sempre encontrarão uma maneira de conseguir o que querem, mesmo que o fornecedor tradicional não concorde. Por exemplo, quando a Amazon nos procurou querendo vender CDs físicos online, nenhuma gravadora quis vender para eles por receio da competição com os meios de venda tradicionais — as lojas físicas. Quando minha divisão na EMI não seguiu as outras gravadoras e permitiu que a Amazon vendesse nossos CDs on-line, vimos instantaneamente que nossas vendas e participação no mercado cresceram. Hoje, os revendedores que as gravadoras tentaram proteger já não existem, e a Amazon é a maior revendedora de música do mundo. A indústria da música acabou evoluindo, mas nem todas as empresas sobreviveram à evolução. Depois de 114 anos em operação, em 12 de novembro de 2011, a EMI, a gravadora que criou a indústria da música e contratou desde Frank Sinatra até os Beatles e Garth Brooks, foi vendida aos pedaços pelos credores à Universal Music e Sony.

> *Os consumidores sempre encontrarão uma maneira de conseguir o que querem, mesmo que o fornecedor tradicional não concorde.*

Todas as minhas tentativas de encontrar novas formas de monetizar a música não podiam compensar as mudanças fundamentais que ocorreram na economia das gravadoras. Fomos vítimas da disrupção. A mudança aconteceu tão rapidamente na indústria da música que apenas as empresas que podiam cobrir as perdas com outras fontes de receita, como filmes e eletrônicos, conseguiram sobreviver. A dura verdade que eu aprendi como intraempreendedor foi o dever de ser destemido quando você sabe que sua sobrevivência está ameaçada. Qualquer outra coisa é suicídio corporativo. O mundo dos negócios está cheio de fósseis de empresas que não conseguiram evoluir. Cause a disrupção ou sofra-a. Não há meio termo.

> 🐦 O mundo dos negócios está cheio dos fósseis das empresas que não conseguiram evoluir. Cause a disrupção ou sofra-a. Não há meio termo.

A DISRUPÇÃO DOS DINOSSAUROS

Como os dinossauros, as corporações gigantes que costumavam dominar o mundo dos negócios cresceram em condições de mercado que lhes eram favoráveis em uma era anterior. A Sears, a Blockbuster e a Motorola costumavam esmagar a concorrência. A Polaroid, a Tower Records e a Levitz Furniture já foram enaltecidas como inovadoras. Os fatores que contribuíram para as posições dominantes dessas empresas também criaram uma visão míope para futuras oportunidades de mercado. Cada uma delas via a inovação que trazia ao mercado como o estágio final do avanço, em vez de apenas um marco na incessante jornada do progresso. A fotografia instantânea da Polaroid era mais avançada e rápida que o filme, mas não era igual à digital. A Tower mantinha um catálogo vasto, mas que nunca seria tão vasto e ilimitado quanto o dos serviços digitais como o iTunes. A Levitz costumava ter as maiores salas de exposição, mas depois foi ofuscada por uma prática conhecida como "*showrooming*", o ato de ir a lojas físicas com o único propósito de decidir qual produto comprar online. A maioria dos CEOs veem o futuro como uma continuação do caminho que os levou à sala da diretoria, e não como uma selva sempre em evolução.

Quando o CEO da Microsoft Steve Ballmer vergonhosamente disse em 2007 que o iPhone da Apple era "o telefone mais caro do mundo e não é atrativo aos consumidores, porque não tem teclado, o que não ajuda a mandar e-mails", ele claramente não previa um mundo em que os consumidores baixariam, por ano, cem bilhões de aplicativos móveis.[6] Ele também não previu um mundo que sofreria a disrupção causada pelo YouTube, que um milhão e meio de espectadores usariam em seus iPhones para assistir ao vídeo dele rindo do iPhone.

De acordo com Vijay Govindarajan, coautor de *The Other Side of Innovation* [*O outro lado da inovação*], há três ciladas clássicas no sucesso corporativo. A primeira cilada é a dos recursos, na qual as empresas investem demais em sistemas antiquados, mas ignoram novas oportunidades. A segunda cilada é a da psicologia de gerência, na qual ciclos longos de planejamento não priorizam nada que não tenha sido essencial aos sucessos anteriores. Os ciclos de planejamento corporativo são um exemplo clássico de generais lutando a última guerra várias vezes, em vez de se prepararem para o que está por vir. A última cilada é não planejar para um futuro em evolução.[7] Sediada em Rochester, em Nova York, a Eastman Kodak ficou conhecida por ilustrar a "mentalidade de Rochester", e é o exemplo clássico desse ciclo. A Kodak centralizou toda sua administração, pesquisa e produção em uma cidade e concentrou-se em construir fábricas maiores ao norte da cidade de Nova York. Depois da morte do seu fundador, George Eastman, em 1932, todos os sucessores foram promovidos internamente. A Kodak sempre mediu seu sucesso com base nos outros fabricantes de filmes. Em seu auge, a empresa empregava 40% da mão de obra civil de Rochester. Sem influências externas atuando sobre a diretoria, os avanços em tecnologia de fotografia digital não foram priorizados e eram vistos como um projeto fracassado. Ser incumbido da equipe de tecnologia digital da Kodak era equivalente a um suicídio profissional.[8]

> *Os ciclos de planejamento corporativo são um exemplo clássico de generais lutando a última guerra várias vezes, em vez de prepararem-se para o que está por vir.*

A administração da Kodak não conseguiu firmar parcerias com outros fabricantes para criar um novo ecossistema digital. A Kodak tinha o nome, o orçamento publicitário e uma fatia dominante no mercado para ser dona do futuro da fotografia. Mas, ao proteger seus produtos e se isolar geograficamente dos outros centros de inovação, a Kodak fracassou. Em 2012, depois de 124 anos no mercado, a Kodak foi forçada a pedir a proteção do Capítulo 11 da Lei de Falências norte-americana.[9] [No Brasil, o equivalente a solicitar recuperação judicial.]

Da mesma forma, no começo do século, a Sony, antes líder entre os consumidores de eletrônicos, precisou construir um novo ecossistema para a era da distribuição de conteúdo digital. As divisões da Sony estavam acostumadas a criar produtos únicos para seu mercado — computadores, áudio portátil, televisões, sistemas de jogos e assim por diante —, mas a distribuição de conteúdo digital exigia que todos os diferentes aparelhos se comunicassem. Querer que os aparelhos conseguissem fazer o que os executivos não conseguiam era um problema formidável. Os executivos japoneses da Sony, contratados logo que saíram da faculdade e que fizeram carreira na empresa, viam seus concorrentes como os rivais do outro lado da cidade — Toshiba, Panasonic, Sanyo, Fujitsu e Mitsubishi. Apple, Google, Amazon e Microsoft, que eram disruptivas quanto à forma como os consumidores descobriam, compravam e consumiam mídias, eram empresas que nem passavam pelas mentes dos gerentes de produtos da Sony. A mentalidade de Rochester se traduziu na mentalidade de Tóquio. Eu fui levado à Sony por Sir Howard Stringer para mudar isso tudo. Mais uma vez, meu trabalho como intraempreendedor era superar os "feudos" e construir um ecossistema de multiplataforma digital para que a Sony pudesse competir na era digital. Fui encarregado de lançar um serviço de músicas/filmes/jogos/livros digitais e de trabalhar com as diferentes divisões de produção para criar um hardware que desse suporte ao comércio digital.

Apesar de ter o total apoio da liderança global da Sony, foi uma tortura lidar com os feudos nos outros departamentos da empresa. O Walkman da Sony, por décadas líder em áudio portátil, se recusava a fazer um aparelho com hard-drive para competir com o iPod da Apple. Em vez disso, o Walkman insistia em reintroduzir o minidisco nos Estados Unidos. O PlayStation, que lançara um console portátil de ponta, não queria rodar filmes ou músicas digitais em seu aparelho, porque eles podiam canibalizar as compras de videogames. A Sony Pictures não queria abrir mão do controle dos filmes na internet e intercedeu por um serviço digital concorrente. A divisão de *e-books* da Sony insistiu em lançar seu hardware sem apoio de nenhuma editora. Enquanto eu tentava em vão explicar as mudanças aos meus colegas de Tóquio, frequentemente brincava ao dizer que sabia de onde a bandeira do Japão viera: "Foi de tanto eu bater a cabeça na parede."

"As organizações empresariais não são construídas para gerar inovações", escreveu Govindarajan. "Elas são construídas para gerar eficiência."[10]

Em quase todas as grandes corporações, os administradores seniores são recompensados por fazerem mais do mesmo, e os líderes das empresas arriscam a própria carreira quando tentam se desviar muito do curso. A diretoria das empresas vê os concorrentes como a maior ameaça ao seu crescimento e à sua participação de mercado trimestral. Essa é a "subinteligência" que Michael Crichton descreve em *Parque dos Dinossauros*. Todo planejamento é focado em vencer a concorrência existente, e pouco tempo é dedicado à reinvenção da indústria ou à estrutura da empresa. A maior parte dos recursos é destinada à manutenção da posição da empresa em um ecossistema existente. Presta-se pouca atenção às iniciativas que podem acabar com as fontes de renda atuais.

> *Frequentemente, os administradores seniores são recompensados por fazer mais do mesmo, e os líderes das empresas arriscam a própria carreira ao tentar se desviar muito do curso.*

Se uma pequena divisão tivesse lançado a câmera digital da Kodak, teria ameaçado tomar parte das vendas da divisão mais poderosa, a de filmes, a principal fonte de lucro da empresa. Ainda que, continuando nosso exemplo, essa câmera digital fosse um sucesso entre os consumidores, o executivo liderando o grupo teria cometido suicídio corporativo ao antagonizar o poderoso dinossauro interno. Entre grandes empresas, mesmo quando uma startup ou uma ideia entra em seu meio, elas raramente as veem como ameaça, porque as vendas iniciais são insignificantes. Quando Steve Jobs lançou o iPod em 2001, foi difícil distribuir seus produtos para as lojas, enquanto os Walkmans da Sony eram vendidos em mais de quatorze mil locais nos Estados Unidos.

A dominância de venda da Sony foi um dos motivos para que a Apple fosse forçada a fazer as coisas sozinhas e lançasse a Apple Store, também em 2001. Então, saído do nada, como os humanos de *Parque dos Dinossauros* que construíram armas avançadas, o minúsculo intruso que invadiu o território do gigante feriu o poderoso dinossauro japonês.

Em nosso mundo darwiniano, todo líder corporativo ou governamental se centra principalmente na sobrevivência. O darwinismo digital só acelera a extinção corporativa, e as maiores costumam ser as primeiras a morrer. Já em 1965, o cofundador da Intel, Gordon Moore, previu que o poder do computador dobraria a cada dois anos, conforme crescesse o número de transístores nas placas de circuito integrado.[11] A lei de Moore ainda é verdadeira no século XXI. O crescimento exponencial do poder de computação e ascensão da singularidade tecnológica ameaçam cada vez mais todas as atividades econômicas com a disrupção. À medida que mais partes do nosso mundo físico forem substituídas por soluções virtuais, mais empresas vão deixar de existir. Quão fácil é para um disruptivo derrubar um dinossauro gigante? Há duas décadas, a média de estabilidade para um CEO de uma empresa de capital aberto era de dez anos. Agora, de acordo com uma pesquisa publicada em 2012 pela firma de consultoria Challenger, Gray & Christmas, a média de permanência em um cargo do alto escalão caiu para cinco anos e meio.[12] Para diretores de marketing, a média é de meros quarenta e três meses, de acordo com a empresa de recrutamento Spencer Stuart.[13]

Essa alta taxa de mortalidade profissional desencoraja o profissional de assumir riscos e apenas acelera a morte da empresa. Tome uma atitude ousada e sua carreira pode acabar. Seja cauteloso e continue a receber uma recompensa fantástica — pelo menos enquanto a empresa viver. Os administradores seniores nas corporações de capital aberto de hoje estão menos interessados na sobrevivência em longo prazo de suas empresas e mais em alcançar as metas trimestrais e ganhar seus bônus particulares. Em 2014, o professor de finanças da Wharton Alex Edmans publicou um artigo intitulado "*Equity Vesting and Managerial Myopia*" [Aquisição Progressiva de Direitos de Capital e Miopia Gerencial, em tradução livre], que analisava a transparência corporativa determinada pelo governo para estudar o impacto dos pacotes de incentivo no comportamento dos administradores de duas mil empresas de capital aberto. Os resultados mostram que, com a aproximação das datas de bonificação, os CEOs tendem a estimular os ganhos da empresa (e, assim, o preço das ações) ao cortar os investimentos em pesquisa e desenvolvimento e publicidade e os dispêndios com ativos fixos.[14]

> *Administradores seniores nas corporações públicas de hoje estão menos interessados na sobrevivência a longo prazo de suas empresas e mais em alcançar as metas trimestrais e ganhar seus bônus particulares.*

Em uma das minhas posições corporativas, a diretoria estava tão desesperada para aumentar os números que ofereceu uma compensação tripla para qualquer chefe de departamento que alcançasse suas metas. Coloquei uma foto do CFO na parede do meu escritório, ao lado de um termômetro de caridade, com o título "Faça Tony Sorrir". Toda semana, eu enchia o termômetro com minha equipe até batermos nossas metas. Tomamos a melhor decisão a longo prazo para a empresa? Não. Mas fomos atrás das benesses que nos foram oferecidas. Quanto maior é a pressão exercida nas empresas que estão no auge, menos provável é que elas lancem novas iniciativas que demorarão anos para ser lucrativas. Mas essa falta de visão é uma oportunidade financeira gigantesca para o disruptivo. Os disruptivos têm o benefício de operar no ponto cego da administração.

A DISRUPÇÃO INTERNA

Em 1995, quando minha empresa Jasmine Multimedia Publishing era uma das principais editoras de CD-ROM no mercado, nós achávamos que o mundo era nosso e que isso nunca iria mudar. Nossos títulos mais vendidos estavam nas prateleiras de todos os lugares. A vantagem competitiva da minha empresa não era apenas produzir videogames de sucesso e títulos educativos; era saber como distribuir nossos produtos para as prateleiras das lojas do mundo todo. Mas, sem que eu soubesse à época, a venda de softwares em lojas físicas seria vítima da disrupção causada por um universitário chamado Marc Andreessen e seus amigos da Universidade de Illinois.

Em 1993, Andreessen deixou a internet acessível para a população com a criação de um programa chamado Mosaic. O Mosaic usava uma interface gráfica na internet e levava o fluxo principal da rede mundial de computadores ao usuário. A Microsoft, a maior empresa de tecnologia da época, licenciou a tecnologia do Mosaic e a renomeou como Internet Explorer. Agora os consumidores podiam acessar qualquer coisa, a qualquer hora, de qualquer lugar. Eles não precisavam mais ir até a loja para comprar o pacote de um software; os programas podiam ser baixados instantaneamente com apenas um clique do mouse. Logo percebi que todos os relacionamentos que eu havia cultivado com os setores de compras e distribuição das lojas perderiam sua utilidade. Todos os fornecedores que fabricavam nossas embalagens e disquetes se tornariam irrelevantes. Nossos distribuidores regionais foram os primeiros a sentir o impacto. Os vendedores de computadores foram os próximos. Internamente, sabíamos que nossa empresa teria de ser mais B2C do que B2B [ou seja, priorizar as transações feitas diretamente com o consumidor em detrimento das realizadas com outras empresas]. Tínhamos o novo desafio de fazer os consumidores encontrarem nossos produtos no mundo virtual. As cadeias de valor das distribuidoras e das lojas físicas foram fundamentalmente arruinadas. Eu sabia que isso significava que as lojas de softwares estavam condenadas e que, com a conectividade da internet cada vez mais rápida, livros, músicas e filmes seriam os próximos. A maioria dos meus concorrentes iria falir nos próximos anos. Com as vendas da minha empresa caindo, percebi que precisava fazer algo diferente para sobreviver.

Em vez de me lamentar sobre a maneira como meu setor foi pego de surpresa, eu pensava apenas em uma coisa: a web ia ser a maior disrupção de uma cadeia de valor que eu veria na minha vida, e eu queria uma passagem nessa nova via expressa. Era claramente a hora de voltar a praticar a autodisrupção. Rapidamente, tentei desconstruir minhas habilidades e valores únicos para focar o melhor modo de enfrentar a nova situação. Redesenhei meu mapa de disruptivo. Passo um: vender a Jasmine.

Ao analisar a cadeia de valor da Jasmine Multimedia Publishing, percebi que o verdadeiro valor dos nossos títulos era criado nos direitos autorais, não nas vendas ou na distribuição dos nossos produtos. Com algumas assinaturas em uma pilha de contratos, vendi minha (empresa) primogênita e assumi um trabalho na Universal Studios, como vice-presidente de novas mídias. A Jasmine foi o centro da minha identidade por tanto tempo que eu não sabia como me sairia na nova posição. Agora eu fazia parte de um estúdio gigante de Hollywood e embarquei bem no começo da criação de um novo departamento de jogos e novas mídias para uma das principais empresas de entretenimento. Era o ano de 1995, o Guide to the World Wide Web [Guia para a Rede Mundial de Computadores, em tradução livre] de Jerry e David teve o nome mudado para Yahoo!, e eu tinha a tarefa de descobrir como a web impactaria os filmes, as músicas, a televisão e os parques temáticos da Universal. Nosso pequeno grupo se mudou para o antigo escritório de *Magnum* de Tom Selleck [uma famosa série de televisão protagonizada por esse ator], e começamos a levar todos esses departamentos para o século XXI.

Depois de superar o entusiasmo por estar em um terreno de Hollywood e poder ir de um lado para o outro no meu carrinho de golfe, logo vi que as grandes corporações não estão preparadas para aceitar a disrupção. Primeiro, nossa nova divisão de mídia tinha a tarefa de criar produtos digitais e fontes de receita apenas com as propriedades intelectuais da Universal Studios (como *Frankenstein*, *Xena: A Princesa Guerreira* e *Parque dos Dinossauros*), mas todos os direitos e recursos associados ao conteúdo eram controlados por outros departamentos dentro da empresa. Não havia nenhum incentivo financeiro para que esses departamentos e executivos trabalhassem conosco, e poderia haver muita perda financeira se interferíssemos com os relacionamentos que eles tinham com os talentos de Hollywood, agentes, empresários e terceiros. Silos e feudos. Logo ficou claro que todas as vantagens que imaginei existirem em uma grande empresa exigiriam barganhas faustianas. Como eu era parte de um estúdio enorme, não podia usar os filmes ou propriedades intelectuais da concorrência online, mas os líderes dos departamentos equivalentes ao meu na Universal não queriam que eu interferisse em seus negócios ao usar nossos próprios filmes e seriados. Um século de conteúdo estava fora do alcance do novo departamento por causa de um sistema que fora construído gradualmente para conter a disrupção interna.

Meu segundo desafio foi que, em 1996, na mente dos executivos mais velhos, "nova mídia" significava CD-ROMs e jogos. A indústria do entretenimento ainda não ganhava dinheiro online. Por ter passado uma década criando mais de trezentos jogos e títulos de CD-ROMs, fui contratado como editor de CD-ROM para produzir mais do mesmo, ainda que a rede mundial de computadores estivesse convocando a todos. "Nova mídia", pelo que se viu depois, era um paradoxo. Os executivos de estúdios não queriam que eu explorasse novas fontes de receita. Eles queriam que eu me concentrasse no que eu já tinha demonstrado ser lucrativo anos antes. Vendi minha empresa porque sabia que o mundo da mídia física chegara ao fim, mas não consegui explicar isso a um gigante do entretenimento que ainda ganhava bilhões com CDs e DVDs. Paul Rioux, um executivo veterano da indústria de videogames, liderava nosso departamento. Paul foi o diretor da Mattel Electronics e da Sega logo no começo do mercado dos videogames, e sua missão, como a minha, era construir um departamento de videogames para o varejo da Universal Studios. O que aprendi foi: o truque para a disrupção interna de uma organização é conseguir o que você quer ao dar à empresa o que ela *acha* que quer.

Se meu trabalho era desenvolver videogames e minha paixão era trabalhar na internet, então a única solução possível era desenvolver videogames para a internet. Mas como eu poderia provar meu modelo de negócios não comprovado sem ser demitido? Construir uma equipe para desenvolver, projetar e comercializar jogos de internet demoraria anos, e nenhuma empresa de capital aberto assumiria tal risco financeiro. Não tínhamos os funcionários nem o orçamento para desenvolver jogos online multimilionários.

Os únicos jogos online que existiam em meados da década de 1990 eram os de RPG conhecidos como MUDs. Os Multiuser Dungeons eram jogos baseados em texto, em tempo real e com múltiplos jogadores, que normalmente se desenrolavam em mundos fantasiosos, povoados por dragões e bruxos. Em essência, eram uma versão chat de Dungeons & Dragons. Apesar de alguns desses jogos não serem tão populares, alguns MUDs tinham milhares de jogadores. A gigante dessa indústria era a Simutronics, que criou os jogos GemStone e DragonRealms. Eles passaram anos criando essas franquias online desde os primeiros dias de Dungeons & Dragons na internet e sabiam como adaptá-los para a web em um formato muito mais amigável. A Simutronics tinha cultivado o maior público de jogos e uma distribuição em massa pela America Online, na época uma das maiores provedoras de internet dos Estados Unidos (ISP). Eu estava em uma grande empresa de mídias, mas não tive a chance de bater de frente com o líder da indústria. Mas às vezes o sucesso vem da cooperação e da competição: coopetição.

Decidi apresentar uma extensão da marca. Eu tinha marcas que atrairiam os jogadores, mas não tinha uma equipe nem tempo para desenvolver os jogos do zero. Entrei em contato com Neil Harris, da Simutronics, e contei minha ideia, a de que eles licenciassem dois dos seriados de ação mais famosos da Universal para transformar em um jogo online. Ao adaptar seu motor de jogo [os programas de computador que rodam o videogame], a Simutronics teria um jogo novo por uma fração do preço de desenvolver um game do zero, e a Universal New Media teria uma fonte de receita instantânea sem riscos. O resultado foi o jogo de sucesso *Hercules & Xena: Alliance of Heroes*, baseado em *Hercules: A Lendária Jornada* e *Xena: A Princesa Guerreira*.

"A Universal está feliz em pegar dois dos seriados de maior sucesso e combiná-los com os jogos online para, em parceria com a Simutronics, criar a próxima geração de jogos de múltiplos jogadores", disse Rioux no comunicado de imprensa que anunciava o lançamento do produto.[15] O fato de que o jogo era online passou despercebido pela maioria dos executivos da Universal na época. Mas a verdadeira disrupção — que levou o estúdio ao entretenimento digital online — foi percebida por todas as empresas de jogos ao redor do mundo. A extensão da marca foi um jeito rápido de provar que era possível ganhar dinheiro na internet — à época ainda em sua infância como veículo. Com meu chefe endossando um produto voltado para a internet, eu só precisava convencê-lo a me permitir fazer algo além dos jogos online.

É difícil explicar aos que não viveram nessa época que ninguém em Hollywood acreditava ser possível ganhar dinheiro online. A internet era um veículo emergente, e a publicidade online começava a ser testada pelas marcas. Não existia Hotmail ou Gmail, Skype ou Facebook, Twitter ou Instagram, YouTube ou Google. Mas havia uma geração inteira concentrada nesse novo veículo: os universitários aceitavam rapidamente a web ao saírem de casa e abandonarem as contas de e-mail da AOL que seus pais tinham. Esses estudantes criavam suas próprias identidades online. Havia uma óbvia oportunidade (lembre-se, isso foi seis anos antes do Facebook) para criar um site no qual os estudantes pudessem ter um e-mail gratuito (anos antes do Hotmail ou Gmail), páginas pessoais na web, telefonia por protocolo de transferência de voz em formato digital e gratuito na internet (VoIP), mensagens de texto, classificados, vagas de trabalho, notícias e esporte. Mas, por mais óbvia que essa enorme oportunidade fosse para mim, ela não se relacionava com os negócios centrais da Universal Studios. Claro, construir uma grande comunidade online para os jovens teria sido uma ótima propaganda para nossos filmes, seriados e músicas, mas o conceito de mídia social ainda não tinha sido criado. Mesmo assim, eu estava determinado a encontrar uma forma de levar minha carreira, e o estúdio, ao mundo online.

Voltei ao meu manual do disruptivo e examinei o que atribuía valor aos negócios centrais da Universal. Acabou que o aniversário de vinte anos da comédia mais rentável da Universal [*Animal House*, filme conhecido no Brasil como *O Clube dos Cafajestes* (1978)] estava chegando, e isso caía como uma luva para minha visão de uma comunidade estudantil online e irreverente. Eu queria construir uma mídia social para cinco milhões de universitários em tempo integral dos Estados Unidos, que chamaria de Animalhouse.com.

A Animalhouse.com mudaria a forma como as pessoas interagiam com a Universal Studios ao disponibilizar um de seus produtos online e transformá-lo em uma comunidade social. Minha equipe e eu queríamos criar um mundo virtual informal, no qual jovens adultos pudessem postar e compartilhar livremente. Entusiasmados, explicamos nossa visão a meu chefe e ao resto do departamento de novas mídias; recebemos uma violenta resposta de indiferença corporativa. Ninguém entendeu. Não era um jogo. Se era gratuito, como a Universal ia ganhar dinheiro? Por que uma empresa de entretenimento gastaria milhões de dólares para construir uma comunidade na web? Quais marcas fariam sua publicidade na internet? Por mais que a divisão de *home video* tenha gostado da ideia de ganhar publicidade gratuita do departamento de novas mídias, ninguém da Universal ia bancar meu projeto.

Admito que, quando era mais novo, toda vez que os executivos mais velhos não enxergavam as coisas do meu jeito, eu sempre os culpava, porque eles não "entendiam". Era uma época em que a maioria dos executivos de Hollywood ainda ditavam seus e-mails para assistentes e poucos deles tinham computadores no escritório ou em casa. Agora que já passei dos quarenta anos, entendo que o problema que eu tinha naquela época não era com os executivos *não entenderem,* mas, na verdade, com minha inabilidade de comunicar minha visão em um contexto que eles pudessem compreender. Para todos os disruptivos, essa é a lição mais importante a ser aprendida. Não é responsabilidade do mundo ter que se adaptar à sua visão de mudança. É sua responsabilidade explicar o futuro usando termos que aqueles que vivem no passado e no presente possam entender. Se você não conseguir superar esse desafio de comunicação básica, nunca conseguirá aumentar seu capital, montar sua equipe ou construir sua clientela. Uma ideia medíocre que é aceita com entusiasmo chegará mais longe que uma ideia genial que ninguém entende.

> O mundo não vai se adaptar à sua visão. É sua responsabilidade explicar o futuro em termos que aqueles que vivem no passado e no presente possam entender.

> Uma ideia medíocre que é aceita com entusiasmo chegará mais longe que uma ideia que ninguém entende.

No começo da década de 1990, eu era uma das poucas pessoas da Universal Studios que vivia no mundo digital e precisava levar os executivos comigo. Eu não devia ter apresentado minha ideia como uma comunidade online, mas como uma mídia com adesão paga, que daria anos de acesso ao nosso público. Eu podia ter vendido a ideia como uma forma simples de comercializar nossos lançamentos de cinema e televisão. Mas não foi o que fiz. Achei que minha ideia era brilhante e óbvia. Recebi a resposta que os disruptivos recebem o tempo todo: o pedido de verba para o projeto foi negado. A Animalhouse.com acabou antes mesmo de começar.

"Acabou? Nada acaba até nós decidirmos!", afirmava o personagem de John Belushi, Bluto, no filme. "Acabou quando os alemães bombardearam Pearl Harbor? Não!" Usando Bluto como inspiração, decidi repensar o problema em vez de jogar a toalha. Meu chefe não falou que eu não podia construir a Animalhouse.com; ele só disse que a Universal não pagaria para que eu a construísse.

Foi quando aprendi a mais óbvia das lições dos negócios: você pode fazer o que quiser na vida, desde que encontre alguém disposto a pagar. Fiz uma lista de todas as empresas e setores que poderiam se beneficiar com a Animalhouse.com. Praticamente todas as marcas que você consumirá por toda a vida, desde a cerveja que bebe até o carro que dirige, são consolidadas quando você tem seus vinte e cinco anos. As marcas jovens iriam querer entrar na Animalhouse.com logo no começo. Minha antiga parceira de desenvolvimento, a Microsoft, tinha acabado de lançar seu site Builder Network e certamente gostaria da publicidade de trabalhar com uma gigante do entretenimento como a Universal Studios. Os bancos e as empresas de cartão de crédito queriam que os universitários abrissem contas com eles já no campus. A Hyundai, a gigante fabricante coreana, ia abrir sua primeira fábrica nos Estados Unidos para produzir veículos de baixo custo voltados para o mercado jovem. A pioneira da propaganda na internet DoubleClick se preparava para realizar seu IPO [sigla em inglês para Oferta Pública Inicial de ações] na Nasdaq e se beneficiaria com um projeto de tamanha visibilidade. A lista continuava. Pouco a pouco, eu juntava o capital. A Microsoft e a Hyundai foram as que mais contribuíram. MasterCard, MBNA, Tommy Hilfiger, Seagram e Pepsi entraram no barco pela chance de exclusividade nas suas categorias no novo projeto. O iMall de Richard Rosenblatt fornecia o e-commerce, e Ross Levinsohn da CBS Sportsline fornecia as notícias de esporte. Kevin Wall, à época administrando o BoxTop Interactive, liderou o design, e o criador de Ren & Stimpy, John Kricfalusi, ilustrou a mascote do site. A startup de Mark Cuban, a AudioNet (depois renomeada Broadcast.com), fazia o streaming dos eventos ao vivo no site. Era uma coleção incrível de talentos. Os jovens empreendedores viram o futuro potencial desse veículo e não tiveram medo de mergulhar de cabeça. Era um grupo entrosado e com visão de futuro, determinado a definir esse novo veículo. Há dois tipos de pessoas nesse mundo: as que procuram por uma oportunidade e as que fazem acontecer. Eu me cerquei do segundo tipo. Naquela época, não existiam web designers nem desenvolvedores de front-end [Interface de programas e serviços destinados ao usuário inicial deles]. Nós improvisávamos. Eu só interferia com os executivos e permitia que todos esses futuros indivíduos notáveis fizessem o que faziam de melhor. A criação de Animalhouse.com foi uma das melhores épocas da minha vida e me ensinou várias lições sobre disrupção, design e distribuição digital — ainda assim, eu operava de dentro de uma grande empresa. É por isso que o intraempreendedorismo pode ser tão transformador.

> Há dois tipos de pessoas neste mundo: as que procuram por uma oportunidade e as que fazem acontecer.

Com seis meses de existência, a Animalhouse.com tinha mais de um milhão de universitários inscritos, de quase 2.500 universidades. A Universal, que não pagou nem um centavo pelo desenvolvimento do site, ganhava dinheiro com a publicidade e ao emitir o primeiro cartão de crédito dos universitários. Fui promovido a presidente e colocado no comitê de direção do estúdio inteiro. Eu obtive todo esse sucesso porque não dei ouvidos aos meus chefes e me recusei a permitir que a falta de verbas me parasse. A experiência me encorajou a nunca deixar que a falta de verbas me impedisse de seguir meus sonhos.

Além de provar o valor da iniciativa empreendedora, trabalhar na Animalhouse.com me ensinou o conceito de trabalhar com o dinheiro dos outros [*OPM*, na sigla em inglês]. Com o *OPM*, todo projeto é possível, e o retorno sobre investimento (ROI) é mais facilmente alcançado. Se o seu empregador não investe um centavo no seu projeto — além de pagar por seu tempo —, o ROI deve ser astronômico. O projeto Animalhouse.com satisfazia diferentes necessidades para cada empresa envolvida, e a carreira de todos foi beneficiada. Alguns anos depois da Animalhouse.com, Kevin Wall vendeu sua empresa, a BoxTop Interactive, e investiu parte do lucro em outra startup universitária chamada The Facebook. Depois de eu ter ido para a EMI, a Animalhouse.com foi vendida a um grupo de investidores. Mas sem o apoio do estúdio ou a paixão dos fundadores, a jovem mídia social logo desapareceu.

O fato é que, hoje, um CEO de uma empresa de capital aberto prefere pagar um alto valor pela aquisição de uma startup a explicar para os acionistas e para Wall Street os anos de perdas necessários para entrar no mercado através de inovações. Perder dinheiro ano após ano em algo incerto é um risco grande e a maioria dos CEOs não está disposta a apostar a carreira nele. O CEO da Amazon, Jeff Bezos, é uma rara exceção à regra. Por mais de vinte anos, ele usou a abordagem de investimento em longo prazo em vez de lucros em curto prazo. O sucesso da Amazon e os US$32 bilhões de sua fortuna são uma prova de que ter visão vale a pena. Infelizmente, a maioria dos CEOs só se preocupa com os relatórios trimestrais. A gigante de softwares alemã SAP é um exemplo perfeito dessa tendência. A SAP ter pago US$4,3 bilhões para adquirir a Ariba em 2012 foi uma admissão de que o ERP (planejamento de recursos corporativos) da empresa precisou trocar o próprio software pelo de um concorrente mais jovem e disruptivo.[16] Os produtos de software ePurchasing da SAP não conseguiram dominar a indústria de Software como Serviço (SaaS) baseado em nuvem, e muitos dos seus produtos coincidiam com os da Ariba.

Essa abordagem limitada de pagar a mais hoje por um crescimento exponencial no futuro é o motivo de haver tantas oportunidades de lucrar com a disrupção das cadeias de valor existentes. Os CEOs ficarão felizes em pagar um alto valor por sua empresa se a aquisição permitir que eles mantenham os empregos. É por isso que as aquisições acabam não agregando valor ao comprador. O CEO não arrisca sua carreira com a compra de uma empresa; pelo contrário, ele compra outra chance de se manter no trabalho. A CEO iniciante Marissa Mayer adquiriu trinta e sete empresas em seus primeiros meses à frente do Yahoo!.[17] Como a capitalização de mercado do Yahoo! estava em queda livre, essas compras eram uma solução rápida. O que surpreenderá muitas pessoas que não lidam com alta tecnologia é que praticamente todas as empresas que o Yahoo! comprou estavam perdendo dinheiro.

> *Os CEOs ficarão felizes em pagar demais por sua empresa se a aquisição possibilitar que mantenham seus empregos.*

Ao contrário da crença popular, a maioria dos milionários do Vale do Silício não enriqueceu ao fundar empresas lucrativas, mas ao vender o *potencial* de suas novas empreitadas aos gigantes estabelecidos nas respectivas áreas. Leia de novo essa última frase. Milhares de milionários e dezenas de bilionários construíram suas fortunas pessoais sem nunca terem tido lucro. Todos eles enriqueceram com a venda de empresas que perdiam dinheiro. Como disse eloquentemente o fundador do Tumblr, David Karp, ao vender sua empresa ainda na fase pré-operacional ao Yahoo! por US$800 milhões: "Claro, pô!".[18]

> A maioria dos milionários do Vale do Silício não enriqueceu ao construir empresas lucrativas, mas ao vender o potencial de suas novas empreitadas.

O Tumblr atraía os jovens usuários da internet que o Yahoo! não alcançava e era independente em uma época que Mayer, como a nova CEO do Yahoo!, precisava de uma solução rápida para seus números cada vez mais baixos. O valor do Tumblr não estava em seu potencial de receita, mas em seu número de visitantes por mês. Mayer apostou que o Yahoo! desbloquearia esse valor. A tarefa é a mesma para os disruptivos que trabalham em grandes corporações e que esperam estabelecer seu valor e acelerar sua carreira. Esses agentes internos de mudança podem melhorar seu entendimento da cadeia de valor corporativa para encontrar uma ideia que resolva um problema para a empresa como um todo e que os recompense por suas ações.

Capítulo Seis

À Procura da Ideia Zumbi

Você pode matar um homem, mas não uma ideia.
—Medgar Evers

Em 1982, eu era um graduando de vinte e um anos da UCLA, querendo deixar minha marca no mundo. Nos Estados Unidos, em meio a uma terrível recessão e uma crise de energia que destruiu a indústria automobilística, os trabalhos eram raros; então, eu sabia que precisava ter uma habilidade única ou encontrar uma área emergente. Quando estava procurando emprego, um "coroa" simpático do Texas que fizera uma fortuna com ferro-velho me deu um conselho que continua a me servir todos esses anos depois: "Seja o melhor no que você faz", disse ele, "ou seja o único a fazê-lo".

Todos dirão que singularidade e autenticidade são as duas características mais importantes nos negócios. Mas, quando você sai da faculdade sem experiência profissional ou habilidades específicas, "singularidade" não se traduz em "valioso" ou "empregável". Como o computador pessoal original da IBM, o modelo 5150, tinha acabado de ser lançado no mercado, deduzi que saber como usar um PC seria o diferencial de que eu precisava para conseguir um trabalho. Usando praticamente todas as economias que juntara trabalhando em uma agência de publicidade durante a faculdade, comprei o primeiro computador "portátil" do mundo, o Kaypro II (não existiu o Kaypro I, mas, como a Apple vendia o Apple II, o inventor do Kaypro, Andrew Kay, pegou emprestado o número em uma tática de marketing para fazer parecer que o produto era tecnicamente mais avançado).

Comparado ao computador pessoal de mesa da IBM de vinte e um quilos, o 5150, o Kaypro era um computador portátil incrivelmente leve de treze quilos vendido a US$ 1795. Era uma quantia muito alta para um recém-graduado desempregado, mas achei que nenhum computador podia ser menor ou mais leve, então senti que era um investimento que me acompanharia por vários anos (errei feio; 43 iPads Mini pesam menos do que um Kaypro II). Montei a máquina, li os manuais e estava pronto para mudar o mundo.

Com meu recém-declarado conhecimento em computadores, imprimi alguns cartões de visita, e assim nasceu a Jasmine Productions. Na minha cabeça, a Jasmine — uma referência às minhas iniciais, J.A.S. (Jay Alan Samit), e ao fato de que era "minha" — seria uma alternativa barata à Industrial Light & Magic de George Lucas, que criara todos os efeitos visuais incríveis de *Star Wars* e *Jornada nas Estrelas II: A Ira de Khan*. Se você não tinha milhões para gastar em efeitos especiais, a Jasmine podia fazer o mesmo por uma fração do custo. Como eu era uma das poucas pessoas de Hollywood com conhecimentos em informática, logo consegui trabalho criando efeitos gráficos no computador para comerciais de televisão e filmes independentes de baixo orçamento.

Como expliquei, meu primeiro empreendimento com a IBM e a Pioneer com laserdiscs interativos não deu certo. Eu não estava pronto para desistir; só precisava ajustar minha ideia. O segredo para encontrar uma grande ideia é, primeiro, encontrar um problema que precisa ser resolvido. Toda ideia disruptiva usa novas tecnologias para resolver um grande problema. Comecei a analisar a cadeia de valor das vendas de laserdisc. Quando analisei todas as características do aparelho de laserdisc, percebi que seu verdadeiro valor estava em apenas uma coisa: ele não era linear, era interativo. Assim que localizei essa característica única, pude determinar quem mais se beneficiaria do verdadeiro valor do laserdisc. Em casa, os consumidores não queriam interagir com seus vídeos, mas eu sabia que alguém ou alguma organização se beneficiaria dessa característica principal.

O próximo passo é matar sua grande ideia. Se você consegue encontrar um problema que irá deturpá-la, o mercado fará o mesmo. Quanto antes você eliminar o caminho fatal para seus negócios, mais capital terá sobrando para se concentrar na ideia que não pode ser morta. A Pioneer gastou milhões de dólares provando que o mercado interno estava morto para o laserdisc. Isso ainda deixava dezenas de outros caminhos para matar. Eu construí *jukeboxes* de videoclipes, mas os aparelhos de laserdisc não eram confiáveis para arcades de vídeos. A Philips estava fracassando com uma tecnologia concorrente voltada para crianças no jardim de infância, então matei essa ideia. Tentei quiosques de revenda nos shoppings, máquinas de jogos em Las Vegas — nenhuma dessas ideias provou ser a resposta para as vendas de laserdisc. Aprendi mais tarde em minha carreira que, quanto antes você conseguir matar as péssimas ideias, mais rápido poderá usufruir das boas. "Apresse-se em falhar" devia ser o lema de todo empreendedor. Quando finalmente encontrar a ideia que não pode ser morta, atenha-se a ela.

> Mate sua grande ideia. Se você consegue encontrar um problema que irá deturpá-la, o mercado fará o mesmo.

> "Apresse-se em falhar" devia ser o lema de todo empreendedor. Quando finalmente encontrar a ideia que não pode ser morta, atenha-se a ela.

Eu me ative aos laserdisc e segui o conselho do "coroa"; eu era o melhor do mundo no que fazia precisamente por ser o único a tentar. Mas a única maneira de o laserdisc fazer sucesso seria identificar uma área na qual eu poderia ser disruptivo com a tecnologia do laserdisc. Em outras palavras, eu precisava de um problema gigante que apenas essa tecnologia poderia resolver. Por fim, descobri a oportunidade que era verdadeiramente disruptiva: treinamento corporativo. As empresas gastavam milhões em manuais de treinamento, vídeos, softwares educacionais e seminários sem nenhuma forma de customizar o aprendizado com base na velocidade e na aptidão educacional de cada funcionário.

Eu sabia que o aprendizado interativo possibilitado pela tecnologia do laserdisc seria vastamente superior a assistir vídeos ou ler os manuais, mas eu não sabia nada sobre a cadeia de valor nem sobre o ecossistema em torno do treinamento corporativo.

Ao ler o jornal (que era impresso, diário e estável em 1982 e ainda não sofria com a disrupção da era digital), me deparei com inúmeros artigos sobre os problemas da indústria automobilística norte-americana depois do aumento do preço da gasolina e da crise global de energia.

Detroit, que se orgulhava de desenvolver veículos cada vez maiores e mais rápidos, tropeçou em sua corrida para superar carros menores e que consumiam menos gasolina. A Ford apresentou o Ford Pinto, mas o tanque de combustível explodia por ficar na parte de trás. A General Motors apresentou o Chevrolet Vega subcompacto (meu primeiro carro), mas o bloco do motor de alumínio não aguentava o calor, derretia, parava de funcionar e vazava. O Vega era tão conhecido por esquentar demais, precisar de gasolina demais e pegar fogo, que o medo de o motor explodir fez com que mais de 500.000 Vegas fossem objeto de recall. A Chrysler também não conseguiu melhorar o consumo de gasolina, realizando vários recalls do Plymouth Volaré e do Dodge Aspen. A Chrysler teve tantas perdas operacionais naquele ano que o governo federal precisou intervir e manter a empresa aberta com US$1,5 bilhão em empréstimos com garantia. O slogan "Buy American" ["Compre Americano", em tradução livre] virou "Bye-bye American" ["tchau-tchau, americano", em tradução livre].

As montadoras japonesas atenderam às demandas por veículos mais econômicos ao criarem carros de qualidade por preços populares. Os carros da Toyota, da Honda e da Nissan eram tão seguros que as empresas podiam oferecer garantias cada vez mais longas sem riscos financeiros. Os departamentos de marketing das Três Grandes, em Detroit, não tiveram escolha a não ser cobrir essas ofertas com garantias estendidas. As garantias não indicavam que Detroit produzia carros melhores, mas que, quando o carro quebrava, o consumidor não pagava a conta.

Esse era um grande problema para as montadoras norte-americanas. Antes das garantias, quando um carro quebrava, era preciso pagar pelo conserto. Não era culpa do mecânico não saber consertar os carros de Detroit. Os carros modernos eram cada vez menos mecânicos. Eles não eram mais uma coleção de partes que se juntavam como as engrenagens de um relógio; em vez disso, tinham ignições eletrônicas complexas, sistemas de abastecimento controlados por microprocessadores e um circuito elétrico interconectado. As montadoras mandavam milhares de páginas de diagramas e documentação para cada modelo de cada carro lançado a cada ano. Cada departamento de assistência técnica tinha mais de quarenta mil páginas de instruções por modelo para ler. A maioria desses manuais era escrita por engenheiros e para engenheiros — não para mecânicos. Se o mecânico não soubesse exatamente o que estava quebrado, só substituiria as peças até o carro funcionar. De fato, metade das peças trocadas pelas concessionárias norte-americanas na década de 1980 eram peças boas, sem nenhum defeito. Tentar competir com as montadoras japonesas oferecendo garantias estendidas acabou sendo um problema muito caro para as montadoras de Detroit.

Um dia, li um artigo que dizia que o plano de garantia estendida da Ford custaria US$600 milhões em consertos à montadora naquele ano. Eu tinha encontrado meu grande problema. O valor único da tecnologia do laserdisc era sua interatividade. Se um treinamento de qualidade para mecânicos pudesse reduzir o número de peças boas que eles trocavam desnecessariamente, a Ford poderia economizar até US$300 milhões por ano. Eu havia me deparado com uma cadeia de valor nova, perfeita para a disrupção. Um vídeo interativo podia transformar o treinamento cooperativo de um centro de custo em um centro de lucros ao reduzir consertos desnecessários. Com toda a confiança de um empreendedor jovem, eu sabia que minha lógica era impecável, tinha um plano infalível e que a Ford me agradeceria por minha inteligência. O único desafio era que eu morava em Los Angeles e nunca estivera em Detroit. Também devo mencionar que não sabia nada sobre conserto de automóveis, e nunca tinha criado nenhum treinamento corporativo. E havia o pequeno detalhe de que eu não sabia nem como conseguir uma reunião com a Ford Motor Company, sediada em Dearborn, no Michigan.

Quando pensei nessa oportunidade, percebi que não precisava descobrir como resolver um problema para a Ford inteira — só precisava descobrir como resolver um problema para o executivo que mais se beneficiaria com a minha solução. Precisava encontrar o executivo que entendia de tecnologia e que precisava lidar com os desafios de modernizar o sistema das concessionárias. Ao ler uma matéria sobre a modernização da Ford, encontrei o homem que estava procurando. Acontece que seu nome era Ted Derwa. Funcionário de carreira da Ford, Ted estava na empresa havia vinte anos e sabia como lançar novos projetos.

Ao seguir a abordagem de resolver o problema para a pessoa e não para a empresa toda, tentei imaginar quem era o tomador de decisões da Ford e por que ele aceitaria fazer uma reunião com um nerd da informática de vinte e poucos anos vindo do meio do nada. Ao me dar conta de que ele não aceitaria, tentei imaginar quem ele *gostaria* de conhecer. Se você é capaz de imaginar uma solução, você pode fazê-la acontecer. A Ford é tão americana quanto a torta de maçã e o futebol americano, então contratei como meu chefe de vendas o recém-aposentado técnico assistente do time da Universidade Estadual de Michigan, Ted Guthard, que trabalhara com o lendário treinador Franklin Dean "Muddy" Waters.

> *Se você é capaz de imaginar uma solução, você pode fazê-la acontecer.*

Dedicado e trabalhador, Guthard não sabia absolutamente nada sobre computadores, mas sabia tudo sobre futebol americano e a disciplina necessária para alcançar objetivos grandiosos. O objetivo era forçar nossa entrada no treinamento corporativo, e a Ford era nossa meta final. Os executivos da Motor City estavam animados para conhecer Guthard e conversar com ele sobre seus dias de glória espartana. Depois de alguns meses, tivemos nossa primeira reunião com Ted Derwa, e pouco depois assinamos um contrato para produzir um curso interativo em laserdisc sobre sistemas elétricos automotivos. Usando os pontos fortes da minha cidade natal, Hollywood, e para deixar o programa de treinamento mais divertido para os mecânicos, contratei sósias de celebridades para aparecerem nos vídeos como consumidores tendo problemas no carro. Desenvolvemos um laserdisc de treinamento no qual o praticante poderia conversar com Lady Di, Elvis e Michael Jackson (ou, pelo menos, pessoas parecidas com eles) a fim de identificar o problema elétrico do carro. Não demorou muito para a Ford investir milhões de dólares para produzir mais de duzentos laserdiscs interativos para o treinamento dos mecânicos. Ao descobrir de quem era o problema que a tecnologia única do laserdisc poderia resolver, conseguimos fazer a disrupção de toda a indústria do treinamento corporativo. Não era um trabalho especialmente sensual ou glamoroso, mas certamente era lucrativo.

O QUE É UMA GRANDE IDEIA?

"A maioria das pessoas não prende mais o cachorro no quintal" parece mais uma observação sobre algo óbvio do que uma grande ideia. Não é segredo que a maioria dos norte-americanos considera seu cachorro parte da família. Mas foi essa percepção que colocou um dos meus colegas de diretoria no caminho para se tornar um multimilionário. Clay Mathile, um vendedor do meio-oeste que morava em Dayton, Ohio, deduziu que se os cachorros agora dormiam dentro da casa, as pessoas pagariam mais para alimentar esses "membros da família" com um insumo premium que fizesse bem à saúde. Então, ele começou a criar uma ração melhor e mais saudável. Seu produto de qualidade era tão caro de se produzir que seu preço de atacado era muito superior ao preço de varejo das rações concorrentes. Mas Clay se manteve firme na crença de que o bem-estar dos animais era tão importante quanto o bem-estar das pessoas.

Mathile chamou sua marca premium de Iams e começou a construir a reputação de sua empresa produzindo a ração mais sofisticada do mercado. Apesar de não ter inventado nada de novo (Iams ainda era apenas ração), Mathile causou a disrupção das ligações de produção e marketing na cadeia de valor das comidas de cachorro. Ele produzia um produto de alta qualidade e o comercializava para um consumidor específico, que associava gastar mais dinheiro em ingredientes de qualidade com um amor mais profundo pelo animal de estimação da família. Ao propor um preço de atacado mais alto que o preço de varejo de seus concorrentes, Mathile conseguiu construir a distribuição de seu produto enquanto a jovem startup era ignorada pelas corporações multimilionárias. Nas décadas em que aumentou sua empresa, Mathile foi ridicularizado por pessoas que desprezavam a Iams, tida como um produto de nicho. Isso tudo mudou em 1º de setembro de 1999, quando a Procter & Gamble fez a maior aquisição da história da empresa ao comprar a Iams por US$2,3 bilhões.[1] Por ser o único dono da empresa, a grande ideia de Clay o deixou muito rico. Nós achamos que as grandes ideias disruptivas vêm de momentos "eureca" — lampejos brilhantes e reveladores de inovações que ocorrem a pessoas completamente capacitadas. Pense no Dr. Brown de *De Volta Para o Futuro*, quando ele descobre que o capacitor de fluxo está em cima do vaso sanitário, sustentando um relógio. Até a palavra *eureca* — do grego, "descobrir" — vem de uma história que nos ensinam na escola: Arquimedes descobrindo o princípio do empuxo ao entrar na banheira. Ele ficou tão animado com sua descoberta, que correu nu pelas ruas da antiga Siracusa gritando "Eureca! Eureca!".

Na realidade, a maioria das descobertas vem do simples ato de identificar os problemas da vida. Quando os alunos de engenharia da University of Southern California assistem à minha aula com o tema Building the High Tech Startup, a maioria quer ganhar milhões de dólares criando uma empresa na internet ou desenvolvendo o próximo aplicativo de sucesso do iPhone. Muitos deles sentem que a fama e a fortuna são coisas decididas de antemão. Esses alunos costumam ter apenas um pequeno obstáculo em seu caminho para o sucesso: eles não têm a grande ideia. A verdade é que essas ideias "eureca" são bastante fáceis de surgir — mas elas não vêm de um momento de brilhantismo aleatório; elas vêm de uma observação cuidadosa e metódica.

> A maioria das descobertas vêm do simples ato de identificar os problemas da vida.

Se você quer causar a disrupção do mundo, olhe-o demoradamente. Pergunte-se o seguinte: *o meu mundo é perfeito?* Tudo ocorre tranquilamente no seu trabalho ou na sua empresa? Todos os seus amigos aproveitam a vida sem estresse como imaginaram quando eram jovens? Todos os produtos e serviços dos quais você faz uso têm preços justos e são fáceis de achar? Se a resposta para qualquer dessas perguntas for não, então há espaço para uma ideia disruptiva. Quase como um profeta, Mahatma Gandhi disse: "Você deve ser a mudança que quer ver no mundo".

O truque para criar uma disrupção em grande escala é identificar as maiores oportunidades onde a cadeia de valor existente pode ser quebrada mais facilmente. Procure pela parte da empresa que tirará a maior parte do dinheiro do curso atual. O Uber tira o mercado dos táxis de milhares de pequenas empresas de transporte e o transfere para um sistema centralizado em software, que coleta o dinheiro. O Uber quebra um elo da cadeia — o da distribuição — que tem o maior potencial de lucro. O segundo passo é capturar o máximo possível do valor desbloqueado recentemente no menor período de tempo. É fácil assim. Encontre um problema, cause a disrupção e resolva-o. Quanto maior o problema, mais sua solução ajudará as pessoas e mais dinheiro você ganhará. Os disruptivos resolvem problemas.

Tentar identificar essas oportunidades é o que fazem os investidores de risco. As empresas estabelecidas no Vale do Silício, como a Andreessen Horowitz, a Sequoia Capital e tantas outras na Sand Hill Road têm equipes de mestres em administração estudando planos comerciais, analisando milhares de números para escolher as poucas startups em que investem todos os anos. Aquelas cujos planos são vistos como os que têm maior potencial são chamadas para uma reunião com um dos sócios da empresa. Dessas startups, menos de 1% consegue o financiamento. Usando esse processo consagrado, a Andreessen Horowitz investiu cedo em sucessos fenomenais, como o Twitter, o Skype, o Facebook e o Airbnb, enquanto geravam bilhões de dólares em lucro para seus investidores e parceiros. A empresa Top-tier constantemente encontra ótimas startups por terem o que é conhecido como *deal flow*. Um fluxo constante de oportunidades literalmente entra em seus escritórios, e seu trabalho é investir naquelas que eles veem como as melhores. Todos os dias, dezenas de startups fazem fila por uma chance de chamar a atenção de alguém na Sand Hill Road e, com sorte, terão uma reunião com um sócio da empresa. Esse caminho funciona para muitos, mas não é o único caminho para o sucesso. A verdade é que você não precisa ser um investidor de risco nem ter uma equipe de mestres em administração para ter um ótimo *deal flow*. Você só precisa olhar à sua volta e ser observador.

> *Você não precisa ser um investidor de risco nem ter uma equipe de mestres em administração para ter um ótimo deal flow. Você só precisa olhar à sua volta e ser observador.*

Ao estudar cuidadosamente seu ambiente e analisar suas frustrações diárias, você verá que as oportunidades para disrupção começam a se destacar. Disciplina diária é essencial para esse exercício. Eu peço aos meus alunos que anotem diariamente três coisas que, na opinião deles, podem ser melhoradas. O mundo está longe de ser perfeito, e no começo esse é um exercício simples. Porém, com o passar dos dias, mais atenção aos detalhes e introspecção cautelosa serão necessárias. Como Sherlock Holmes na caçada por Moriarty, observe cuidadosamente como as coisas funcionam no seu mundo e concentre-se na parte da cadeia de valor que mais cria valor. Quando você tem um dia ruim, como acontece com todos, desafie sua suposição sobre o que deu errado e como os sistemas que aceitamos que "são assim mesmo" podem ser alterados. Você ficou preso no trânsito e se atrasou para uma reunião importante? Por que seu carro não tem um sistema de informações em tempo real, que todos os outros veículos alimentam com informações sobre quais vias estão congestionadas e quais estão livres? Foi essa percepção que fez uma startup israelense criar o Waze. Depois de resolverem o trânsito de Tel Aviv, eles se espalharam pelo mundo e, em 2013, foram adquiridos pelo Google por aproximadamente US$1 bilhão.[2] As melhores oportunidades podem ser descobertas na sua frustração por ter tido um péssimo dia. É em seu azar que um disruptivo encontra oportunidade e lucro.

> *É em seu azar que um disruptivo encontra oportunidade e lucro.*

As mulheres disruptivas têm uma vantagem quando se trata de encontrar problemas a serem resolvidos. Essa está longe de ser uma afirmação sexista. De acordo com os pesquisadores da Nielsen, as mulheres geraram praticamente todo o crescimento de renda experimentado nos Estados Unidos nos últimos vinte anos e são responsáveis por 83% de todas as compras.[3] Esse é um mercado enorme, que vale a pena ser explorado. O que não funciona para a mulher norte-americana? Esse poderia ser um problema global?

Peço aos meus alunos que identifiquem as três melhores oportunidades para disrupção todos os dias. No fim do mês, eles têm noventa grandes ideias novas para escolher. Os alunos que mantêm essa rotina por um ano geram um fluxo de ideias gigantesco. "Todo problema é uma oportunidade escondida", diz o autor Mark Victor Hansen. "Todo problema é uma possível oportunidade." Ele sabe das coisas: sua série de livros sobre problemas, *Canja de Galinha para a Alma* já vendeu mais de quinhentos milhões de cópias.

Os disruptivos entendem que podem encontrar problemas a serem resolvidos até enquanto dormem. Os problemas que literalmente o acordam pela manhã podem arruinar seu dia ou render milhões de dólares. Se você prestar atenção, uma das primeiras reclamações das pessoas surge antes mesmo de elas saírem da cama. O temido alarme sempre parece nos acordar quando estamos nos estágios mais profundos do sono. Quantas vezes você acordou assustado? Sonolento, você passa a manhã sofrendo e tende a passar o dia todo assim. Em 2003, uma aluna da Universidade Brown reclamou para um amigo que a sonolência matinal a fazia ter um baixo rendimento nas provas. "E se existisse um alarme que conseguisse detectar os padrões do sono e nos acordar quando estivermos em um estágio leve?", perguntou ela. Seu amigo considerou a ideia e pensou na ciência das fases do sono. A aluna da Brown levantou US$8 milhões para construir tal alarme.

"Há vinte anos de pesquisa sobre a inércia do sono, mas ninguém a usou", comentou Eric Shashoua. Seu produto, Zeo, é uma combinação de uma bandana que lê os padrões REM e um aplicativo de *smartphone*. O Zeo foi desenvolvido para acordar os usuários na fase do sono que os fará se sentirem mais descansados e revigorados. Sempre que penso em Shashoua e sua amiga, lembro meus alunos de deixarem um caderno e uma caneta ao lado da cama — eles podem encontrar problemas a serem resolvidos antes mesmo de se levantarem pela manhã!

"Nós realmente fomos os primeiros a inventar algo que não é um artifício, mas sim um produto verdadeiro, com base em ciência de verdade", acrescenta Shashoua.[4] O Zeo nasceu de uma simples percepção científica. A ciência, a tecnologia e o público necessários já existiam antes de o Zeo entrar no mercado, mas ninguém se importou em construir um negócio.

Problemas são apenas negócios esperando que o empreendedor certo descubra seu valor. Quantos outros problemas podem ser resolvidos com o uso da ciência e da tecnologia existentes?

> *Os problemas são apenas os negócios esperando que o empreendedor certo descubra seu valor.*

Minha querida amiga Lani Lapidus vai me matar por compartilhar a origem da próxima inovação: Odor-Eaters. Pés fedidos são um problema atemporal que atormenta as pessoas desde que começamos a usar sapatos. Na faculdade, os sapatos do meu colega de quarto eram tão fedidos que eu o fazia pendurá-los do lado de fora da janela do nosso quarto à noite. No caso de Lani, seu pai, Herbert, não aguentava o cheiro dos pés da mãe dela. A diferença entre meu problema universitário e o de Herbert era que ele era um químico — e era casado com sua colega de quarto. Ele entendia como o carvão ativado era usado em sistemas de filtração comerciais e achou que era possível aplicar o mesmo conceito às palmilhas. Então, Herbert fez experimentos em seu porão e inventou palmilhas de látex cheias de carvão ativado, que neutralizava o odor dos pés. O Odor-Eaters criou uma nova categoria no varejo e vendeu mais de dez milhões de unidades. Esposa feliz, vida feliz.

Ainda que Herbert tenha conseguido usar seu treinamento como químico para resolver seus problemas, nem todos dominam as ciências. Entretanto, todos usamos nossas habilidades e criatividade únicas ao resolvermos problemas em nossas vidas. Vários sites surgiram com *life hacks* — truques simples para resolver problemas cotidianos. Alguns são tão simples quanto colocar seu iPhone em um copo para amplificar o alto-falante, enquanto outros, como criar um sapato de PVC (Crocs), renderam bilhões. Então, não se preocupe se você não for um programador ou um químico — percepção e motivação são tudo de que você precisa. Todo o resto pode ser contratado.

> *Percepção e motivação são tudo de que você precisa. Todo o resto pode ser contratado.*

AS GRANDES IDEIAS TAMBÉM PODEM SURGIR NO TRABALHO

O processo de identificar os problemas do nosso dia a dia pode ser usado para identificar oportunidades de disrupção no trabalho. E algumas das ideias mais disruptivas não precisam de ciência, tecnologia ou alguma habilidade especial para serem implementadas. Amy Berman trabalhava comigo na Sony quando Sir Howard Stringer virou o novo presidente norte-americano da nossa empresa. Uma das primeiras tarefas a ser realizada depois de Sir Howard se juntar à empresa era mandar alguém até sua casa em Manhattan para substituir todos os eletrônicos pelos produtos mais recentes da Sony.

Televisores, aparelhos de DVD, equipamento de som e home theater da Sony, todos com um controle remoto novo e recursos complexos e modernos. Por mais que fossem ótimos produtos, era preciso uma curva de aprendizado e tanto para que o consumidor os usasse sozinho, e cada controle funcionava de um jeito diferente do outro.

Ainda que Stringer amasse os produtos de sua empresa, não é plausível esperar que o ocupado presidente de uma corporação de US$80 bilhões se sente e leia todos os manuais dos novos produtos; então, Berman foi enviada para ajudá-lo a aprender a usar os aparelhos da Sony. Ao lidar com esse problema óbvio, ela percebeu que Stringer não era o único frustrado. Executivos mais velhos, celebridades e atletas profissionais têm dinheiro para comprar os equipamentos eletrônicos mais modernos, mas nenhum deles tem tempo para aprender a usar seus novos brinquedos. Berman percebeu que essa curva de aprendizado era íngreme demais e dificultava as vendas. Mais que isso, ela pensou, a maioria dos ricos e famosos tinha várias casas e gostaria de ter os mesmos eletrônicos instalados em cada uma delas. Esse mercado de luxo não seria apenas uma forma de aumentar o lucro; o prestígio de ter consumidores tão famosos agregaria uma vantagem à imagem da Sony. Sua solução foi criar uma nova unidade de negócios dentro da empresa, a Sony Cierge.

A Cierge virou um serviço de compras personalizado para os clientes de elite que não só entrega e instala os eletrônicos, como também ensina os consumidores a usá-los. Os membros pagavam US$1.500 por ano para ter acesso a um número de telefone exclusivo, com privilégios de compras parecidos com os de ter um mordomo. Ligue para o número no seu cartão preto da Cierge e os instaladores chegarão com luvas brancas para instalar seus eletrônicos e ensiná-lo a usá-los. Em um ano, Berman foi promovida e passou a administrar a divisão, e logo construiu uma clientela nacional, formada por milhares dos maiores nomes do mundo, incluindo celebridades icônicas, como Howard Stern e Donald Trump. Berman identificou um espaço vazio na cadeia de valor da Sony e, em vez de usá-lo para a disrupção, ela o preencheu para criar uma nova linha de negócios na empresa. Ser intraempreendedora alavancou sua carreira.

As novas experiências ou habilidades que aprendemos têm o potencial de nos levar a uma grande ideia. Peguemos como exemplo uma aluna do ensino fundamental, Brittany Wenger. Quando estava na sétima série, ela estudou inteligência artificial como parte de um projeto sobre o futuro da tecnologia e ficou fascinada com o potencial.

"Eu me deparei com a inteligência artificial e fiquei fascinada. Voltei para casa no dia seguinte e levei um livro de programação comigo. Decidi que era algo que aprenderia a fazer sozinha", disse Wenger.

Por diversão, ela começou a criar uma rede neural que jogava futebol. Foi uma ótima experiência de aprendizado e provou que ela podia criar algo que realmente funcionava. Depois, a adolescente procurou por problemas em seu mundo que pudessem ser resolvidos com uma rede neural. As mulheres da sua família sofriam de câncer de mama, então por que não trabalhar em uma rede neural que detectasse o câncer? Mais tarde, Wenger descobriu que o câncer de mama afeta uma em cada oito mulheres no mundo. Se ela pudesse melhorar a metodologia existente para a detecção precoce, mesmo que só em 10%, as vidas de quarenta milhões de mulheres poderiam ser melhoradas.

"Eu ensinei o computador a diagnosticar o câncer de mama", disse ela aos repórteres depois de ganhar a Google Science Fair de 2012. "E isso é realmente importante, porque atualmente a biópsia menos invasiva é, também, a menos conclusiva, então os médicos não podem usá-la."[5]

Programando em Java e administrando sua rede por uma nuvem, Wenger fez milhares de testes e descobriu que a rede tem uma precisão de 99,1% na detecção da malignidade. Seus resultados eram mais precisos que os das demais redes comercialmente disponíveis usadas pelos médicos. Sua rede neural tem o potencial de melhorar radicalmente a vida das mulheres, pode economizar bilhões de dólares na indústria de planos de saúde e é aplicável a vários outros tipos de câncer.

CRIANDO UMA IDEIA ZUMBI

Depois de finalmente transformar todas as suas observações em uma grande ideia, a maioria das pessoas tem medo de agir nesse sentido. Um dos erros mais comuns ao se ter uma grande ideia disruptiva é achar que, se a ideia se espalhar, alguém com melhores conexões e mais dinheiro roubará sua criação. Depois de o filme de David Fincher, *A Rede Social*, estrear em 2010, predominou a paranoia entre os jovens empreendedores de que eles seriam

"Zuckeados". Ou seja: se você contar sua ideia a alguém, o próximo Mark Zuckerberg vai aparecer para roubar sua ideia e virar o bilionário que você estava destinado a ser. O resultado dessa paranoia foi que os disruptivos iniciantes ficaram com medo de contar suas ideias brilhantes a alguém. Querer desenvolver suas criações às escondidas, sem colaboradores e nenhum capital, é uma possibilidade nada realista. Muitos empreendedores iniciantes me abordam com contratos de sigilo [NDAs, na sigla em inglês] com medo de que qualquer sussurro desprotegido resulte no sumiço de suas fortunas, como uma bicicleta solta no campus da faculdade. Nada pode estar mais longe da verdade.

"Ninguém vai roubar sua ideia idiota" é o que o presidente do Founder Institute e empreendedor em série Adeo Ressi adora dizer a empreendedores iniciantes.[6] O Founder Institute é o maior acelerador de startups do mundo. Ele ajudou a lançar mais de 750 empresas em cinco continentes, e mais de 40% dessas empresas incubadas recebem capital.[7] Ainda assim, Ressi tem tanta certeza de que as ideias não serão roubadas que oferece uma recompensa de US$1.000 para qualquer um no Founder Institute que *consiga* fazer sua ideia ser roubada.

Quando Steve Jobs procurou os líderes tecnológicos com seu protótipo para um computador pessoal, foi recebido com escárnio. Jobs se lembrou dessa experiência em uma entrevista para a revista *Classic Gamer*: "Nós fomos à Atari e falamos, *ei, temos essa ideia maravilhosa, que pode ser construída com algumas de suas peças; o que vocês acham de nos financiar? Ou podemos dar para vocês. Só queremos fazer acontecer. Pague um salário e trabalharemos para vocês.* E eles negaram. Aí nós fomos à Hewlett-Packard, e eles falaram que não precisavam de nós, que nem tínhamos terminado a faculdade ainda."[8]

Em vez de tentar promover sua ideia, como Jobs fez, o conselho de Ressi aos jovens empreendedores é assustadoramente anti-intuitivo. De acordo com Ressi, seu objetivo não é promover e proteger sua ideia, mas, na verdade, "seu trabalho é matar sua ideia idiota".[9]

Ressi está absolutamente certo. Uma ideia disruptiva não deve ser nutrida como uma planta, com a expectativa de transformá-la em um imenso carvalho. O problema da maioria dos empreendedores é que eles preferem ser arruinados pelos elogios a serem salvos pelas críticas. Seu trabalho é tentar tudo o que puder para matar sua grande ideia e descobrir de que formas ela pode dar errada. Quando você encontrar uma falha em seu plano, conserte-o, transforme-o e deixe-o mais forte. Os japoneses têm uma forma de arte chamada *kintsugi*. Eles consertam as cerâmicas quebradas com resina de laca de ouro, pois acreditam que a cerâmica consertada é mais bonita e preciosa do que era antes de ser quebrada. O mesmo vale para matar e reviver sua grande ideia. Através desse processo, você constrói uma empresa bonita, sustentável e forte, que a competição e fatores de mercado não poderão destruir. Assim como se forja o ferro, as ideias são derretidas em um caldeirão ardente para depois serem endurecidas e solidificadas antes de serem soltas no mundo. Você não quer uma grande ideia; você quer o que eu gosto de chamar de ideia zumbi: não importa o que aconteça, uma ideia zumbi não pode ser detida ou morta.

> *O problema com a maioria dos empreendedores é que eles preferem ser arruinados pelos elogios a serem salvos pelas críticas.*

Guardar a ideia para si mesmo também não vai ajudar. Caso sua ideia seja verdadeiramente original, você terá de gritá-la a plenos pulmões para que alguém perceba. Você a levará para dezenas de possíveis investidores, amigos, membros da família e especialistas da área, e todos dirão que essa é a pior ideia que eles já ouviram. A maioria fará uma lista de motivos explicando por que ela não dará certo. Se a ideia for verdadeiramente disruptiva a um mercado, você terá que se acostumar a ouvir a palavra *não*.

Se a ideia não for original, então será ainda mais difícil convencer as pessoas a investirem nela. Elas já a ouviram antes e podem dizer de cor o nome de três empresas que fracassaram. Para uma ideia considerada óbvia, você precisará mostrar por que sua abordagem é diferente e oportuna.

UMA IDEIA PODE SER O ESFORÇO DA EQUIPE

Surpreendentemente, a aceleradora de startups mais conhecida por escolher empresas vencedoras e criar bilhões de dólares para seus investidores nem sequer pede que as equipes das startups em que investem tenham uma ideia.

Desde que foi fundada em 2005, a Y Combinator, sediada em Mountain View, na Califórnia, já financiou mais de quinhentas empresas, incluindo megassucessos como Airbnb, Dropbox, Reddit e Scribd. A avaliação média para as primeiras quinhentas empresas lançadas pela Y Combinator está em mais de US$45 milhões.[10] Qual é o segredo para encontrar novas empresas tão boas?

A Y Combinator sabe que ter uma equipe certa e apaixonada é muito mais importante para o sucesso de uma startup do que ter a ideia certa. Ela investe em pessoas, não em ideias. Para ajudar a atrair equipes, a Y Combinator até publica uma lista em seu site, *Ideias de Startups que Queremos Financiar*. "Quando lemos as propostas enviadas à Y Combinator, sempre esperamos ver algumas ideias", escreveu o diretor da aceleradora, Paul Graham, na apresentação da lista. "No passado, nunca falávamos publicamente quais eram... Mas não gostamos de deixar essas ideias paradas, porque realmente queremos pessoas para trabalharem nelas. Então estamos tentando algo novo."[11]

Considerando que eu costumava ser um executivo da indústria da música, a primeira ideia que eles colocaram na lista do que querem financiar muito me agrada:

1. Uma cura para a doença da qual a RIAA [organização norte-americana que representa a indústria musical] é um sintoma. Algo está errado quando a Sony e a Universal processam crianças. Na verdade, pelo menos duas coisas estão erradas: o software que os usuários de compartilhamento de arquivos usam e o modelo de negócios de gravadoras. A atual situação não pode ser a resposta final. E o que aconteceu com a música agora acontece com os filmes. Quando a poeira baixar em 20 anos, como estará o mundo? Quais componentes desse mundo você pode começar a construir agora?[12]

"Nós investimos primeiro no empreendedor, não na ideia", ressalta Ron Conway, um investidor-anjo e financiador da *Y Combinator*.[13] Conway, que a *Forbes* regularmente coloca na lista de melhores negociadores do Vale do Silício e descreve como alguém que tem o toque de Midas, foi um dos primeiros a investir no Google, no PayPal, no Square e no Twitter. Agora bilionário, Conway continua a procurar e financiar a próxima geração de disruptivos. "Estamos financiando inovações. Financiaremos os próximos Facebook, Google e Twitter."[14] Financiar a próxima grande ideia nunca é tão fácil quanto parece.

Deixando o filme de ficção *A Rede Social* de lado, quando o então aluno da Universidade de Harvard Mark Zuckerberg convidou cinco amigos de confiança para lhes contar sua nova ideia de negócios em fevereiro de 2004, apenas duas pessoas apareceram. Mesmo em Harvard, as pessoas não procuram por novas ideias. Os dois amigos que apareceram tiveram suas vidas transformadas para sempre. O IPO [Oferta Pública Inicial] do Facebook rendeu US$6,5 bilhões a Dustin Moskovitz e US$3,4 bilhões a Eduardo Saverin. Mas às vezes, mesmo quando se tem a ideia de negócios mais lucrativa da história, é difícil encontrar alguém disposto a investir nela.

O empreendedor em série Bill Gross fundou a IdeaLab, uma das primeiras incubadoras de empresas do sul da Califórnia, em 1996. Em 1998, eles lançaram a GoTo.com, que propôs uma nova ideia para o mundo da publicidade online: monetizar a pesquisa. AltaVista, Infoseek, Magellan e Lycos — os principais mecanismos de pesquisa da época — ganhavam dinheiro cobrando dos sites pelas pesquisas feitas com sua tecnologia. A GoTo tinha uma ideia melhor. E se as empresas pagassem pelo posicionamento na sequência dos resultados das pesquisas, da mesma forma que o catálogo das Páginas Amarelas cobrava para que as empresas pudessem anunciar em suas listas telefônicas? Se você procurasse "Hotéis em Barcelona", por exemplo, a empresa que havia pago o maior valor estaria no topo do resultado da pesquisa. Hoje nós sabemos que essa ideia acabou sendo o modelo de negócios mais rentável já lançado e fez do Google uma das empresas mais ricas do mundo.

Mas, em 1997, o mundo via as coisas de um jeito diferente. Um ano antes, em 1996, a OpenText tentou lançar uma ideia parecida e sucumbiu às críticas negativas por tentar "comercializar" as pesquisas em uma época em que o potencial comercial da internet não era completamente entendido pela maioria dos usuários. A GoTo.com abordou todos os empreendimentos comerciais da Sand Hill Road, apenas para ser rejeitada várias vezes. Um vice--presidente chegou a dizer à startup que essa era "a ideia mais idiota que ele já tinha ouvido". No fim das contas, eles levantaram o dinheiro, mudaram o nome para Overture e testaram o modelo. A empresa fez sucesso o bastante para ser adquirida por seu maior cliente, o Yahoo!, por US$1,6 bilhões.[15] Entretanto, o Yahoo!, a empresa de internet mais bem-sucedida da época, com uma capitalização de mercado de mais de US$100 bilhões, ganhava tanto dinheiro com a exibição de anúncios que não priorizou o modelo de negócios da Overture depois da fusão. O Google, que movimentava os resultados das pesquisas do Yahoo!, notou o novo modelo de negócio e entrou na onda. Sem um modelo de receita conflitante para distrair Larry Page e Sergey Brin, o Google expandiu seus negócios, que hoje rendem mais de US$50 bilhões por ano. Às vezes, você não pode entregar sua ideia a qualquer preço. Antes de provarem que a pesquisa paga funciona, Page e Brin tentaram vender o Google para a empresa Excite por meros US$1 milhão. A Excite negociou para baixar o preço para US$750.000, mas não fechou o negócio, porque eles não conseguiram convencer a diretoria da Excite de que existia qualquer valor em ser dono do Google.[16]

Os disruptivos que procuram por uma grande ideia só precisam examinar seus mundos e seus negócios: quais problemas você enfrenta todos os dias? De que forma esses problemas criam a oportunidade de capturar valor? Frequentemente, uma grande ideia é apenas uma solução simples para um pequeno problema.

> *Frequentemente, uma grande ideia é apenas uma solução simples para um pequeno problema.*

Capítulo Sete

Transforme Suas Energias

*Não há verdadeira liberdade sem a
liberdade de falhar.*
— Erich Fromm

Quando eu era o presidente mundial de distribuição digital da EMI, negociei com um homem que tinha vivido a típica história de terror de startup. Ele fundou uma empresa de alta tecnologia no Vale do Silício e levantou um valor substancial para os investidores de capital de risco. Mas aí a concorrência cresceu e sua participação de mercado ficou abaixo dos 5%. A mesma diretoria que o aplaudiu quando tudo ia bem o demitiu quando tudo começou a dar errado. Eles contrataram um CEO corporativo que não combinava com a cultura da empresa, e as coisas continuaram a decair. Depois de várias tentativas vãs de consertar as coisas e sem outra escolha, a diretoria reintegrou o fundador. Sem nenhum produto em desenvolvimento e os negócios em um momento desesperador, ele mudou a direção da empresa, deixando de fazer computadores pessoais para revolucionar o mercado de eletrônicos e telecomunicações. Ah, sim, essa empresa se chamava Apple, e seu cofundador, Steve Jobs, trouxe a disrupção ao mundo.

O presidente da GE Jack Welch gostava de dizer: "Mude antes de precisar mudar"; mas, para um empreendedor iniciante, saber quando insistir no seu caminho ou quando mudar de direção é a decisão mais difícil a ser tomada. Emocionalmente, seria o mesmo que abandonar seu filho em uma floresta ou, pior, vendê-lo para que um açougueiro o cortasse em pedaços. Em um mundo em constante transformação, saber quando mudar de rumo é uma habilidade útil em diversas áreas. Para todos os clichês sobre como "vencedores nunca desistem, desistentes nunca vencem", há um que diz: "Se você fizer o que sempre fez, sempre terá o mesmo resultado."

> *Em um mundo em constante transformação, aprender quando mudar de rumo é uma habilidade útil em diversas áreas.*

Mudar o rumo dos negócios não veio naturalmente para mim quando abri minha primeira empresa. A Jasmine Multimedia era como minha primogênita. O que me faltava em experiência, eu compensava com determinação. Agora reconheço que a maior lição que aprendi com o processo de abrir e manter aquela empresa foi saber que transformar não é admitir um fracasso, mas uma forma de encontrar novas oportunidades para ser bem-sucedido. Essa lição vale para todas as áreas e todas as carreiras.

Com apenas o desejo de sobreviver me guiando, minha primeira empresa deixou de ser uma B2B [empresa cujos clientes são outras empresas] que fazia produtos sob medida e passou à publicação, indo de CD-ROMs à internet. Com cada nova versão da empresa vinham desafios à forma como ela entendia o valor que criava e ameaças constantes à sua posição no mercado. Essa nunca é uma tarefa fácil. A indústria da música demorou muito a abandonar a fabricação física de seus produtos e passar à distribuição digital, e não saiu ilesa. Como vice-presidente executivo da Sony, vi quando a empresa não conseguiu deixar de ser uma produtora independente de eletrônicos para passar a ser uma criadora de redes de ecossistemas digitais. Essa demora em mudar de curso fez com que a capitalização de mercado da Sony, que era de US$100 bilhões em 2000, passasse a ser de US$15 bilhões em 2012.

Os verdadeiros disruptivos não têm medo de transformar. Quando a criação da internet trouxe a disrupção à indústria de softwares em 1995, o presidente da Microsoft, Bill Gates, corajosamente transformou a empresa inteira através de seu famoso memorando Internet Tidal Wave.

"A internet é o desenvolvimento mais importante a surgir desde o computador da IBM em 1981", escreveu Gates. "A comparação com o computador é válida por muitos motivos... algo extraordinário cresceu ao redor do computador da IBM que o transformou no elemento essencial para tudo que aconteceu nos últimos 15 anos. As empresas que tentaram resistir ao computador tinham bons motivos para isso, mas fracassaram porque esse algo extraordinário superou qualquer resistência."[1]

Com esse memorando de trinta e oito parágrafos como guia, Gates reestruturou a Microsoft e transformou a líder do mercado em softwares empacotados em uma líder na nova economia digital. A Microsoft pode não ser mais a empresa dominante que era no começo da revolução do computador pessoal, mas a transformação oportuna de Gates a posicionou em um lugar de êxito pelos próximos doze anos.

Para a maioria das empresas, a transformação tem menos a ver com mudar de direção do que com se ajustar às constantes mudanças no mercado. As empresas são como veleiros atravessando águas turbulentas. Para continuar seguindo em frente em meio à calmaria ou tempestade, o capitão deve virar o veleiro de um lado para o outro em uma constante série de pequenos ajustes. *Testar, verificar e ajustar* é a única maneira de não se desviar do curso. Dados não têm ego, e isso os transforma no copiloto perfeito.

> Testar, verificar e ajustar é a única maneira de não se desviar do curso. Dados não têm ego, e isso os transforma no copiloto perfeito.

"Eu digo aos empreendedores que nosso modelo de negócios é como ir ao oftalmologista. *É melhor assim ou assim? A ou B? B ou C?*", escreveu o CEO do Twitter, Dick Costolo. *"Ah, o C está melhor que o B? Vamos fazer mais C."*[2] Quando os pequenos ajustes não funcionam, veja o que você construiu e procure por algum indício ou prova de que terá mais sucesso ao seguir em uma direção diferente.

Quando conversamos com os melhores investidores de risco do Vale do Silício, na Sand Hill Road, vemos que eles todos têm histórias para contar das vezes que investiram milhões de dólares em empresas que estavam tão fora do curso que a diretoria considerava a opção de suspender o financiamento e cancelar tudo. A moral da história é que, inevitavelmente, a empresa se transformava e o resultado não era apenas um sucesso maior para os investidores, mas também o maior sucesso da história dos empreendimentos comerciais.

A seguir estão algumas das minhas histórias favoritas de transformações pelas quais meus amigos passaram nos últimos anos.

Originalmente, a Yelp foi criada pelos ex-funcionários do PayPal Jeremy Stoppelman e Russel Simmons como um serviço de e-mail automático com pedidos de recomendação de amigos. "Alguém pode me recomendar um pediatra em Boston?" seria enviado para o gráfico social das pessoas e as respostas seriam organizadas em tabelas. O serviço, lançado em 2004 e financiado por um investimento de mais de um milhão de dólares do cofundador do PayPal Max Levchin, foi um sucesso instantâneo com o público.

Acabou que o e-mail automático não era muito atraente, mas os usuários gostavam de avaliar os negócios locais mencionados nos e-mails. Ao estudar as informações dos usuários, os fundadores perceberam que eram as avaliações que atraíam os usuários. O serviço foi transformado para agradar seu público. O Yelp, que no começo foi tido como o "Friendster das Páginas Amarelas", agora atrai todos os meses cinquenta milhões de visitantes à sua coleção de dezessete milhões de avaliações geradas por consumidores e atualmente vale mais de US$2 bilhões.[3]

O Burbn era um aplicativo de celular que queria ser como o Foursquare, criado por Kevin Systrom e Mike Krieger. O aplicativo dava pontos aos usuários quando eles faziam check-in. Mas, ao contrário do Foursquare, o Burbn queria verificar se o usuário não estava enganando o sistema e realmente estava no local, e não fazendo o check-in de um local remoto. Para provar que o usuário do celular estava no local, o Burbn fazia as pessoas tirarem fotos e postá-las para que depois pudessem compartilhá-las com os amigos no aplicativo. As informações da jovem empresa mostravam que as pessoas gostavam mais de compartilhar as fotos do que da gamificação [também conhecida como "ludificação", é uma estratégia de marketing digital que aposta na interação lúdica entre as pessoas com base em incentivos] criada pelo recebimento de medalhas e pontos pelos check-ins. A premissa original da empresa foi transformada pela observação desse comportamento inesperado dos consumidores. Os fundadores abandonaram completamente o conceito de check-in e adaptaram o aplicativo para a publicação e compartilhamento social de fotos. Em dois anos, mais de cem milhões de pessoas se juntaram à plataforma. Agora o aplicativo é tão bem-sucedido que já foram publicadas nele mais fotos do que as tiradas no planeta durante os primeiros cem anos da história da fotografia! Systrom e Krieger adicionaram alguns filtros divertidos, mudaram o nome para Instagram e venderam a empresa com oito funcionários ao Facebook por quase US$1 bilhão, sem gerar nem mesmo um centavo de receita.[4] Uma imagem vale mesmo mais que mil palavras.

O Tune In Hook Up foi criado por três ex-funcionários do PayPal para causar a disrupção no segmento de namoro online. Empolgados com o enorme sucesso do PayPal, a equipe procurava por outro empreendimento comercial online. Apesar de ser imensamente popular, o namoro online não incorporara nenhuma função nova desde o advento da banda larga. A maioria dos sites tinha apenas as fotos de possíveis parceiros, mas Chad Hurley, Steve Chen e Jawed Karim acharam que disponibilizar vídeos seria uma oferta muito mais imersiva. A hipótese era a de que os usuários teriam uma melhor noção da personalidade de uma pessoa se pudessem vê-la e ouvi-la em um vídeo. Os fundadores estavam convencidos de que essa era sua ideia de um bilhão de dólares. Não havia necessidade de testar a premissa com potenciais usuários — só precisavam criar a infraestrutura para o site de vídeos e os usuários viriam. Ao trabalhar na construção do site, Karim percebeu que não conseguia encontrar a gravação do "problema de vestuário" que Janet Jackson teve no Super Bowl, assunto sobre o qual todos os norte-americanos estavam comentando online. Ele percebeu que encontrar vídeos de namoro era apenas um subsistema do problema muito maior de encontrar vídeos online. Karim se deu conta de que precisaria criar um mecanismo melhor para encontrar vídeos online. Abandonando o conceito original, a equipe se concentrou em ajudar as pessoas a encontrarem qualquer tipo de vídeo de que estivessem atrás. O nome Tune In Hook Up foi trocado para YouTube e a empresa foi comprada pelo Google em 2006 por US$1,65 bilhões, depois de apenas um ano em funcionamento. O site agora posta mais de cem horas de vídeos a cada minuto e recebe mais de um bilhão de visitas por mês.[5]

Em 2005, o Odeo ia ser *o* lugar no qual os fãs de música poderiam encontrar e compartilhar podcasts de música. Quando a Apple logo dominou essa posição com o iTunes, o Odeo pensou em novas ideias para experimentar antes de ficar sem dinheiro e falir. Transformar-se antes de falir é a regra principal para a sobrevivência das startups. Acreditando que, para a empresa continuar funcionando, seria mais fácil levantar mais verbas do que começar tudo de novo, a equipe discutiu uma variedade de conceitos. Jack Dorsey gostou da ideia de um aplicativo de mensagens curtas, anunciado no festival de música SXSW, em Austin (no qual já tinham reservado um espaço quando o Odeo era um serviço de música). Hoje, os mais de 500 milhões de usuários registrados no popular serviço geram mais de 340 milhões de mensagens curtas, com até 280 caracteres, por dia. Eles mudaram o nome para Twitter, conseguiram mais de US$1 bilhão em financiamento e até o momento da escrita desse livro valiam mais de US$30 bilhões.[6] A estreia do Twitter no SXSW também mudou o futuro do festival, que agora é conhecido como *o* lugar certo para estrear novas empresas digitais.

APRESSE-SE EM FRACASSAR E TESTE, TESTE, TESTE

Não são todas as transformações que acabam em sucesso, e a maioria das startups fracassa. Mas fracassar faz parte do sucesso empresarial. O sucesso não ensina tanto quanto o fracasso. Muitos empreendedores cujos nomes viraram marcas, incluindo Henry Ford, Walt Disney e Henry Heinz, foram à falência antes de criarem seus impérios bilionários. O primeiro produto do cofundador da Sony Akio Morita foi uma panela elétrica de arroz que, infelizmente, queimava o arroz. Depois de vender menos de cem unidades, Morita passou a fazer transistores de rádios.[7]

> O sucesso não ensina tanto quanto o fracasso.

Até a Traf-O-Data, a primeira empresa lançada pelos dois homens mais ricos do mundo, fracassou. O conceito da empresa era usar um computador Traf-O-Data 808 para analisar as informações de trânsito da cidade para reduzir o congestionamento urbano. A ideia parecia óbvia. Infelizmente, esse conceito estava décadas à frente do mercado e os planejadores dos governos locais não aceitaram a ideia de as cidades comprarem sistemas de computador. Então, Bill Gates e Paul Allen precisaram encerrar as atividades e pensar em outra coisa. "Não tem problema comemorar o sucesso", disse Bill Gates, "mas é mais importante prestar atenção às lições do fracasso". Sem se deixarem intimidar pelo fracasso, Gates e Allen começaram uma segunda empresa, então chamada *Micro-Soft*, que ganhou US$16.000 em 1975.[8]

Lidar com o fracasso de uma empresa nunca é fácil. De certa forma, é uma admissão de que você estava indo na direção errada. Frequentemente ficamos tempo demais na mesma direção ou tentamos a mesma coisa várias vezes porque qualquer outra abordagem seria uma admissão tácita de fracasso. O problema de temer a mudança é perder anos em um percurso que não levará ao sucesso — um tempo que poderia ser usado na busca por ideias novas e mais lucrativas. Todo sucesso pessoal e financeiro vem da mudança. Para o disruptivo, a mudança é uma condição natural.

Os empreendedores espertos aprendem que precisam fracassar rápido e frequentemente. Experimente uma abordagem, determine rapidamente os resultados e siga em frente. A mudança é um processo repetitivo. Enquanto inventor, Thomas Edison disse sabiamente: "Eu não fracassei. Só descobri 10.000 maneiras que não dão certo."

> *Os empreendedores espertos aprendem que precisam fracassar rápido e frequentemente.*

Para o empreendedor de uma startup, fracassar logo é frequentemente o principal fator para o sucesso em longo prazo. Administrar a velocidade com que seu capital é usado e, ao mesmo tempo, experimentar novas ideias é tão importante para sucesso a longo prazo quanto a própria ideia inicial. Depois de criar seu conceito disruptivo, determine uma forma rápida de validar suas hipóteses e consumir a menor quantidade possível do seu capital. Para os atuais negócios com base em celular e internet, informação é tudo.

Eu atuava como mentor de uma jovem startup de e-commerce que queria ser lançada por uma estrela de Hollywood. Foi fácil encontrar o capital, pois muitas celebridades estavam faturando com essa nova tendência de varejo. O perfume de Britney Spears faturou mais de US$1 bilhão em vendas globais, e a linha de roupas de Jessica Simpson gerou receitas de mais de US$500 milhões.⁹ Essa nova empreitada queria uma celebridade feminina que fizesse pelas roupas íntimas o que Kim Kardashian fez pela ShoeDazzle e Kate Bosworth pela Jewelmint. Ainda que enfrentar a líder da categoria, a Victoria's Secret — que arrecada mais de US$6 bilhões em vendas todos os anos — fosse um grande desafio, havia bastante espaço para um concorrente.¹⁰ Escolha a celebridade certa, e a fortuna será quase garantida; mas junte-se ao ícone errado e sua empresa estará condenada desde o começo. Então, como saber qual celebridade venderá mais sutiãs? Como qualquer novo conceito, você deve testar o que funciona e o que não funciona.

Testar um novo conceito antes de implementar uma nova empresa é o jeito iterativo de ser disruptivo. O principal motivo que leva a maioria das startups a fracassar não é que seus fundadores tiveram uma péssima ideia. Elas fracassam porque ficam sem capital antes de descobrirem como levar sua nova ideia ao mercado. Para a maioria das empresas, sejam elas restaurantes locais ou aplicativos para iPhone, o custo para adquirir consumidores é muito subestimado.

No caso da empresa de roupa íntima da qual fui mentor, a *Victoria's Secret* já tinha provado o mercado. Só precisávamos determinar qual celebridade já tinha seguidores suficientes no *e-commerce* de sutiãs para lançar uma linha de roupas. Consideramos vários nomes e pedimos a opinião de várias mulheres que conhecíamos. Sua idade, raça e tamanho de sutiã eram muito importantes? Faria diferença se ela fosse casada ou solteira? Ajudaria se tivessem vazado vídeos íntimos dela ou seria melhor investir em uma mulher que busca prestígio pessoal? Vulgar ou recatada? Quais seguires eram mais importantes para ela, os do Twitter ou os do Facebook? Tivemos discussões acaloradas sobre por que a empresa deveria apostar na primeira mulher que cada um de nós havia escolhido. Mas, com milhões de dólares em risco, como podíamos ter certeza? Precisávamos de informações empíricas.

Antes de começarmos a negociar com agentes e empresários à procura de nossa porta-voz, fizemos uma campanha online não autorizada com várias fotos de celebridades. Uma tarde, sem deixar que as celebridades soubessem (e sem permissão legal para fazer isso), determinamos precisamente qual era o valor de mercado de cada mulher e seu potencial para vender lingerie. Tudo o que tivemos que fazer foi colocar um pôster na frente de alguns milhares de mulheres do nosso mercado-alvo para ver rapidamente quem causava a maior resposta à venda de sutiãs e quem não era adequada. Ao medir a taxa de cliques nos anúncios, definimos qual celebridade seria a melhor para nosso mercado. Conseguimos informações confiáveis em poucos dias e o valor total do investimento no teste foi de menos de US$1.000. O mais interessante sobre o resultado do teste foi que a escolha perfeita era irrefutável. Dados são o membro mais racional e produtivo de qualquer equipe de startup. Leve-os ao máximo de reuniões de planejamento que puder. Dados podem decepcionar, mas nunca mentirão.

> *Dados são o membro mais racional e produtivo de qualquer equipe de startup. Podem decepcionar, mas nunca mentirão.*

Testes online podem ser feitos muito rapidamente, enquanto algumas hipóteses de negócio demoram meses e precisam de milhares de dólares para serem testadas. Não tem problema entrar em algum empreendimento como uma equipe de gestão que tem um ponto de vista bem definido sobre o que você acha que irá funcionar, mas deixe o ego de lado quando tiver os dados reais. Há um benefício surpreendente no ciclo iterativo de testar/falhar/reexaminar: você descobre que há uma ideia valiosa escondida de todos aqueles que não estão testando. Algumas das empresas bilionárias de maior sucesso da última década surgiram desse processo. Ao testar sua hipótese, uma startup pode descobrir uma nova direção que mais ninguém saberia se não tivesse feito o mesmo teste. O YouTube, o Twitter e o Instagram são apenas alguns exemplos de empresas que não desistiram quando os resultados de seus conceitos iniciais foram decepcionantes. Em vez disso, esses empreendedores adotaram um processo conhecido como efetuação.

EFETUAÇÃO

Efetuação [em inglês, "Effectuation"] é uma série de princípios de tomada de decisões que os disruptivos experientes usam em situações de incerteza. O processo começa com a simples definição do que você sabe sobre seu novo negócio e seu mercado de base. Qual é o tamanho do mercado? Quantos concorrentes você terá? Qual é seu grupo demográfico alvo? O produto que oferece é duradouro ou será constantemente trocado? A lista de perguntas deve ser exaustiva. Tente entrevistar o máximo possível de consumidores em potencial. O objetivo desse processo é entender como funciona o mercado no qual sua atual ideia funciona. A seguir, adicione a essa informação os valores que você pode levar ao mercado ou tirar dele. A finalidade é definir seus objetivos para a nova empresa ou ideia. Você sabe que o sushi é popular na sua cidade, mas o local do seu restaurante tem o mesmo padrão de tráfego que seu concorrente do outro lado da cidade? Seu estacionamento é melhor ou pior? Qual valor você pode adicionar para contrabalancear qualquer déficit resultante da sua localização? Por que outros restaurantes da região faliram (independentemente do cardápio)?

Quando Hiroaki "Rocky" Aoki concebeu seu primeiro restaurante Benihna em 1964, em Nova York, ele analisou o que fazia a maioria dos restaurantes fracassarem e desenvolveu seu conceito para mitigar seus riscos. A maioria dos restaurantes desperdiça muita comida por oferecer muitas opções, e nem todos os pratos são pedidos com uma frequência consistente. Então, Aoki limitou seu cardápio a três opções. O aluguel é o maior custo fixo de um restaurante, e a maioria dos estabelecimentos não pode maximizar o espaço, porque grupos de duas ou três pessoas ocupam mesas que acomodam até quatro ou cinco pessoas. Aoki resolveu esse problema ao acomodar as pessoas apenas quando uma mesa *teppanyaki* inteira fosse ocupada — mesmo que isso significasse que estranhos dividiriam a mesa.

Ele também sabia que fazer as pessoas esperarem no bar até que uma mesa inteira pudesse ser preenchida trazia o benefício de aumentar o número de pedidos no bar e, assim, a média de ganho por cliente. Através da efetuação, Aoki virou um especialista no setor de restaurantes em vez de ser apenas um especialista em restaurantes japoneses.

Não posso ressaltar o bastante a importância do terceiro passo da efetuação: reunir-se com pessoas do seu mercado-alvo. Assim como Jesus tinha apóstolos, você precisa encontrar alguns consumidores que estejam em seu grupo demográfico alvo e trocar ideias com eles. Essas pessoas não podem ser seus amigos ou familiares, que tendem a achar que estão ajudando ao oferecer elogios falsos e palavras de encorajamento. Elas devem ser consumidores de verdade, que seriam beneficiados caso sua inovação desse certo. Todo o conceito de financiamento coletivo veio dessa ideia: encontre consumidores que fiquem tão emocionalmente envolvidos com seu produto que topariam pagar por ele antecipadamente. O Pebble, um conceito de *smartwatch* [computador com tela de toque no formato de um relógio de pulso] criado por Eric Migicovsky, planejava levantar US$100.000 de futuros clientes no site de financiamento coletivo Kickstarter em abril de 2012. Quando a campanha acabou em maio, a empresa tinha conseguido mais de US$10 milhões de 69.000 consumidores.[11] O povo falou: existia um mercado para o relógio de Migicovsky.

Trabalhar com possíveis clientes para criar um novo produto vai muito além do setor de tecnologia. Quando eu estava na EMI, nosso setor de música clássica tinha uma verba limitada para gravar sinfonias e só podia lançar alguns álbuns por ano. Então, o selo listou em seu site as próximas apresentações de orquestras que podiam ser de interesse de seu público. As maiores orquestras do mundo apresentam alguns números musicais uma ou duas vezes e, depois, essas execuções se perdem para sempre. Considerando que a maioria dos fãs de música clássica não pode viajar para o outro lado do mundo para assistir a todos os concertos, a EMI bolou um sistema para gravar essas apresentações usando "pré-vendas". Se um determinado número de consumidores se inscrevessem para comprar o álbum, a EMI assumia os custos de mandar uma equipe para gravar o projeto. Os dados estão sempre certos. Se ninguém se inscrever para comprar o produto antecipadamente, ouça seus consumidores.

Os consumidores de verdade realmente valorizam seu tempo tanto quanto seu dinheiro. Se uma ideia não tiver mérito, eles o farão saber disso. Se a maioria do seu grupo de focalização odeia sua ideia, está na hora de tomar outra direção ou abandonar o projeto. Não raro jovens startups acreditam que podem pular esse passo. Elas estão certas de que sabem como as pessoas pensam. Costumo lembrá-las de que todas as sete bilhões de pessoas no planeta têm uma opinião diferente da delas.

> *Os consumidores de verdade realmente valorizam seu tempo tanto quanto seu dinheiro.*

Apesar de já ter ganhado bilhões, Sir Richard Branson voa na classe econômica da Virgin Atlantic e conversa com os outros passageiros. Durante uma conversa com um passageiro da primeira classe, Sir Richard percebeu que quase todos precisavam contratar um serviço de transporte para levá-los ao aeroporto e de volta. Esse comentário lhe deu uma vantagem sobre todas as outras companhias aéreas. Por que não incluir um serviço de limusine como parte do serviço da primeira classe? Ele percebeu que poderia aumentar o preço das passagens para incluir o serviço e que atrairia mais passageiros ao oferecer transporte porta a porta, tirando dos viajantes o trabalho de coordenar e comunicar mudanças de voos a seus motoristas. Os passageiros podem despachar a bagagem com o motorista e ter um trabalho a menos durante a viagem. Mas foi só por ter conversado com seus consumidores que Branson descobriu que eles estariam dispostos a pagar um valor a mais por esse serviço.[12]

Jeff Bezos fez a Amazon ser uma empresa de US$150 bilhões ao analisar cuidadosamente as informações sobre os consumidores. Os dados revelavam que a Amazon ganhava o dobro de dinheiro com os clientes da Amazon Prime em comparação com os compradores normais. Os clientes Prime pagam uma taxa anual por dois dias de frete grátis. Esses clientes querem aproveitar ao máximo seu investimento de US$79, por isso são mais propensos a fazer compras online no site. Em 2013, cada cliente Prime gastou em média US$1.340 por ano em comparação com os US$708 anuais dos clientes que não eram Prime.[13] Nunca deixe de conversar com seus clientes, e você nunca deixará de aprender a melhorar seus negócios.

Assim que você conseguir o comprometimento dos acionistas, sua empresa terá uma base para crescer. O crescimento de uma empresa é, portanto, um fator de sua viralidade e dos custos de aquisição de clientes — que podem ser modelados rapidamente, e o gasto de marketing pode ser ajustado de acordo com eles.

Mas a efetuação é um processo progressivo que não se desenrola no vácuo. Ao mesmo tempo que você constrói uma comunidade de acionistas que querem seu sucesso, as mudanças de mercado, o grupo demográfico e a infraestrutura tecnológica existentes causam impactos nas hipóteses originais que o levaram a criar sua empresa ou produto. Se você não tiver o cuidado de sempre desafiar o que sabe e o que seu mercado quer, um empreendedor novo e mais esperto surgirá, assim como você surgiu, e causará a disrupção de sua empresa. Transformar-se não é o fim do processo disruptivo, mas o começo do próximo passo de sua jornada.

> *Transformar-se não é o fim do processo disruptivo, mas o começo do próximo passo de sua jornada.*

As startups que fracassam resultam de empreendedores que são melhores em encontrar desculpas do que em produzir. É através dos consumidores e das informações que você sabe instantaneamente como sua empresa está e para onde ela está indo. Mesmo assim, muitas pessoas continuam a seguir o mesmo caminho em suas vidas e em suas empresas sem admitir que algo está errado. Como o incrível sucesso do YouTube, do Instagram e do Twitter ilustram, falhar não é o mesmo que fracassar. O único erro verdadeiro é não perceber o valor dos erros que você comete.

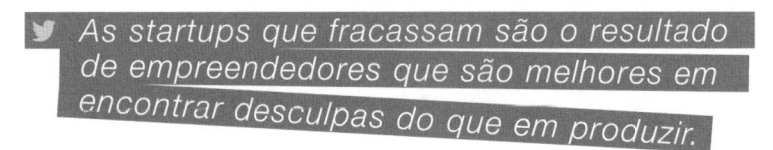

> *As startups que fracassam são o resultado de empreendedores que são melhores em encontrar desculpas do que em produzir.*

"Cometa erros pequenos e rápidos", aconselha o mandachuva da Silicon Alley Miles Rose, que ajuda as startups da região de Nova York a arrecadarem verbas.[14] Quanto mais rápido você se transformar, mais tempo, dinheiro e energia terá para gastar em uma ideia melhor.

Capítulo Oito

Descobrindo a Cadeia de Valor

O comprometimento abre as portas da imaginação, permite que tenhamos visão e nos dá o "material certo" para transformar nossos sonhos em realidade.
— James Womack

O professor da Harvard Business School, Michael Porter, popularizou, pela primeira vez, o conceito de cadeia de valor em seu livro de administração *Vantagem Competitiva: Criando e Sustentando Desempenho Superior*. Porter percebeu que cada empresa constrói seu valor por meio de uma série linear de passos discretos que são seguidos sempre na mesma ordem. Cada elo da cadeia acrescenta valor ao produto final ou serviço vendido ao consumidor. O valor é a mercadoria que o consumidor realmente compra.[1] Como eu já sugeri neste livro, o segredo para a autotransformação é entender o que faz de você, enquanto indivíduo, unicamente valioso. O mesmo é verdade para os negócios. O valor diferenciado é a única vantagem competitiva que uma empresa pode ter sobre a outra. Os fones da Beats são tecnologicamente melhores ou os consumidores pagam pelo valor que percebem na marca? A Água Fiji tem um gosto melhor ou é mais saudável que a Dasani? A diferenciação é o segredo para criar e capturar o valor da sua empresa.

Ao contrário dos elos uniformes na corrente da bicicleta, as cinco conexões na cadeia de valor de uma empresa — pesquisa e desenvolvimento, design, produção, marketing/vendas, e distribuição — não são iguais. As concessionárias, por exemplo, ganham mais dinheiro por prestarem um serviço aos carros do que por vendê-los, mas as vendas também ajudam a aumentar o consumo da sua prestação de serviços. As propriedades variadas de cada elo é o que, no fim, tornam todo o ecossistema tão vulnerável à disrupção. Surpreendentemente, em muitas setores de atividade a parte da cadeia de valor que tem mais custo de manutenção é a que gera o menor retorno. Por exemplo, os cinemas competem pelos direitos de reproduções dos filmes de maior sucesso, apesar de a maior parte de seu lucro vir das vendas de comida e bebida — mas quem iria ao cinema se eles não oferecessem o filme que as pessoas querem ver? Por outro lado, o elo de menor custo pode ser o que gera maior retorno. Não vale a pena ser disruptivo com algumas conexões quando são outras que têm o maior potencial de lucro. É mais fácil ganhar dinheiro com a disrupção ao se focar nos elos mais lucrativos da cadeia. Então, antes de começar a ser disruptivo ao sistema, é importante entender a instabilidade inerente da cadeia de valor.

> *É mais fácil ganhar dinheiro com a disrupção ao se focar nos elos mais lucrativos da cadeia.*

UM DIAMANTE É PARA SEMPRE

Os diamantes oferecem uma ilustração clássica dos elos desproporcionais da cadeia de valor. Pense na estrela mais glamorosa do mundo brilhando ostentosamente ou na alegria de uma noiva maravilhada com sua cintilante aliança de noivado. Nada demonstra riqueza e status como um diamante. Mas já se perguntou por que essa pedra em particular é tão cobiçada?

Quase US$9 bilhões em diamantes são extraídos anualmente, empregando dezenas de milhares de operários.[2] Esse é o elo de maior custo na cadeia de valor do diamante. A mineração demanda um investimento gigantesco em imobiliário, equipamento e mão de obra. Toneladas de pedras sem valor precisam ser tiradas do chão para abrir o caminho para, literalmente, o diamante bruto. Em comparação, lapidar as pedras é um passo barato, mas é o que mais adiciona valor ao produto final. Pode-se argumentar que a campanha de marketing organizada pela N. W. Ayer & Son para a De Beers há quase um século foi o que verdadeiramente gerou o maior valor à cadeia de valor do diamante: ela criou demanda.

Antes da campanha da De Beers, que começou na década de 1930, as alianças de noivado eram adornadas por inúmeras pedras preciosas ou pérolas. Mas Ayer criou uma associação entre diamantes e amor. Ele deu à cadeia de valor do diamante um dos slogans mais reconhecidos do século XX: "Um Diamante é Para Sempre". O resultado dessa campanha publicitária de mais de 75 anos foi que todas as alianças de noivado, de Singapura a São Paulo, têm um diamante. A campanha de Ayer criou demanda para o produto. Em conjunto com o controle quase exclusivo da De Beers sobre o suprimento, essa demanda faz com que os consumidores gastem bilhões em pedrinhas que são inúteis fora do contexto.

Agora, imagine a disrupção que aconteceria à cadeia de valor se diamantes legítimos pudessem ser feitos em laboratórios por uma fração do custo da mineração. Hoje, quase uma tonelada de diamantes sintéticos são produzidos anualmente. Mas essas pedras não vão para o anelar de qualquer um. Os diamantes sintéticos são produzidos para usos industriais. E, ainda que minerar diamantes incolores renda algo entre US$40 a US$60 por quilate, os sintéticos com qualidade de pedras preciosas ainda custam cinquenta vezes mais, por volta de US$2.500 por quilate.[3] Se um dia os cientistas descobrirem um modo de fabricar o diamante sintético que seja mais barato que pela deposição química, toda a indústria multibilionária dos diamantes seria vítima da disrupção do dia para a noite. Uma inovação no laboratório, e as minas e os mineradores perderiam sua razão de ser. Dois universitários com uma nova tecnologia poderiam fazer ao diamante o que o Napster fez à indústria da música.

Ainda mais disruptivo ao monopólio da De Beers é o problema de que diamantes sintéticos baratos removeriam a mão invisível da escassez que mantém a cadeia de valor no lugar. Parece impossível? Já aconteceu. Quando o Monumento a Washington foi concluído em 1885, a coluna de pedra era a estrutura mais alta do mundo, com quase 170 metros de altura. Para coroar essa conquista da arquitetura moderna, os orgulhosos designers norte-americanos decidiram cobrir o obelisco com dois quilos do metal mais caro e raro da época: alumínio! O alumínio, que não é encontrado em sua forma pura na natureza, era tão raro no século XIX que apenas um norte-americano, William Frishmuth, da Filadélfia, sabia como produzir. A habilidade de Frishmuth era tão valiosa ao esforço de guerra, que o então presidente Abraham Lincoln o nomeou agente secreto do Ministério da Guerra durante a Guerra Civil.

Hoje, sabemos o processo para extrair o alumínio da bauxita e que o alumínio é o terceiro elemento mais abundante da terra (depois do oxigênio e do silício). Mais de 30 milhões de toneladas do metal barato são produzidas todo ano. Uma vez vítima da disrupção, uma cadeia de valor quebrada nunca se recupera. O valor muda o mercado, e sistemas novos, melhores e eficientes evoluem. O alumínio é a prova de que, talvez, os diamantes não sejam para sempre.

ROMPENDO A CADEIA DE VALOR

No século XIX, o passo acelerado dos avanços tecnológicos continua a causar a disrupção em cadeias de valor antes tidas como tão permanentes e imutáveis quanto um diamante. Com cada disrupção, a riqueza vai daquele que já está estabelecido para o inovador. Para o disruptivo, cada ameaça ao status quo é uma oportunidade disfarçada. Desconstrua o problema e resolva-o para encontrar a nova oportunidade.

> *Cada ameaça ao status quo é uma oportunidade disfarçada.*

Ao não conseguirem pagar seu aluguel em 2007, dois homens de São Francisco acabaram sendo disruptivos a uma cadeia de valor simples e, com isso, em 2014 tinham uma empresa que valia US$ 10 bilhões. Para conseguirem completar o dinheiro do aluguel, Brian Chesky e Joe Gebbia criaram um site simples para alugar colchões infláveis em seu apartamento. Ao perceberem que as pessoas que visitavam cidades como Nova York e São Francisco eram forçadas a pagar os altos valores das diárias dos hotéis, eles levantaram US$20.000 com o Y Combinator e expandiram seu software. Apesar de investidores de riscos famosos, como Fred Wilson, recusarem-se a financiá-los, a Airbnb continuou a crescer. Em 2014, depois de alcançarem

500.000 inscritos em 192 países, a TPG Capital investiu US$450 milhões na empresa, com uma avaliação aproximada de US$10 bilhões.[4] A Airbnb é um negócio não-lucrativo, e seu valor não é baseado em receitas correntes, mas no potencial que seu modelo de negócios tem para ser completamente disruptivo ao setor de hotelaria e capturar muito do valor ainda a ser descoberto.

Como ilustrado pela indústria dos diamantes, cada elo da cadeia de valor contribui com uma quantia diferente à construção do valor total da empresa ou do produto. E, dependendo do setor, o elo de menor despesa pode ser o que traz o maior retorno. Peguemos o circo como exemplo. O circo é composto por uma coleção de apresentações de entretenimento. Algumas apresentações, como as com leões e elefantes treinados, têm um alto custo de manutenção e transporte, enquanto outras, como os palhaços e os contorcionistas, têm baixo custo. Quando os grandes circos itinerantes, como o Ringling Brothers e o Circus Vargas, mal conseguiam lucrar, os artistas de rua canadenses Guy Laliberté e Gilles Ste-Croix dispensaram as apresentações mais caras e repensaram a experiência do circo apenas com os elos rentáveis. O Cirque du Soleil não só foi bem-sucedido ao levar a disrupção à indústria do circo itinerante, como também logo dominou a Las Vegas Strip com sua fórmula lucrativa baseada em entretenimento de baixo custo com alta margem de lucro.

Meu amigo Bruce Eskowitz usou a mesma abordagem de remover custos e maximizar o valor do entretenimento das turnês quando virou o presidente e CEO da Premier Exhibitions. Eskowitz, trabalhando há vinte anos com turnês de shows de rock e eventos esportivos, olhou para os altíssimos custos de se produzir turnês em várias cidades. Ele analisou a cadeia de valor e inventou a turnê mais econômica já concebida. Eskowitz montou um show que faria uma turnê mundial sem custar um centavo. A exibição Body Worlds, originalmente criada por Gunther von Hagens, levou cadáveres humanos artisticamente dissecados a mais de cinquenta museus ao redor do mundo. Quando perguntei a Bruce qual era o apelo comercial da turnê de Body Worlds, ele respondeu: "Você sabe quais são os gastos com comida e hotel dessa turnê?" Ele criou o elenco mais barato de qualquer turnê mundial. E o melhor de tudo, quando eles não estão em turnê, você pode botar o elenco todo na geladeira — literalmente.

Conseguir identificar rapidamente os elos desproporcionais é o mais importante ao ser disruptivo a uma cadeia de valor existente e capturar o maior retorno para seu investimento. Nos capítulos seguintes, exploraremos as técnicas para decodificar e ser disruptivo a cada um dos elos individualmente nas cadeias de valor dos setores privado e público. Cada uma das cinco ligações tradicionais contribui com um valor e grau de valores diferentes, dependendo do setor. Inovação e marketing aumentam o lucro de uma empresa, enquanto todo o resto é um mero centro de custos. Mas todas as partes da cadeia contêm valores que podem ser descobertos com a disrupção. Cada um dos próximos capítulos será focado em um elo da cadeia de valor e ilustrará como outros foram disruptivos às suas áreas de atuação ao aproveitarem as oportunidades disponíveis em um desses elos. Esses capítulos trarão histórias de inovadores de sucesso, que tiraram vantagem de oportunidades de serem disruptivos com ligações específicas da cadeia de valor para ganhar dinheiro e expandir suas empresas. Também irei prever como essas ligações transformam nosso mundo e adiantar algumas das formas pelas quais elas poderão ser vítimas da disrupção no futuro.

Capítulo Nove

Pesquisa e Desenvolvimento: Descobrindo o Valor do Desperdício

Se soubéssemos o que estamos fazendo, não se chamaria pesquisa, não é?
—Albert Einstein

A maioria dos cientistas não sabe o que está fazendo. De verdade. Milhões e milhões de dólares são gastos em pesquisas que não têm um produto ou um fundamento empresarial. Não digo isso como uma condenação do trabalho das mentes mais brilhantes, mas como uma forma diferente de olhar para o campo de pesquisa primária. O trabalho de um cientista é buscar novos conhecimentos através da experimentação e da observação. A verdadeira descoberta científica é encontrar algo que ninguém sabia existir. Por definição, os cientistas procuram pelo desconhecido. Para o empreendedor que quer ser disruptivo ao elo de pesquisa e desenvolvimento da cadeia de valor, as oportunidades são muitas, precisamente porque a maioria dos cientistas que trabalham na pesquisa primária cria novas descobertas sem pensar muito em como ou por que levá-las ao mercado. Engenheiros, cientistas e pesquisadores médicos criam o escopo do seu trabalho sem um propósito empresarial em mente. Frequentemente, é preciso que um disruptivo veja uma descoberta científica com os olhos do mercado. É onde está a oportunidade financeira. Os disruptivos não precisam descobrir algo novo; só precisam descobrir um uso prático para novas descobertas.

> Os disruptivos não precisam descobrir algo novo; só precisam descobrir um uso prático para novas descobertas.

O verdadeiro valor financeiro não é criado no laboratório; é criado com a determinação de qual mercado, ou uso, gerará o maior valor para a inovação recém-descoberta. O citrato de sildenafila, o ingrediente ativo do Viagra, foi desenvolvido em um laboratório como um remédio cardiovascular para pressão baixa. Um dos efeitos colaterais é uma ereção duradoura, e quando os profissionais de marketing da Pfizer descobriram que era por isso que os voluntários não queriam devolver as amostras entregues, eles deram origem a uma empresa muito lucrativa de US$2 bilhões.[1]

LUCRE COM A DESCOBERTA DOS OUTROS

Frequentemente, um empreendedor pode se beneficiar de milhões de dólares de pesquisa sem investir um centavo do próprio dinheiro. Uma grande riqueza pode ser conquistada quando você se aproveita da pesquisa e desenvolvimento feitos por outras pessoas. O elo de P&D nunca foi tão suscetível à disrupção quanto hoje. Para o disruptivo, esse elo da cadeia de valor oferece a distinta vantagem de que você pode lucrar com a descoberta dos outros, que podem ter passado anos refinando antes de abandonarem seu produto. Muitas invenções e achados científicos são descartados por estarem à frente de seu tempo ou por não se encaixarem na direção estratégica da empresa que os desenvolveu. No caso de universidades e institutos de pesquisa, as bolsas de pesquisa podem ter se esgotado e forçado a equipe a abandonar o projeto depois de a maior parte da pesquisa já ter sido concluída. Por fim, fatores de mercado, a base para o alto custo ou a ineficiência de algo podem ter mudado com o tempo, de modo que o desenvolvimento do produto tenha ficado mais acessível. Descobertas de milhões de dólares são arquivadas e quase esquecidas e ficam esperando que um disruptivo apareça para lhes dar vida. Um ótimo exemplo de como um disruptivo pode repensar a pesquisa científica é a história de como um dos maiores fracassos da pesquisa militar dos Estados Unidos acabou virando um dos melhores produtos da minha infância.

> *Uma grande riqueza pode ser conquistada ao se aproveitar da pesquisa e desenvolvimento feitos por outras pessoas.*

Durante a Segunda Guerra Mundial, todo o setor privado de produção dos Estados Unidos foi adaptado para ajudar os esforços de guerra. Recursos estratégicos, como gasolina, eram racionados, e a sucata era reciclada para a produção de tanques e aviões. Um dos principais ingredientes para a produção da guerra era a borracha. Os pneus de borracha levavam nosso exército na direção da vitória, e todas aquelas botas precisavam de borracha. Máscaras de gás, balsas salva-vidas e até aviões de guerra precisavam de borracha. Como a maior parte da produção de seringueiras ficava no sudoeste asiático, o suprimento era escasso por causa da guerra no Pacífico. Os civis faziam sua parte na conservação e trabalhavam como comunidades para juntar pneus e capas velhas. A reciclagem virou uma obsessão nacional. Por trás dos panos, os melhores cientistas norte-americanos tentavam criar uma borracha sintética a partir de ingredientes domésticos. Em 1943, com a guerra dominando o globo, o engenheiro James Wright, da General Electric, fez uma descoberta científica. Trabalhando em New Haven, Connecticut, Wright misturou óleo de silício e ácido bórico, formando uma substância pegajosa com várias propriedades parecidas com as da borracha. A substância sintética de Wright quicava quando era derrubada, tinha um ponto de fusão mais alto e esticava mais do que o látex natural tirado das árvores. Mas ela tinha uma falha trágica: por mais especial que fosse, o composto não podia ser endurecido ou moldado em uma forma duradoura. Wright tentou de tudo para estabilizar esse estranho material líquido-sólido, mas não conseguiu. Ainda acreditando em sua descoberta, ele abriu o código de sua substância e mandou amostras para os maiores cientistas norte-americanos da área. Como a substância de Wright não mantinha uma forma por muito tempo, ninguém conseguiu encontrar um uso prático para ela durante ou depois da Guerra. A descoberta parecia ter sido uma enorme perda de tempo e dinheiro.

Mas, depois da Guerra, um publicitário da Madison Avenue chamado Peter Hodgson procurava por um novo produto para levar ao mercado. A substância podia ter sido completamente inútil para os cientistas, mas era divertida de jogar e esticar, e podia copiar as imagens de qualquer livro. "Todos diziam que não havia uso para ela", lembrou-se Hodgson em uma entrevista anos depois. "Mas eu a observei enquanto brincavam com ela. Notei que pessoas com a agenda cheia perdiam até 15 minutos amassando e esticando."[2]

Por fim, Hodgson, que gastou o que restava de suas economias fazendo amostras, levou a substância para a International Toy Fair de Nova York em 1950 e a chamou de *Silly Putty*. Hodgson vendeu 250.000 ovinhos em apenas três dias. Desde então, mais de três milhões de ovinhos foram vendidos, e a Silly Putty foi parar na lua — literalmente.[3] Foi preciso que a maior organização de pesquisa do mundo, a NASA, encontrasse um uso prático para a substância de Wright. As características adesivas da Silly Putty a transformaram na substância perfeita para os astronautas prenderem suas ferramentas em gravidade zero. Essa disrupção de Hodgson ao elo de pesquisa e desenvolvimento — dando um novo uso à pesquisa de Wright — inspirou uma geração de inventores e cientistas malucos a criarem novas substâncias químicas para a indústria de brinquedos. Norman Stingley vendeu seu polímero Zectron para a Wham-O, que acabou vendendo milhões de Super Balls. Acetato de polivinilo e acetato etílico foram misturados por inventores para criar a Super Elastic Bubble Plastic, que foi popular entre as crianças, apesar do gás venenoso. A Mattel comercializou uma cola plástica líquida que, quando aquecida a 180°C, permitia que as crianças criassem seus próprios insetos Creepy Crawlers. James e Arthur Ingoldsby criaram os kits de cultivação de cristais, o Magic Rocks. Joseph McVicker, trabalhando na Kutol Chemicals em Ohio, criou um limpador não tóxico e seguro para limpar a parede, fácil de modelar e manipular. Quando McVicker ouviu uma professora da vizinhança reclamar que era difícil para as crianças esculpirem na argila, ele lhe deu uma caixa de seu produto. Foi tão popular que pedidos começaram a chegar de todas as escolas da região de Cincinnati. Desde 1956, mais de dois bilhões de latas de Play-Doh foram vendidas, para a diversão das crianças.[4] A disrupção de Hodgson com sua Silly Putty criou toda uma categoria de brinquedos com partes que se mantêm grudadas que existe ainda hoje, como a Brookstone's Sand [no Brasil, vendida como Areia Mágica de Modelar], mas que não está mais nas mãos das crianças.

Pesquisas que foram convertidas em grandes lucros por disruptivos não são exclusivas da química e da criação de novas substâncias estranhas — mesmo na indústria dos brinquedos. Richard James foi o engenheiro naval responsável pela criação de um medidor suspenso para monitorar a potência de navios de guerra. Ao trabalhar no aparelho, ele acidentalmente derrubou uma mola de tensão no chão e ficou surpreso ao ver como um movimento oscilatório simples fez a mola continuar a se mover. Sua esposa, Betty, chamou o brinquedo de Slinky [no Brasil, comercializado como Mola Maluca]. James pegou US$500 emprestados e fabricou quatrocentas unidades em uma loja local. Apesar de lindamente embrulhada, a Slinky não vendeu sem uma demonstração. A loja de departamento Gimbels, da Filadélfia, permitiu que James montasse uma rampa e ele vendeu as quatrocentas unidades em noventa minutos. Mais de trezentas milhões de unidades de Slinkys já foram vendidas até hoje, e o brinquedo continua a ser um sucesso de vendas contínuo.[5]

Para os propósitos deste livro, as histórias de sucesso na indústria de brinquedos através da disrupção ao elo de pesquisa e desenvolvimento são um bom exemplo, porque nelas a ciência passa a ser tida como algo acessível e compreensível. A lição, entretanto, se estende às pesquisas em medicina, ligas de metal, eletrônicos, matéria-prima, detergentes, cosméticos e muitas outras. A disrupção não está na categoria que você cria, mas no ato de alavancar um investimento feito por outros em uma empresa lucrativa. Slinkys e Silly Putty não eram tecnologias disruptivas, mas seus "inventores" ganharam dinheiro ao causarem a disrupção com a pesquisa e desenvolvimento de outros. Hodgson e seus colegas procuravam por algo para vender e usaram os investimentos financeiros dos outros em vez de começar do zero. A disrupção pode ser uma consequência da reutilização, readaptação e reciclagem da P&D dos outros para chegar a novos produtos, em categorias nunca imaginadas por seus criadores.

> *A disrupção pode ser uma consequência da reutilização, readaptação e reciclagem da P&D dos outros para chegar a novos produtos, em categorias nunca imaginadas por seus criadores.*

COMO A INTERNET TRANSFORMOU A P&D

O que Hodgson, James e McVicker conseguiram fazer pode ser replicado com grande facilidade pelo disruptivo de hoje graças à internet e à pesquisa de código aberto (*open-source*). Centenas de laboratórios governamentais e universitários compartilham suas descobertas com o código aberto em uma tentativa de promover o acesso universal a seu trabalho. No Stevens Center for Innovation da Faculdade do Sul da Califórnia, de cuja diretoria eu tive o privilégio de participar, uma equipe inteira se dedica a transferir tecnologias de pesquisas universitárias ao setor privado. Os empreendedores que vasculham esses recursos criam empresas com base em softwares de código aberto, pesquisas médicas, engenharia robótica e até bebidas. Nos últimos anos, dezenas de pequenas empresas surgiram e começaram a ganhar milhões no espaço de código aberto. A Adafruit usa tecnologia de código aberto para permitir que seus mais de 350.000 consumidores desenvolvam jammers [bloqueadores de sinal] de celular.[6] A Bug Labs disponibilizou o código aberto de computadores que se interligam como um Lego. Em 2010, o editor-chefe da revista *Wired*, Chris Anderson, lançou uma empresa de código aberto focada na criação de drones militares e rapidamente gerou mais de US$1 milhão em vendas.[7] O laboratório inteligentemente chamado Evil Mad Scientist Labs [Laboratórios dos Cientistas Malvados e Loucos, em tradução livre] cria impressoras 3-D de código aberto que "imprimem" em açúcar caramelizado. O movimento "código aberto" cresce tão rapidamente que uma revendedora de eletrônicos em Boulder, Colorado, chamada SparkFun, adotou a tecnologia de código aberto logo no começo e agora emprega mais de 140 pessoas e fatura mais de US$10 milhões em vendas.[8] Todos os empreendedores têm acesso a essas pesquisas. Bilhões de dólares em pesquisas estão inativos nas universidades norte-americanas, esperando que o disruptivo certo apareça e crie uma empresa. Algumas instituições de pesquisa demandam licenças e royalties, enquanto outras permitem que suas inovações tenham o código aberto. Essa abordagem de compartilhar inovações está se espalhando pelo mundo.

> Bilhões de dólares em pesquisas estão inativos nas universidades norte-americanas, esperando que o disruptivo certo apareça e crie uma empresa.

Um dos produtos mais incomuns a ter o código aberto disponibilizado é a Blowfly Beer. A cervejaria australiana Brewtopia abre o código de todos os aspectos de sua produção de cerveja, desde o gosto até a embalagem, e dá ações da empresa àqueles que participam do desenvolvimento do produto. Liam Mulhall e seus dois amigos queriam abrir uma microcervejaria como as que viram nos Estados Unidos. Infelizmente, os três sócios não sabiam como produzir cerveja nem comercializá-la. Então eles se voltaram para a sabedoria das multidões. Pediram às suas famílias e amigos, por volta de 140 pessoas, para se inscreverem em seu site. Toda semana, abriam enquetes para seus seguidores, com perguntas sobre todos os aspectos do processo: logo, formato da garrafa, design das camisetas e assim por diante. Mais que isso, por participarem da criação da Blowfly, cada membro do site ganhou um pacote de seis cervejas e uma parte das ações quando a empresa foi aberta. A campanha "código aberto" funcionou. No período de treze semanas, sua lista de membros subiu para 13 mil e a distribuição no lançamento alcançou 28 bares em Brisbane, três em Melbourne e três em Sidney. A lista de membros também criou demanda por e-mail, que representa 50% de seus negócios.[9]

Em uma frente mais filantrópica, a Open Source Drug Discovery for Malaria Consortium é uma colaboração entre cientistas, médicos e pesquisadores do mundo todo que trabalham no desenvolvimento farmacêutico para lutar contra várias doenças tropicais letais (para ler mais sobre colaboração coletiva — ou "crowdsourcing", em inglês —, veja o capítulo 15).

De todos os centros de pesquisa e desenvolvimento administrados pelo governo norte-americano, a National Aeronautics and Space Administration (NASA) é a mais próxima do público. A NASA encoraja que empreendedores comercializem suas descobertas. Só na última década, os subprodutos da tecnologia da NASA criaram mais de 14 mil empregos no setor privado e geraram mais de US$5 bilhões em receitas.[10] Dispositivos médicos implantáveis, câmeras minúsculas de celular e até produtos de chá *kombucha* foram produzidos a partir das pesquisas bancadas pela NASA. Empresas como Rackspace, GreenField Solar e Locus Energy converteram as descobertas da NASA em um mecanismo de crescimento econômico para seus negócios.

Dois dos subprodutos tecnológicos mais famosos da NASA podem ser encontrados em milhares de casas ao redor do mundo. Quando a Black & Decker, uma empreiteira do governo, precisou criar uma furadeira autônoma capaz de extrair amostras de partículas lunares para o programa Apollo, ninguém imaginou que a furadeira criada por computador, com motor de baixa potência seria a origem do miniaspirador de pó sem fio que nós todos conhecemos como *Dustbuster*. O trabalho do Ames Research Center da NASA para melhorar as almofadas de aviões resultou na matriz de espuma de polímero com uma estrutura de célula aberta, que permite que ela volte lentamente à forma original. Hoje, a criação é conhecida como viscoelástico, e é a tecnologia por trás do colchão Tempur Pedic. A página de subprodutos da NASA rastreia mais de 1600 produtos que foram criados por empreendedores privados desde 1976.[11]

Diante dos bilhões de dólares em patentes governamentais e universitárias que não estão sendo usadas, três doutorandos perceberam que havia a necessidade de um site para colaboração coletiva dedicado à comercialização da ciência. Em 2012, Daniel Perez, Mehmet Fidanboylu e Gabriel Mecklenburg fundaram a Marblar — um lugar em que inventores do mundo todo podem exibir suas patentes e colaborar lucrativamente com mentes criativas de todas as disciplinas e níveis de experiência. Ainda que eles se refiram à sua empresa como um playground criativo que "entende a promessa da ciência", a NASA e outros centros de pesquisa já notaram seu conceito disruptivo.

Para acelerar a transferência tecnológica e o desenvolvimento comercial, a NASA se juntou à Marblar para fornecer aos empreendedores a oportunidade de lucrar com pesquisas governamentais. Esse programa conjunto permite a colaboração coletiva em produtos de quarenta patentes da NASA. Ao disponibilizar suas descobertas à comunidade global, a NASA acredita que produtos comerciais transformativos serão criados. "A colaboração coletiva permitiu que a NASA utilizasse mais que ideias e soluções comuns para resolver suas necessidades", disse Jenn Gustetic, do Prizes and Challenges Program da NASA, ao anunciar o programa. "Procurar por inovadores em muitas áreas através da colaboração coletiva online pode ser o estilo do século XXI que a NASA usará para expandir o alcance de seu portfólio tecnológico para comercialização e direitos de uso na Terra".[12]

Além da NASA, a Marblar libera o equivalente a mais de US$500 milhões em patentes das maiores instituições de pesquisa, como a University of Pennsylvania e o Electronics and Telecommunications Research Institute (ETRI). Qualquer um pode acessar as tecnologias na Marblar e participar de seu desenvolvimento — desde o conceito inicial até a pesquisa de mercado e viabilidade técnica. Quanto maior for a participação em um projeto, maior será o número de "marbles" ganhos. Os marbles são a moeda do site, que determina a propriedade final e o lucro de participação na nova oportunidade de negócio a ser criada. Em maio de 2014, a Samsung lançou o protótipo de um monitor de saúde vestível, baseado em sensores pessoais flexíveis desenvolvidos pela Marblar. Chamado de Simband, o smartwatch da Samsung monitora a frequência cardíaca, a pressão sanguínea e a eletrocardiografia em tempo real e, em um futuro próximo, poderá prever um ataque cardíaco.[13]

USE A COLABORAÇÃO COLETIVA EM SUA PESQUISA

Ativar descobertas científicas dormentes é apenas um jeito de ser disruptivo ao elo de pesquisa da cadeia de valor. Outro método é usar a colaboração coletiva na sua pesquisa antes que alguém prove a ideia.

Para aqueles sem experiência em ciência, o Quirky ajuda qualquer um que tenha uma ideia básica para um produto a promover uma colaboração coletiva em toda a cadeia de valor, desde P&D e fabricação até vendas e marketing. Ao canalizar as habilidades de seu meio milhão de membros, o Quirky fornece ao empreendedor uma equipe dedicada a colocar a melhor ideia no mercado o mais rápido possível.

Jake Zien, um designer de vinte e quatro anos, é a típica história de sucesso no Quirky. Zien identificou um problema simples, que a maioria de nós enfrenta nesse mundo excessivamente conectado: como ligar todos os nossos aparelhos em uma única extensão. Cansado de ficar embaixo da mesa, tentando reorganizar vários carregadores, Zien idealizou uma extensão com dobradiças, que se dobrariam para acomodar carregadores grandes. Com a ajuda de mais de setecentos membros do Quirky, muitos dos quais Zien não conhecia, a extensão Pivot Power foi criada. Mais de 750.000 unidades foram logo vendidas. Depois de dividir os lucros com o Quirky e os membros, Zien está a caminho de faturar mais de US$1 milhão no primeiro ano de sua ideia.[14] Um ano, uma ideia e o poder da colaboração coletiva, e um disruptivo ganha um milhão de dólares.

"Foi o Quirky que fez a maior parte do trabalho, e vejo o sucesso do produto como uma combinação 'perfeita' de fatores, como o momento em que eu apresentei a minha ideia, e não como o resultado da qualidade da proposta", diz Zien.[15]

Das milhares de ideias enviadas ao site da empresa todas as semanas, o Quirky desenvolve apenas três ou quatro. Os membros decidem quais produtos serão desenvolvidos. A abrangência de produtos criados pelo Quirky realmente combina com seu nome. Desde um borrifador de limão que tira o suco direto da fruta e um separador de ovos por pressão para a cozinha até um canivete personalizável, os produtos do Quirky podem ser encontrados em gigantes do varejo como Target, Bed Bath & Beyond e Best Buy. O Quirky é a invenção do empreendedor em série Ben Kaufman, o fundador e CEO da empresa.

Em vez de ir para a faculdade, Ben convenceu seus pais a fazerem uma segunda hipoteca da casa para financiar sua primeira empresa, Mophie. Fabricante de acessórios para o iPod e o iPhone, a Mophie foi tão bem-sucedida que a revista *Inc.* elegeu Kaufman o melhor empreendedor com menos de trinta anos — quando ele tinha apenas vinte anos.[16] Hoje, centenas de produtos da Quirky são vendidos em mais de trinta e cinco mil lojas e geraram mais de US$50 milhões em vendas em 2013.[17] Graças à velocidade e à eficiência da colaboração coletiva para a pesquisa e desenvolvimento, Kaufman levou o desenvolvimento disruptivo a um nível mais alto.

A General Electric, uma das empresas mais antigas e tradicionais dos Estados Unidos, reconheceu o potencial de lucro nas parcerias com startups inovadoras como o Quirky. Em 2013, a GE se juntou ao Quirky, cujos membros passaram a ter acesso à vasta biblioteca de patentes da GE. Um dos primeiros produtos desenvolvidos pelas duas empresas foi o Egg Minder, um aparelho ativado por celular que avisa o consumidor quando os ovos em sua geladeira estão prestes a estragar. O Egg Minder, lançado com um preço de revenda sugerido de US$79,99, foi comercializado pela GE como um dos primeiros produtos domésticos da "Internet das Coisas".

Ser disruptivo ao elo de pesquisa e desenvolvimento não significa, necessariamente, inventar algo novo. Em vez disso, um disruptivo bem informado saberá imaginar novos propósitos para os produtos criados por outras pessoas para abrir novas oportunidades de lucro. Como os disruptivos deste capítulo provaram, os investimentos dos outros sempre podem ser alavancados por aqueles que conseguem ir além da visão científica original. Para ser bem-sucedido invista na habilidade de analisar esses bilhões de dólares em pesquisas com uma nova perspectiva. E agora, graças ao mundo conectado da colaboração coletiva, qualquer um pode montar rapidamente uma equipe de baixo custo para ajudar a levar suas descobertas ao mercado.

> O disruptivo bem informado entenderá como imaginar novos propósitos para os produtos criados por outros abrirá novas oportunidades de lucro.

Capítulo Dez

Design: A Disrupção Por Meio da Estética

O design é onde a ciência e a arte se encontram.
—Robin Mathew

Você acha que consegue melhorar algo que já existe? Então, está pronto para ser disruptivo com o elo de design da cadeia de valor. Michael Kors, Kate Spade e Tory Burch não inventaram a bolsa. A Nike e a Converse não inventaram o tênis de corrida. Ao contrário dos inovadores que tentam causar a disrupção através de pesquisa e desenvolvimento e que precisam de uma forma nova para apresentar algo inédito ao mercado, ser disruptivo consiste na arte de simplesmente construir algo melhor. A maioria dos empreendedores iniciantes acredita que precisa inventar algo melhor. Tantos empreendedores já tentaram "construir uma ratoeira melhor" que o Escritório de Patentes e Marcas dos Estados Unidos emitiu mais de 4400 patentes para ratoeiras.[1] Quando nosso mundo era dominado por empresas manufatureiras, inovação significava inventar algum aparelho novo ou desenvolver uma forma de produzir algo já existente com um melhor custo-benefício. Contudo, em nosso mundo de mercados de massa interligados, até a menor das mudanças no design e na eficiência da fabricação pode trazer retornos bilionários. Quando a Nestlé Waters North America, fabricante das águas engarrafadas Arrowhead, Poland Springs e Deer Park, reformulou suas garrafas para que a fabricação só exigisse metade da resina usada até então, a empresa não só economizou milhões de dólares nos vinte bilhões de garrafas que produzia todos os anos, como também reduziu sua emissão de carbono em 55%.[2] Muitas vezes, a verdadeira disrupção não vem de mudanças no produto em si, mas de inovações na embalagem. Ser disruptivo ao design é o resultado de identificar problemas para os quais os outros ainda não definiram uma solução, como acontece com qualquer disrupção.

> No nosso mundo de mercados em massa interligados, até a menor das mudanças no design e na eficiência de fabricação pode trazer resultados bilionários.

Quando eu era adolescente, o óleo de motor vinha em cilindros enormes. As chapinhas e os fundos dessas latas pesadas eram ligados por bordas de papelão barato. Esse foi o único jeito de comprar óleo para seu carro por quase meio século. Para abrir, era preciso pressionar violentamente um tubo afiado de metal de vinte centímetros contra a lata e derramar a maior parte do conteúdo em seu motor. Inevitavelmente, sua mão escorregava no óleo e você acabava se machucando, enquanto o óleo pingava no bloco do motor e em suas mãos e pés. Se você precisasse de mais uma lata, teria que tirar o tubo afiado e escorregadio e segurar outro cilindro com firmeza em suas mãos encharcadas de óleo para voltar a furá-lo. Todos os donos de carros e todos os funcionários de postos de gasolina usavam esse mesmo método ridículo ao transferir óleo da lata para o motor. Embora todos os óleos de motor tenham a mesma composição, a Quaker State — a líder do mercado norte-americano — tinha uma vantagem de fabricação. Sua fábrica tinha o maior e mais avançado sistema de enlatamento do mundo. Por ter investido milhões em produção, a empresa conseguia produzir mais latas por hora que seus três maiores concorrentes juntos. Apesar de reduzir substancialmente o custo do óleo por unidade, seu enorme investimento em equipamentos para enlatar limitava a empresa a uma embalagem predeterminada. A Quaker State gastou milhões de dólares para comprar sua vantagem competitiva no modo de produção.

Eu acho que alguém da Pennzoil deve ter assistido ao filme *A Primeira Noite de um Homem*. (Para quem não assistiu a um dos melhores filmes do século XX, a obra conta a história de um jovem recém-formado chamado Benjamin Braddock, interpretado por Dustin Hoffman, que recebe o seguinte conselho de um amigo de seus pais sobre como ganhar dinheiro no mundo dos negócios: "Eu só quero dizer uma palavra para você. Uma só... Está prestando atenção? Plástico.") Incapaz de competir no mundo de latas de papelão e estanho, a Pennzoil projetou uma garrafa de plástico em 1984. A produção da garrafa era mais barata e mais fácil de manusear. Era só soltar a tampa e colocar o óleo no motor. A garrafa tinha um formato de injeção e era feita de plástico amarelo, que se destacava ousadamente nas prateleiras das lojas. Apesar de a embalagem nova e mais barata da Pennzoil ter aumentado sua margem de lucro, ela foi recebida com resistência pelos postos de gasolina e concessionárias por não ser fácil colocá-la nas prateleiras com as embalagens dos concorrentes. A Pennzoil agregou a opinião dos revendedores e a dos consumidores a fim de continuar a inovar e refinar sua embalagem. Ela estava determinada a causar a disrupção do mercado com um design inovador para a embalagem.

Em 1986, a Pennzoil abriu sua reunião nacional de vendas revelando uma versão inflável de quinze metros de altura de sua nova garrafa, com o slogan de vendas *"The Challenge of Change"* ["O desafio da mudança", em tradução livre]. Não era mentira: para a geração passada, uma garrafa de plástico era uma verdadeira inovação nos negócios norte-americanos. Os designers da Pennzoil precisaram redesenhar as garrafas, dando-lhes uma forma retangular, já que a empresa lutava por um espaço limitado nas prateleiras e as lojas tinham milhares de itens em estoque para colocar nelas. Com as novas garrafas, parecidas com as atuais, os revendedores conseguiram colocar o dobro de garrafas no mesmo espaço usado pelas latas redondas. Por ser muito compacto, a Pennzoil apresentou um galão de vinte litros que os consumidores podiam colocar em seus caminhões. Em vez de fazer um estoque de doze latas, os consumidores passaram a comprar o dobro. As vendas da garrafa de plástico retangular dispararam. Baseando-se apenas em seu design inovador, a Pennzoil foi disruptiva com o mercado e logo se transformou na marca de óleo de motor mais vendida dos Estados Unidos — sem reinventar o produto nem mudar seu preço. Em 1998, a empresa que apresentou a nova garrafa de plástico retangular assumiu a liderança, dominou o mercado e fundiu-se com sua maior concorrente, a Quaker State, formando a Pennzoil–Quaker State.[3]

Por mais que a garrafa plástica para o óleo de motor pareça uma melhoria óbvia, ela só aconteceu vinte anos depois de o xampu ter feito essa troca, abandonando as garrafas de vidro. É difícil imaginar que, em meados da década de 1960, os xampus eram vendidos em garrafas de vidro, ainda mais agora que todos os produtos vêm com avisos legais e os restaurantes de fast-food são processados por servir café quente. Quando eu era criança, morria de medo de derrubar o frasco de xampu. Cobertos de espuma e escorregadios, os frascos eram constantemente derrubados durante o banho e quebravam-se em milhares de pedacinhos indistinguíveis das gotas de água. Milhares de consumidores se cortavam todos os anos ao tentar recolher os pedaços. A marca Prell foi a primeira a adotar uma embalagem de plástico e usou comerciais de televisão para ilustrar o que acontecia quando seu frasco caía no chão durante o banho.

Esses exemplos básicos de embalagens podem nos ensinar duas importantes lições para o século XXI. Primeira, como a Quaker State descobriu, não há dinheiro que compre uma vantagem competitiva em longo prazo. De acordo com Peter Senge, diretor da Society for Organizational Learning, na Sloan School of Management do MIT, "a única vantagem competitiva sustentável é a capacidade que uma empresa tem de aprender mais rápido que suas concorrentes".[4] Investir a maior parte de seu capital em tecnologia — no caso da Quaker State, na produção de lata e papelão — forçou a empresa a amortizar esse investimento em longo prazo. A empresa não destinou recursos adicionais às novas áreas de vantagem competitiva.

E a segunda lição é que, frequentemente, a solução para um problema em uma determinada área já existe em uma área diferente. O caminho mais seguro para encontrar uma maneira de ser disruptivo à cadeia de valor existente é procurar além de sua área e aplicar percepções transformativas de outras empresas. Se o executivo da Quaker State usasse o xampu da Prell, talvez ele tivesse percebido que o design da embalagem poderia ter salvo a empresa.

A DISRUPÇÃO DO DESIGN ATRAVÉS DO BRANDING

Ser disruptivo ao design pode ser tão simples quanto se valer dos componentes do branding [gestão de marca] do produto para um mercado e aplicá-lo a outro. Em vez de focar o que é novo em seu produto melhorado, reinvente o conceito dele. Potencialize uma marca existente para aproveitar o relacionamento já estabelecido entre os consumidores e os produtos existentes que compartilham a identidade da marca. Frequentemente chamado de extensão da marca, esse é um modo simples de ser disruptivo em uma categoria através do design. Quando feito do jeito certo, observamos o sucesso de produtos como Reese's Peanut Butter e Chocolate Dessert Bar Mix e a pasta de dente Arm & Hammer Advance White. Esses novos produtos são conhecidos pelos consumidores em virtude da confiança e da reputação da afiliação de marca. Os novos produtos capitalizam em cima da reputação da marca e são logo percebidos nas prateleiras. Quando o filho de Deepak Chopra, Gotham, quis lançar uma nova linha de histórias em quadrinhos em uma área já saturada de editoras, ele licenciou uma marca registrada já associada à criatividade graças a Sir Richard Branson, chamando sua empresa de Virgin Comics. A distribuição e as vendas da jovem editora foram rápidas, porque a base de consumo se identificava com a imagem rebelde da empresa. Branson já licenciou sua marca registrada várias vezes, aceitando tudo, de Virgin Cola a Virgin Brides.

> Ser disruptivo ao design pode ser tão simples quanto usar o branding do produto de um mercado e aplicá-lo a outro.

David Aaker, o criador da Aaker Model, passou mais de vinte anos estudando e escrevendo sobre o valor estabelecido pela equidade da marca [em inglês, "brand equity"; refere-se ao valor agregado a um bem ou serviço pelo "poder" de uma marca]. Sua pesquisa prova que, quando um produto novo se aproveita de uma marca já estabelecida para entrar no mercado, ele se beneficia de custos de marketing reduzidos. É uma estratégia que leva segurança aos possíveis consumidores para quem a marca original é familiar e que imediatamente associam o produto à qualidade. "A estratégia de marca é, por vezes, crucial para a possibilidade de uma inovação virar realidade", escreveu Aaker. "Há momentos em que você literalmente precisa de uma marca, ou acabará perdendo a inovação."[5]

Quando as associações de marca são mal feitas, entretanto, temos ideias insanamente ruins, como a Colgate's Kitchen Entrees (um jantar com gosto de pasta de dente?), Frito Lay Lemonade [Frito Lay é marca de salgadinhos, e os consumidores não associaram tais produtos com uma bebida adocicada] e o meu favorito, a Bic Underwear [os consumidores não relacionavam os produtos da Bic com roupas de baixo]. Quando a Harley-Davidson tentou lançar uma linha de perfumes, me perguntei quem iria querer ter o cheiro de uma motocicleta. O segredo é disponibilizar a licença ou fechar negócio com a marca certa, uma que permita que você leve a disrupção à categoria e conquiste a participação no mercado. Por trás das extensões de marcas de sucesso, há um princípio fundamental: explorar as opiniões dos consumidores sobre a marca e adaptar seu produto às características associadas a ela. Para os consumidores, a ESPN é sinônimo de esportes, do mesmo jeito que a Heinz lembra ketchup; então faz sentido que a ESPN tenha uma revista de esportes e que a Heinz fabrique temperos.

Foi ainda no início da minha carreira que aprendi o valor da parceria e o poder de alavancar o reconhecimento de uma marca para lançar um produto novo. Em 1993, minha empresa de software, a Jasmine Multimedia Publishing, tinha menos de doze funcionários e nenhuma das conexões necessárias para ir mais longe. Eu tinha levantado alguns milhares de dólares com CD-ROMs, e nossos produtos ganharam prêmios e eram usados por incontáveis empresas, mas eu sonhava em criar títulos que vendessem milhões de cópias. Minha grande chance veio quando descobri uma forma de contratar um bilionário e alguns astros do rock sem gastar nenhum centavo.

Fundei a Jasmine para criar uma nova forma de entretenimento que combinasse a interatividade do computador pessoal com o vídeo imersivo. Publicávamos vídeos interativos que saltavam de uma cena a outra, criando uma nova experiência narrativa. Nos primórdios dos computadores, esse era um trabalho revolucionário, mas eu sabia que podíamos fazer mais. Eu queria que as pessoas pudessem entrar em cada um dos *frames* e jogassem com a imagem em si. Na época, os jogos de PC tinham gráficos 2-D simplistas, com uma seleção limitada de efeitos sonoros. Eu imaginava como seria criar jogos verdadeiramente imersivos e interativos, que os usuários pudessem jogar em seus computadores.

A Jasmine trabalhou com a Microsoft para desenvolver um vídeo para o Windows (que a Microsoft lançou como um produto de logotipo duplo, com nosso nome *orgulhosamente* quase invisível). Descobrimos que podíamos cortar as imagens em movimento de um vídeo e colocá-las em uma grade quadriculada para, então, mover os pedaços individuais. Enquanto os pequenos quadrados se mexem pela grade, cada parte continua rodando a trinta quadros por segundo. Quando cortamos um vídeo em uma grade de cinco por cinco, remontar esse vídeo de vinte e cinco partes oferecia um jogo bastante desafiador. Quanto menor fosse o vídeo, menos tempo você teria para resolver o quebra-cabeça. Se você precisasse editar muito o vídeo, teria que correr contra o tempo. Em 1993, no auge da MTV e do videoclipe, não demoramos a perceber que o jogo de quebra-cabeça dos videoclipes seria um sucesso tremendo. Se conseguíssemos as melhores bandas e montássemos os melhores videoclipes, teríamos o jogo de maior sucesso da história da nossa empresa. Havia apenas dois obstáculos pequenos: eu não conhecia ninguém na indústria das gravadoras e não tinha dinheiro para pagar pela participação das bandas.

Essa ideia para um jogo com videoclipes aconteceu uma década antes do *Guitar Hero*. Lá na década de 1990, a indústria do videogame e o mundo do rock não tinham nada em comum. Os videogames faziam barulhinhos eletrônicos como bip, blip e bóinc, e as gravadoras não tinham departamentos de licenciamento que soubessem como negociar para que seus artistas aparecessem em um jogo. E, ainda que encontrássemos uma banda ou gravadora que nos permitisse usar um videoclipe para produzir nosso primeiro jogo, demoraria anos até ser possível contratar verdadeiros astros do rock ou negociar com as gravadoras. Mesmo que resolvêssemos todos esses problemas empresariais, não havia nem um milhão de casas norte-americanas com um computador pessoal com velocidade e memória suficientes para rodar nosso jogo.

Percebi que precisava encontrar uma forma de usar minha grande ideia para resolver o problema de alguém. A indústria da computação precisava vender mais computadores. A Microsoft precisava que mais consumidores usassem seu sistema operacional. Já que nossa tecnologia funcionava apenas no Windows, nosso jogo transformaria a nova tecnologia de vídeo da Microsoft em algo descolado. Eu me dei conta de que era assim que eu conseguiria a ajuda de Bill Gates. Eu tinha desenvolvido algo que beneficiaria ele, sua empresa e a indústria inteira. Então, mandei um e-mail a Gates, perguntando se ele escreveria uma carta de apresentação para mim, endereçada ao magnata da música, David Geffen. Nesse momento da minha carreira, eu ainda não havia conhecido Bill Gates, mas não tinha nada a perder, e a Microsoft tinha muito a ganhar. Preciso dizer que existiram vários heróis na Microsoft que apoiaram nossa causa, incluindo uma gerente-geral de multimídia muito persuasiva chamada Melinda French. Sem que eu soubesse na época, Melinda namorava Bill e se casaria com ele no ano seguinte. Tive sorte, e a sorte tem um grande papel no sucesso. Mas como diz o ditado: "Quanto mais trabalho, mais sorte tenho." Gates graciosamente mandou uma carta de apresentação a David Geffen e me encaminhou uma cópia.

> *"Quanto mais trabalho, mais sorte tenho".*

Como você pode imaginar, quando o homem mais rico do mundo manda uma carta sugerindo que você conheça alguém, você aceita a reunião — mesmo que você também seja um bilionário. Em pouco tempo, eu tinha uma reunião marcada na agenda de Geffen. Ele tinha aberto sua primeira gravadora, a Asylum Records, em 1970. Ele contratou Jackson Browne, os Eagles, Joni Mitchell e Linda Ronstadt e era dono do som californiano criado na década de 1970. Uma década depois, ele fundou a Geffen Records, que lançaria álbuns de John Lennon, Guns N' Roses, Sir Elton John e Cher. Geffen foi a primeira pessoa da história (Sir Richard Branson foi a segunda) a vender uma gravadora por mais de US$1 bilhão. David estava no auge de sua carreira quando aceitou marcar uma reunião comigo. Mas, até então, ele nunca tinha usado um computador nem jogado videogames.

Não sou do tipo ansioso. Por fora, eu trato garçons, bilionários, carteiros e o papa do mesmo jeito. Como minha mãe dizia: "Todos colocam um sapato de cada vez." Mas, por dentro, estava uma agitação só. Essa era uma daquelas reuniões que acontecem uma vez na vida. Se eu estragasse tudo, não poderia voltar a procurar Bill Gates para pedir outra carta. Era meu momento decisivo. Eu tinha uma versão demo do jogo. Vesti minha melhor gravata e meu melhor terno (para ser honesto, acho que era meu único terno). Na manhã da reunião, meu sócio Lenny Lebowitz e eu fomos até o escritório de Geffen na Sunset. A reunião estava a todo vapor quando notei que Lenny olhava para meus sapatos. Continuei minha demonstração, mas vi que Lenny tinha uma expressão estranha. Quando finalmente olhei para baixo, descobri que usava dois sapatos diferentes. Devido ao meu nervosismo ao me vestir pela manhã, acabei calçando um sapato com cadarço e outro sem!

Eu tinha levado o cartaz de um dos nossos distribuidores, mostrando que a Jasmine Multimedia Publishing tinha produzido sete dos dez CD--ROMs mais vendidos do país. Na nossa perspectiva, éramos para a indústria de computadores o que a Geffen Records tinha sido para a indústria da música: uma startup pequena e corajosa, que roubava o show dos grandões. Fiz uma oferta a Geffen: sem que ele precisasse investir ou correr qualquer risco financeiro, ele seria o dono de 50% do que acreditávamos que seria nosso título mais vendido. Eu arcaria com todos os gastos e assumiria todos os riscos, enquanto ele ganharia metade dos lucros. Isso chamou sua atenção. Tudo o que eu queria em troca eram dez videoclipes para colocar no nosso jogo. Minha oferta, entretanto, tinha uma condição: os videoclipes não podiam ser todos de artistas da Geffen Records. Para que nosso jogo fosse um sucesso, eu precisava dos dez maiores artistas de toda a indústria da música. Foi preciso muita coragem para falar ao homem mais bem-sucedido de toda a história da música que a lista de talentos da gravadora dele não era o bastante para nosso jogo, mas eu só tinha uma chance e decidi que era tudo ou nada. Quer Geffen entendesse ou não de softwares de computadores, ele sabia o que era preciso para fazer sucesso. Se ele ia ser dono de metade do jogo, também ia querer que os maiores artistas do mundo fizessem parte dele. Como dizem em *O Poderoso Chefão:* eu "fiz uma proposta que ele não poderia recusar". Assim como fiz com Bill Gates, transformei o sucesso do meu produto em algo importante para David Geffen e para a indústria da música. Conseguimos provar que o videogame podia ser uma nova fonte de renda para os artistas, e David Geffen quis ser o primeiro a se abrir para esse novo fluxo de receitas.

Geffen e eu fechamos negócio. Na realidade, não abri mão de nada. Sem esses videoclipes, eu não tinha um produto. Não foi preciso pensar muito para dar 50% do nosso possível lucro a Geffen — 100% de nada é nada, mas

50% de alguma coisa pode valer milhões. Eu me prendi com veemência à crença de que preferia ser dono da metade do Oceano Pacífico a ser dono de todo o Lago Erie.

> 100% de nada é nada, mas 50% de alguma coisa pode valer milhões. Preferia ser dono da metade do Oceano Pacífico a ser dono de todo o Lago Erie.

Para convencer os artistas e seus empresários a aprovarem o jogo, fiz demonstrações para as bandas e seus empresários. Steven Tyler e Joe Perry gostaram tanto do jogo que concordaram em fazer de graça o comercial para a televisão. Pode ter sido apenas um marketing inteligente para expor mais ainda seu novo videoclipe, *Cryin'*, mas para mim foi incrivelmente generoso.

Procurar outros artistas para o jogo foi um grande desafio. Sempre que eu ficava sabendo que um artista — ou seu empresário — estava em Los Angeles, eu os encontrava para demonstrar o jogo. Um burburinho cresceu em volta do jogo e os empresários queriam colocar suas bandas nele, mas acabou vazando que a tecnologia de compressão de CD só aguentava dez vídeos. Com pouco espaço sobrando, uma empresária estava tão determinada a colocar sua banda no jogo que foi pessoalmente ao nosso escritório em Van Nuys para entregar o videoclipe. Sharon Osbourne me entregou pessoalmente a fita mestra de *No More Tears*, garantindo um lugar no jogo para seu marido, Ozzy.

Na época, o Soundgarden, que tinha acabado de lançar *Superunknown*, era a banda mais badalada, e fiquei sabendo que seria ótimo tê-los no jogo junto do Nirvana. Colocar um pouco de *grunge* garantiria que os jogadores iam amar o produto. O pessoal da Geffen me avisou que o Soundgarden estava gravando um novo videoclipe na A&M de Hollywood e que eu poderia mostrar o jogo para eles durante o intervalo. Nunca gostei muito do grunge/rock alternativo popularizado pelo *Nevermind* do Nirvana e pelo *Ten* do Pearl Jam. De fato, antes de ir para o outro lado da cidade, eu nunca nem tinha ouvido falar do Soundgarden. No entanto, quando as pessoas mais descoladas das gravadoras mais descoladas dizem que o Soundgarden é a banda que você quer, pode acreditar nisso.

Fui ao palco com um computador enorme e um monitor CRT de dezessete polegadas, um mouse, um amplificador externo, um subwoofer da Bose e alto-falantes. Como o segurança me fez estacionar do outro lado do prédio, longe do palco, precisei fazer várias viagens para montar o computador. Felizmente, um jovem que estava perto do palco se ofereceu para carregar todo meu equipamento, para que eu pudesse montá-lo. Eu queria ter certeza de que o jogo teria imagens e sons incríveis. O jovem parecia entender um pouco de computadores e foi tão prestativo que deixei que ele jogasse enquanto esperávamos pela banda. Ele ficou entretido com o jogo, subindo de nível rapidamente, e eu olhava para meu relógio, ansioso. A banda chegaria a qualquer momento, e ele já estava jogando havia vinte minutos. Educadamente, agradeci por sua ajuda, mas pedi que fosse embora, porque eu precisava me preparar para quando a banda chegasse. Ele me disse que tinha gostado muito do nosso jogo, mas que entendia e foi embora, sorrindo. Nem cinco minutos depois, ele voltou com vários outros rapazes e se apresentou. "Sou o Chris Cornell", disse ele, "e nós somos o Soundgarden".

Demos o nome de *Vid Grid* ao jogo, e Geffen cumpriu sua parte do acordo. Quando mandamos o jogo para as lojas alguns meses depois, ele contava com os videoclipes do Metallica, Aerosmith, Guns N' Roses, Soundgarden, Jimi Hendrix, Peter Gabriel, Van Halen, Ozzy Osbourne, Red Hot Chili Peppers e Nirvana (depois do suicídio de Kurt Cobain, decidimos colocar *Smells Like Teen Spirit* como um nível bônus escondido, para não lucrar em cima da sua morte). O Vid Grid foi lançado na Comdex, recebendo críticas entusiasmadas e chamando mais atenção da mídia do que podíamos sonhar. Ganhamos inúmeros prêmios e criamos esse relacionamento entre a música e os jogos que existe até hoje. Com a melhora dos computadores e dos consoles de videogames, mais jogos passaram a ter uma trilha sonora de verdade. A pequena empresa que eu havia começado com apenas uma caixa de cartões de visita ganhou seu lugar na liga nacional. Depois de mais de doze anos na área, eu finalmente havia me transformado em um sucesso da noite para o dia.

Não é viável que todas as empresas procurem por todos os nichos de mercado, mas há muitas marcas de confiança que podem ser licenciadas por empreendedores que lançam novos produtos ou categorias. Com parcerias e licenciamentos, os disruptivos podem economizar os milhares de dólares necessários para estabelecer uma nova marca, o que permite que os empreendedores concentrem seus recursos limitados em construir um produto melhor.

A DISRUPÇÃO DO DESIGN ATRAVÉS DA EXPERIÊNCIA DO CLIENTE

Na era digital, a disrupção do design não precisa ser tão complexa quanto alavancar a equidade de uma marca por meio de uma parceria criteriosa; ela pode ser tão fácil quanto repensar a interface de usuário de um site. Um ótimo exemplo disso é a forma como a primeira geração de agências de viagens digitais — os disruptivos que tiraram as agências de viagens tradicionais da jogada — foi superada por uma equipe de design focada em uma experiência melhor para o cliente e uma interface de usuário mais limpa.

Uma das primeiras cadeias de valor a ser destruída pela internet foi a das viagens. O advento da Expedia, da Priceline, da Orbitz e da Travelocity exterminou as agências de viagens independentes. Antes da internet, os consumidores precisavam ligar ou ir até a agência para se informar sobre pacotes de viagem, voos e até o preço dos hotéis. Com a internet, milhares de consumidores passaram a usar sites para agendar os próprios voos, reservar hotéis e até alugar carros, sem precisar de ajuda. A mudança para a reserva online aconteceu quase da noite para o dia. Em 2010, as reservas feitas por meio de agências de viagem online [OTAs, na sigla em inglês] passaram dos US$300 bilhões e não demonstravam sinais de retração.[6] Como o ecossistema multibilionário das agências de viagem online — um segmento construído recentemente por disruptivos — poderia ser vítima da disrupção? A resposta: através do design.

Qualquer pessoa que já tenha feito reservas online sabe que a maioria dos sites de viagens é difícil de usar e não foi planejada para atender os consumidores. As OTAs originais basearam todos os seus sistemas de reservas nas mesmas interfaces usadas por agentes de viagens profissionais em vez de repensar o processo inteiro do ponto de vista do consumidor. Encontrar o voo certo era uma verdadeira tortura. Mas o problema de uma pessoa é uma oportunidade para outra.

Dois disruptivos em série, o cofundador do Reddit Steve Huffman e o cofundador do BookTour Adam Goldstein fundaram a Hipmunk em 2010 para resolver as agonias das viagens. A experiência do cliente era limpa e visual. Os viajantes conseguiam ver os possíveis voos em barras coloridas e a informação podia ser customizada com um clique. A Hipmunk permite que os viajantes organizem os voos por preço, horário e "agonia". No idioma da Hipmunk, a agonia é a combinação de preço, duração do voo, número de escalas e horários de voo. Para pessoas que viajam a negócios como eu (que são a maioria das pessoas que compram passagens online), a agonia é mais importante que o preço. A Hipmunk desenvolveu um algoritmo de agonia que ajuda os viajantes a encontrarem as rotas mais fáceis. Como eu voo mais de 160.000 quilômetros por ano, me apaixonei assim que usei a Hipmunk pela primeira vez. Eu não era o único a valorizar a função do design. Com menos de um ano em operação, a revista *Time* elegeu a Hipmunk um dos "50 melhores sites de 2011".[7]

O Beyond the Rack, um varejista online especializado em promoções relâmpago para seus consumidores, estudou seus dados e percebeu a necessidade de melhorar significativamente o design do seu aplicativo móvel. Desde 2009, o clube privado de compras focava seus negócios em plataformas para desktop e simplesmente espelhava essa experiência em celulares e tablets. Os dados da empresa mostravam que a versão móvel tinha a menor taxa de compras. A empresa se comprometeu a fazer de 2012 seu "ano do dispositivo móvel" e duplicou o número de vendas ao apenas reestruturar o aplicativo.[8]

A disrupção do elo de design da cadeia de valor pode vir da criação de um produto melhor, de uma interface mais inteligente ou de uma associação de marca. O design é essencial para a forma como os produtos são entendidos pelos consumidores; é o que determina como eles se sentem em relação ao produto. Um design insatisfatório apresenta um mundo de oportunidades aos disruptivos que procuram por uma maneira de deixar sua marca sem precisar inventar ou apresentar um novo produto ao mundo.

> *Um design insatisfatório apresenta um mundo de oportunidades aos disruptivos que procuram por uma maneira de deixar sua marca sem precisar inventar ou apresentar um novo produto ao mundo.*

Capítulo Onze

Produção: Reutilização, Readaptação, Recriação

Inovação é pegar duas coisas que já existem e combiná-las de um jeito novo.
— Tom Freston, ex-presidente e CEO da MTV

Será que, duzentos e cinquenta anos depois do advento da Revolução Industrial, já não foram implementadas todas as inovações possíveis? Como uma pequena startup poderia ser disruptiva ao elo de produção da cadeia de valor? Como uma fábrica moderna pode competir com os complexos industriais de baixo custo encontrados na China? Como alguém pode ser disruptivo à produção?

Apesar de sentirmos que vivemos em uma época pós-industrial, a maioria dos itens que compramos, vestimos e consumimos são produzidos em fábricas no exterior. As fábricas não pararam de produzir coisas. Mesmo que a matéria-prima dos produtos seja dos Estados Unidos (algodão, ferro, madeira), a produção migrou para países com mão de obra mais barata. A maioria das fábricas nos centros industriais norte-americanos está desocupada e enferrujando. Reverter essa tendência de produção terceirizada exige outra forma de disrupção.

Há uma diferença entre transformação econômica na economia global e disrupção. Em um mercado econômico livre, sempre existirá um mercado com mão de obra mais barata para terceirizar a fabricação, mas mudar de fábrica incessantemente não é uma solução viável em longo prazo. Conforme as economias em desenvolvimento aumentam o padrão de vida de sua mão de obra qualificada, os preços sobem e os empregos vão para economias menos desenvolvidas. Os disruptivos não precisam atacar o problema sistêmico da oferta e procura de mão de obra. O valor a ser capturado de uma produção não precisa ter a força de trabalho como intermediária. Assim como a criação de diamantes sintéticos acabaria com a necessidade generalizada de trabalhadores na mineração, a produção pós-industrial muda o local e a definição da fábrica moderna. Levar a disrupção à produção de bens físicos significa devolver os empregos aos Estados Unidos e a outras economias em desenvolvimento reinventando a forma como se interpreta a manufatura. A produção com base na linha de montagem, introduzida por Henry Ford há mais de um século para fabricar o Modelo T 1913, partia do princípio de que uma linha de produção industrial eficiente precisava ter trabalhadores. Cidades grandes, como Detroit, cresceram porque as grandes fábricas precisavam ter acesso a um grande contingente de trabalhadores. A era de produção em massa permitiu que a rentabilidade levasse centenas de inovações às massas. Mas produzir em massa um produto idêntico para um mundo com bilhões de consumidores individuais não é a única forma de imaginar a produção. Para levar a disrupção à produção e capturar valor, é preciso analisar a produção sob demanda. Essa ideia não é nova, mas tem sido reforçada recentemente pelas mudanças na tecnologia.

> *Para levar a disrupção à produção e capturar valor, é preciso analisar a produção sob demanda.*

Meu exemplo favorito de disrupção por meio da produção aconteceu há mais de quinhentos anos. Na Idade Média, pouquíssimas pessoas sabiam ler e escrever porque os livros eram incrivelmente caros. Todos eram escritos à mão por escribas e as cópias demoravam meses para ficar prontas. Com tamanha escassez de talento, apenas os livros tidos como essenciais eram reproduzidos. Séculos de conhecimento humano ficavam presos nas poucas bibliotecas particulares de igrejas ou monarquias. Entretanto, ainda que a indústria do livro não existisse, a de produção de vinho era farta. No fim da Idade Média, a região da Renânia, na Alemanha, prosperava.

Graças à eficácia da prensa de parafuso mecânica, os vinicultores do século quinze conseguiam produzir mais vinho com menos mão de obra. A prensa de parafuso, que era usada para produzir azeite de oliva havia quase um milênio, foi adaptada pelos alemães e modificada para a vinicultura. Os produtores menores, com menos trabalhadores, passaram a produzir mais vinho a um custo menor. O resultado: todo mundo produzia Riesling, e havia um monte de alemães bêbados. Em 1500, os vinhedos alemães usavam quatro vezes mais terras do que usam hoje para abastecer uma população de 12 milhões de pessoas; a população atual é de 82 milhões.[1] Mas essa festa não durou muito. A superprodução gerou oferta em excesso. Essa oferta em excesso, por sua vez, reduziu o valor dos vinhos, e a maioria dos vinhedos fecharam. Milhares de prensas de parafuso ficaram disponíveis, e um jovem disruptivo chamado Johannes Gutenberg descobriu como resolver os problemas de uma indústria com os resíduos de outra. Por que não usar a prensa de vinho para mecanizar a publicação com a prensa móvel? Se o mercado de vinho não tivesse implodido e se ele não tivesse comprado o equipamento industrial por um preço tão baixo, a bíblia de Gutenberg não existiria.

A prensa móvel de Gutenberg fez com que as massas pudessem comprar os livros e, assim, foi disruptiva ao controle das classes dominantes sobre a disseminação do conhecimento. Cinquenta anos após sua criação, as prensas móveis em toda a Europa já tinham imprimido mais de vinte milhões de volumes de diversos assuntos, espalhando o conhecimento recente gerado na Renascença.[2] Essa invenção simples transformou tanto a estrutura do mundo ocidental que, em 1620, o escritor inglês Francis Bacon, autor do famoso provérbio "conhecimento é poder", escreveu:

> A prensa, a pólvora e a bússola: essas três mudaram a natureza de todas as coisas ao redor do mundo; a primeira na literatura, a segunda na guerra, a terceira na navegação; a partir daí, inúmeras mudanças ocorreram, tanto que nenhum império, nenhum grupo, nenhuma estrela parece ter exercido maior poder e influência nos assuntos humanos do que essas descobertas mecânicas.[3]

A DISRUPÇÃO ATRAVÉS DA PRODUÇÃO E A CRIAÇÃO DE NOVOS MODELOS DE NEGÓCIOS

Gutenberg não só inventou a prensa móvel — ele criou todo o modelo de negócios da publicação. Em vez de cada novo livro ser um trabalho customizado feito sob encomenda, as obras podiam ser elaboradas uma vez e vendidas várias vezes. Quando abri a Jasmine Productions como uma produtora de vídeos interativos sob encomenda, eu não era diferente dos escribas de antigamente. Só ganhava dinheiro quando criava um vídeo de treinamento para uma empresa. Quando a Nissan e a Merle Norman Cosmetics nos contratavam para fazer um vídeo, ganhávamos dinheiro. Se ninguém nos contratasse, minha empresa de produção ficava parada. Um dia, comecei a entender (quinhentos anos depois de Gutenberg) que transformar minha pequena empresa em uma fabricante desbloquearia um valor de produção que até então não havia sido percebido.

Quando o governo federal acabou com o monopólio da AT&T em 1982, cada uma das Baby Bells [companhias telefônicas regionais dos EUA surgidas após a quebra do monopólio da AT&T] precisou encontrar novos fornecedores para suas diferentes necessidades corporativas. A Pacific Bell, uma das empresas criadas com o desmembramento da AT&T, precisava contratar e treinar novos funcionários sem ter acesso aos recursos da AT&T. Para preencher essa lacuna, a Jasmine Productions criou um curso interativo em laserdisc para ensinar direção defensiva às centenas de funcionários externos da Pacific Bell. Os funcionários da Pac Bell dirigiam mais de 160 milhões de quilômetros todos os anos a serviço da empresa, e reduzir o número de acidentes faria a empresa economizar milhões de dólares em pedidos de indenização dos funcionários e em conserto de veículos, além de aumentar a produção. A empresa de telecomunicação já tinha usado videoteipes lineares no passado, mas, ao testar cada motorista individualmente durante o curso — uma interatividade possibilitada apenas pelo laserdisc —, a empresa podia verificar se todos aprendiam mesmo com o material das aulas. Se um motorista respondesse incorretamente a uma pergunta, ele recebia instruções corretivas na mesma hora. O aprendizado individualizado indicava que, apesar de alguns motoristas demorarem o dobro do tempo para terminar o curso, todos saíam dali dominando 100% das informações. Os resultados da aplicação de um curso de reciclagem a todos os motoristas foram verdadeiramente impressionantes. A taxa de acidentes da Pacific Bell caiu pela metade e, como a empresa não contratava seguros para assumir os riscos, economizou uma pequena fortuna. Por mais feliz e orgulhoso que eu estivesse com essa conquista, ela não trouxe nem um centavo a mais de receita para a Jasmine Productions. Mais uma vez, criamos um novo valor para nosso cliente, mas não capturamos nenhuma parte dessa recompensa financeira. O maior defeito desse modelo de negócio B2B sob encomenda era a produção de um item único que se encaixava às necessidades da empresa que nos contratara. Lucrávamos com essa única produção, mas era só isso. Nosso curso de direção, produzido a um custo de aproximadamente US$150.000, criava um tremendo valor para aPacific Bell, mas a Jasmine não lucrava com esse valor que fora criado.

A solução era simples e uma variação do que me levou a contatar a Ford nos primeiros dias da minha empresa. Eu podia transformar o departamento de treinamento corporativo da Pacific Bell em um centro de lucro ao licenciar o curso e vender cópias a empresas com frotas de motoristas. Ao contrário da Ford, que nos dera o benefício da dúvida ao nos contratar, a eficácia desse curso tinha sido comprovada por milhares de quilômetros e centenas de motoristas. Se eu conseguisse licenciá-lo associado ao nome da Pacific Bell, o curso também teria o reconhecimento da marca. Eu não teria que convencer ninguém da qualidade do curso por causa dos valores de confiança ligados ao nome na embalagem. Ao contrário das outras startups, eu não tinha que encarar o desafio de explicar por que nosso produto era bom; só precisava mostrar aos consumidores que as empresas deles tinham as mesmas demandas que a empresa de telecomunicação que já se beneficiara com nosso produto. Certamente a Federal Express (FedEx), a UPS, a DHL, a polícia rodoviária, os departamentos de polícia, as escolas e os ônibus municipais podiam se beneficiar com esse conteúdo de marca. Então, a Jasmine Productions cresceu e virou a Jasmine Multimedia Publishing. Nossos cursos profissionalizantes nos fizeram lançar mais títulos de "entretenimento educativo" e, dentro de um ano, nossos produtos passaram a ser vendidos na CompUSA, na Circuit City, na Fry's, na Tower e em centenas de outras lojas do país. Percebemos que, para a inovação ser bem-sucedida, ela tem que fazer mais do que criar valor; ela tem que capturá-lo. Causamos a disrupção do treinamento corporativo com uma tecnologia melhor, mas a disrupção do elo de produção da cadeia de valor aconteceu quando criamos um software educacional para empresas. Graças ao modelo de negócios do mercado editorial, pela primeira vez na minha vida eu passei a ganhar dinheiro até quando não trabalhava.

> Para a inovação ser bem-sucedida, ela tem de fazer mais do que criar valor, tem de capturá-lo.

A DISRUPÇÃO ATRAVÉS DA PRODUÇÃO E A ASCENSÃO DA IMPRESSORA 3-D

Gutenberg tem outra lição sobre produção para ensinar ao mundo. O que acontece quando todo mundo vira não apenas o editor de ideias, mas também o fabricante dos produtos finais? A maior revolução na produção desde o começo da era industrial está acontecendo no mundo todo, propondo uma nova abordagem à prensa móvel de Gutenberg. A impressora atual, a 3-D, pode produzir qualquer coisa que se possa imaginar.

A impressora 3-D está quebrando a cadeia de valor atual dos produtos físicos do mesmo jeito que a internet destruiu as cadeias de valor de bens digitais, como músicas, filmes e livros. As partes de uma câmera e remédios podem ser baixados e impressos tão rápido e facilmente quanto uma música. Qualquer item físico pode ser produzido em qualquer lugar, a qualquer hora. A produção em massa está sofrendo uma disrupção gigantesca. Nunca antes a capacidade de manufatura esteve à disposição de tantas pessoas. O McKinsey Global Institute estima que a impressora 3-D causará impactos em mais de 320 milhões de empregos em escala mundial.[4] As oportunidades para disrupção são fartas em inúmeras áreas.

Da mesma forma que a indústria do computador pessoal surgiu como um hobby de um grupo de geeks, a impressora 3-D despontou no Projeto de código aberto RepRap, criado em 2005 pelo engenheiro mecânico inglês Adrian Bowyer, e está se transformando rapidamente em uma indústria bilionária de fabricação sob encomenda.[5] Inicialmente, a impressora 3-D do RepRap custava milhares de dólares para ser construída, mas o modelo atual pode ser montado com partes cujo valor total corresponde a US$500. (O inventor Afate Gnikou, a versão africana do MacGyver, chegou a construir uma impressora 3-D com lixo eletrônico e peças que encontrou nos ferros-velhos nigerianos[6]). Por conseguir manufaturar designs na mesma hora sem sair do lugar, a impressora 3-D pode ser disruptiva a tudo, de protótipos de automóveis e estações espaciais de reparos a brinquedos e roupas. As impressoras já estão sendo programadas para imprimir em plástico, metal, chocolate e até em tecido humano. Em 2014, uma startup chamada Local Motors usou a impressora 3-D para imprimir em quarenta e quatro horas um automóvel funcional chamado Strati, que tinha menos de cinquenta e cinco peças. O veículo elétrico pode chegar a noventa quilômetros por hora e percorrer até cem quilômetros a cada carga.[7] Os disruptivos estão começando negócios para criar de tudo, de órgãos humanos artificiais que podem salvar vidas a armamento pesado.

As impressoras 3-D foram notícia global quando "o Liberator", a primeira arma de plástico impressa com essa tecnologia, apareceu em um vídeo do YouTube em 2013.[8] Mais de 100.000 cópias da arma foram baixadas antes de o governo federal obrigar seu inventor a apagar o projeto. "Os avanços significativos na capacidade da impressora em três dimensões (3-D), a disponibilidade de arquivos com componentes de armas e a dificuldade de regulamentar o compartilhamento de arquivos podem representar riscos à segurança pública se pessoas sem qualificação para manejar armas conseguirem obtê-las ou fabricá-las com a impressão em 3-D", alertou um relatório federal, adicionando: "Limitar o acesso pode ser impossível".[9]

A disrupção à ligação de produção trazida pela impressora 3-D destruirá muitas cadeias de valor tradicionais e, ao mesmo tempo, trará uma série completamente nova de indústrias especializadas. Saída de um experimento caseiro e transformada em uma ferramenta operada pela internet e voltada para o mercado de massa, a Replicator2 foi lançada pela MakerBot em 2012, a um preço de venda de apenas US$2.200. Empresas como Bukobot, Gigabot, Printbot, TangiBot e Ultra-Bot logo copiaram o sucesso da MakerBot.[10] Muitas dessas startups foram atrás de subgêneros específicos de impressoras 3-D e levantaram seu capital em sites de financiamento coletivo como o Kickstarter. Aproveitando esse mercado em expansão, a Staples virou a primeira grande loja norte-americana a estocar impressoras 3-D quando começou, em 2013, a vender Sistemas de Cubo 3-D por US$1.300.[11]

Como ocorre com todas as tecnologias disruptivas, todo um ecossistema de oportunidades se desenvolverá ao redor do novo equipamento. Pense em todas as novas indústrias que o computador pessoal fez surgir há trinta anos. A impressora 3-D causará uma onda de inovações disruptivas em torno de modelos 3-D compartilhados, softwares de design colaborativos e materiais de impressão. Há sites que podem replicar objetos usando resina, plástico, cerâmica e prata. A Lifestock é uma startup que produz carnes sinteticamente, sem abate, ao imprimi-las em 3-D a 1/4 do custo dos atuais métodos de produção.[12] Até um presidente dos Estados Unidos reconheceu o poder disruptivo dessas novas impressoras. "Um armazém antes fechado agora é um laboratório de tecnologia de ponta em que novos trabalhadores dominam a impressão 3-D, que tem potencial de revolucionar a forma como produzimos quase tudo", declarou o presidente Barack Obama em 2013, durante seu Discurso sobre o Estado da União, acrescentando que, com a ajuda do Congresso, nós poderemos "garantir que a próxima revolução na produção seja feita nos Estados Unidos".[13]

Um dos meus colegas da USC, o professor Behrokh Khoshnevis, está usando a impressora 3-D para levar a disrupção à indústria da construção. Khoshnevis, que leciona as matérias de engenharia industrial e análise de sistemas, criou a primeira impressora 3-D em grande escala, capaz de construir uma casa de 230m² em um único dia. Sua tecnologia, conhecida como Contour Crafting, substitui os trabalhadores da construção civil com um guindaste robótico ativado por computador e um esguicho de concreto. Ao remover a maior parte dos custos associados à construção de casas, o professor idealiza um mundo no qual casas baratas impressas em 3-D possam ser usadas para melhorar as más condições de vida e a falta de saneamento básico que afligem quase um bilhão de pessoas vivendo em favelas.[14] Prédios impressos em 3-D também resolvem os desafios da construção em ambientes remotos ou inóspitos. O Desert Research and Technology Studies da NASA estuda maneiras de adaptar a Contour Crafting para aplicabilidades extraterrestres, como usar as impressoras 3-D em grande escala para construir prédios na Lua ou em Marte. As oportunidades trazidas pelas impressões 3-D tanto expandem quanto encolhem nosso mundo.

A impressão 3-D permite que os consumidores tenham mais customização nos produtos que encomendam. Os empreendedores estão faturando com esse desejo por sapatos, joias e até móveis feitos sob medida. Pela primeira vez na história, qualquer um pode ser o *dono* dos meios de produção. Fábricas virtuais podem oferecer aos designers que trabalham sozinhos todas as "ferramentas" de uma grande fábrica sem gastos exorbitantes. Todo mundo tem o poder de competir em escala global sem precisar levantar milhões de dólares em equipamentos e ferramentas.

> *Todo mundo tem o poder de competir em escala global sem precisar juntar milhões de dólares em equipamentos e ferramentas.*

Empresas como a Sculpteo, a Shapeways e a Ponoko criaram uma rede de empreendedores que possuem partes específicas do equipamento de fabricação para possibilitar a disrupção da produção. O software gratuito da Ponoko conecta designers a uma "Fábrica de Personalização Licenciada" que oferece serviços de cortes a laser online nos Estados Unidos, na Europa e na Nova Zelândia. A empresa conecta, sem esforço aparente, criadores, fornecedores de materiais e fabricantes digitais; antes, para isso acontecer, era preciso arcar com uma equipe de especialistas e custos de estoque altíssimos. Com a eliminação das barreiras de custo, mais empreendedores passaram a levar seu produto ao mercado sem precisar juntar a enorme quantidade de capital necessária para a infraestrutura de uma fábrica tradicional.

O sistema personalizado de fabricação democratiza o mercado de tal modo que o tamanho das operações não é mais uma vantagem. Os designers podem usar redes sociais para comercializar suas criações e fabricar itens só depois dos que os produtos tiverem sido comprados. Uma fábrica personalizada é lucrativa, por definição, desde sua primeira venda.

Levando esse conceito disruptivo ainda mais longe, a Ponoko comercializa designs de criadores independentes para que outros possam fabricar e revender esses novos produtos. Um ótimo designer pode não ser um bom vendedor. Assim como a tecnologia de transferência de pesquisa abriu as portas para os disruptivos criativos se beneficiarem das patentes existentes, a Ponoko abre portas para os vendedores levarem seus produtos finais a novos patamares. Qualquer um pode estudar as centenas de itens criados pela comunidade da Ponoko e levá-los aos seus mercados locais. É possível comprar online todos esses "produtos digitais", desde abajures de espuma modernistas até mesinhas de centro.

A maioria dos produtos fabricados atualmente têm que enfrentar os custos e as restrições associados à administração da sua cadeia de fornecimento e estoque. Os materiais estocados, as peças e as embalagens demandam um capital expressivo, que poderia ser usado com mais eficiência para aumentar as vendas ou desenvolver novos produtos. Considerando a rápida evolução do mercado da impressora 3-D, é importante entender como essas mudanças podem e vão afetar o lançamento de cada produção.

Assim como a Netflix se comprometeu a enviar milhões de DVDs por assinatura enquanto esperava que os consumidores se familiarizassem com o conceito de assistir aos "*flix*" pela internet (filmes por streaming), um disruptivo inteligente pode desenvolver uma estratégia hibrida para usar a fabricação tradicional e a produção sob encomenda. Conforme o preço da impressão personalizada continua caindo rapidamente, a transição para a produção "sob encomenda" trará um custo-benefício melhor para uma maior variedade de produtos. Estar à frente dessa curva é a melhor maneira de ser disruptivo a este elo da cadeia de valor.

Todavia, seja cauteloso: essas rápidas disrupções na produção estão ultrapassando rapidamente a forma como os governos e empresas estabelecidas pensam sobre propriedade intelectual, patentes, marcas registradas e direitos autorais. Alguns países reconhecem patentes de design, outros não. Em um mundo conectado em rede e sem fronteiras, será cada vez mais difícil proteger os direitos sobre investimentos em propriedade intelectual. Produtos pirateados podem ser produzidos em qualquer lugar onde haja uma conexão com a internet e uma impressora 3-D. Assim como o Napster desafiou muitas das premissas sobre o compartilhamento de arquivos, a impressão 3-D causará impactos nas leis que regulamentam os direitos autorais, a segurança nacional, as marcas registradas e os segredos comerciais nas próximas décadas. Em uma disrupção econômica, muitas empresas que dependem do ecossistema existente de produção seguirão o caminho das gravadoras se continuarem ligadas a antigas ficções legais e não conseguirem se adaptar ao novo mundo da produção digital. Aqueles que reconhecem a inevitabilidade das mudanças serão os que mais se beneficiarão.

> *Aqueles que reconhecem a inevitabilidade das mudanças serão os que mais se beneficiarão.*

Capítulo Doze

Marketing e Vendas: Encontre o Problema Que Se Encaixa na Sua Solução

Todos se mantêm por vender algo.
— Robert Louis Stevenson

Quando eu estava no ensino médio, vendia camisas nas feiras de trocas que ocorriam nos fins de semana. Eu tinha feito um acordo com um fabricante de camisas para vender seus produtos consignados. Tinha dias em que eu vendia várias unidades; em outros, só ficava entediado. Tentando criar uma forma mais eficiente de aumentar as vendas, toda semana eu fazia uma nova placa. Eu via o que os vendedores tradicionais faziam e tentava copiar. Liquidação. Desconto. Liquidação de verão. Nada fazia diferença, até que um dia, por tédio e como uma brincadeira, fiz uma placa que dizia: CAMISETAS US$1,50 CADA OU 3 POR US$5. Os negócios dispararam. Eu logo vendi todas as camisetas, já que a maioria das pessoas comprava as três por US$5. Ninguém parou para perguntar se podia comprar as três por US$4,50, já que o preço base era US$1,50 por camiseta. E foi assim que eu aprendi a essência das vendas e do marketing: crie demanda, mesmo que não tenha lógica.

> *A essência de todas as vendas e marketing: crie demanda, mesmo que falte lógica.*

Mas não é com propagandas e truques que você levará a disrupção ao processo de venda e marketing. Por exemplo, como as pessoas odeiam ficar em filas para pagar por suas compras nas lojas, as Apple Stores reinventaram a experiência do cliente, projetando suas lojas sem caixas nem filas para pagar. A Priceline virou uma empresa de US$60 bilhões ao autorizar que os consumidores "dessem seu preço".[1] Jay Walker e Michael Loeb viam as taxas de vendas das revistas caindo drasticamente todos os anos quando os consumidores tinham que renovar suas assinaturas. Percebendo que as revistas não eram um produto descartável, mas um serviço de conteúdo para os consumidores, eles inventaram uma assinatura contínua para as revistas, cobrando mensalmente dos consumidores, como uma empresa de TV a cabo. Walker e Loeb criaram a Synapse, e logo tinham trinta milhões de inscritos.[2]

Andrew Mason foi disruptivo ao preço de venda das lojas ao criar o ThePoint.com, um site que permite que os consumidores se cadastrem para comprar itens com um desconto de grupo. Se muitas pessoas se inscrevessem para comprar pizzas na mesma pizzaria na mesma noite, todo mundo ganhava um desconto. O conceito foi tão bem-sucedido entre os consumidores de Chicago que a empresa se expandiu para o país todo com o nome Groupon. A Hewlett-Packard, confrontada com uma concorrência cada vez maior no exterior, foi completamente disruptiva ao seu modelo de ganhar dinheiro com hardware, e decidiu vender as impressoras mais baratas do mercado para lucrar com os toners. O toner da HP passou a ser mais caro do que o perfume Chanel No. 5.[3] Esse modelo de negócios estilo "lâmina de barbear" fez a empresa crescer sem parar.

A disrupção do elo de vendas da cadeia de valor consiste, na verdade, em definir a área em que sua empresa ou produto está. Reconhecer o valor que pode ser criado e capturado com a criação de modelos de precificação pode ser disruptivo em qualquer setor dos negócios. Na década de 1950, a Haloid Company desenvolveu a tecnologia para fabricar fotocopiadoras. As máquinas de cópias de US$4.000 pareciam fadadas ao fracasso desde o começo, já que não podiam competir com o papel carbono usado pela maioria dos datilógrafos nos escritórios. A solução disruptiva da empresa foi reter a propriedade das máquinas e oferecer cópias por cinco centavos. A Haloid virou a Xerox — um nome que ainda é sinônimo de fotocópia mesmo depois de cinquenta anos.⁴ O desafio não é criar uma campanha publicitária nova e criativa, mas desenvolver estratégias de vendas, canais e modelos de negócios completamente novos. A diferenciação do modelo de vendas pode ser tão poderosa quanto a diferenciação do produto em si.

A DISRUPÇÃO DAS VENDAS NO AR

Um dos meus exemplos favoritos de disrupção no elo de vendas vem de Clearwater, Flórida. As estações de rádio vendem espaço para anúncios. Esse modelo de negócios está gravado em pedra desde que o edifício Hawthorne Court fez a primeira divulgação em uma estação de Nova York, a WEAF, em 1922. Mas como uma estação de rádio pode ganhar dinheiro quando os anunciantes não têm dinheiro para anunciar?

Em 1977, em Clearwater, na Flórida, o diretor da estação WWQT 1470 AM, Lowell "Bud" Paxson, teve esse problema quando um dos anunciantes da estação tinha muitos produtos, mas estava sem dinheiro para pagar pelo tempo no ar. Como não tinha nada a perder, Paxson pediu que o locutor do programa da tarde fosse ao ar vender um abridor de latas elétrico de US$20 pelo preço especial de US$9,95. Como a estação não tinha um departamento de entregas, os ouvintes foram instruídos a comparecerem à estação com dinheiro ou cheque para retirar seus utensílios. Na primeira hora, a estação vendeu todas as 112 unidades, e um novo segmento de negócios nasceu. Em vez de vender anúncios, Paxson descobriu que podia ganhar mais dinheiro ao mudar o modelo de vendas da estação. A estação de rádio podia ser uma comerciante e revendedora direta. Paxson foi disruptivo ao canal de vendas. Ele e seu parceiro financeiro, Roy Speer, perceberam que venderiam mais produtos se tivessem uma forma de mostrá-los aos consumidores em casa. A televisão, que até então só focara o modelo de comerciais de produtos, era o próximo passo mais lógico. Eles fundaram um canal de TV a cabo local e lançaram o Home Shopping Club (que mais tarde seria renomeado como Home Shopping Network).

"Eu quero ser o correio visual dos Estados Unidos", disse Paxson orgulhosamente em uma entrevista ao *The New York Times*.⁵ Hoje, o HSN emprega aproximadamente 6.700 funcionários, gera mais de US$3 bilhões em vendas anualmente e chega a mais de 95 milhões de casas.⁶ Paxson não inventou a televisão, mas reinventou seu modelo de negócios e criou m segmento completamente novo. Vender pela televisão rendeu a Paxson uma fortuna pessoal estimada em US$400 milhões.⁷ Não é um retorno financeiro ruim para uma rádio AM da Flórida que resolveu vender no ar um abridor de latas elétrico.

A DISRUPÇÃO DO ELO DE VENDAS ATRAVÉS DO PREÇO

A disrupção do elo de vendas consiste em repensar a precificação de um item e a forma como ele é vendido. Como aprendi ao vender camisetas nas feiras de trocas, mudar a forma como um item é precificado pode trazer grandes retornos.

Quanta flexibilidade há na precificação de um determinado item? A essa altura, a maioria dos consumidores já aceitou o fato de que pagamos um preço variável por itens como passagens aéreas e quartos de hotel. As companhias aéreas têm algoritmos sofisticados que podem mudar dinamicamente o custo de um voo específico com base em demanda, temporada, disponibilidade de aviões, histórico de compras e vários outros fatores. De fato, quando você volta para comprar as passagens algumas horas depois de pesquisá-las pela primeira vez, o preço estará mais alto devido aos cookies que alguns sites usam. Em 2008, a Amazon enfrentou a ira de seus consumidores mais fiéis quando se descobriu que os assinantes da Amazon Prime pagavam a mais por determinados itens em comparação com pessoas que dificilmente faziam compras no site.⁸ As informações da Amazon revelaram que os melhores consumidores não comparavam preços quando faziam compras e se aproveitaram disso até que a estratégia fosse descoberta.

Muitas startups estão levando esse mesmo conceito de preços dinâmicos para as lojas físicas graças ao alcance das novas tecnologias disruptivas. As etiquetas de identificação por radiofrequência (RFID, na sigla em inglês) são adesivos caros que podem comunicar a localização de um objeto ou sua proximidade em relação um consumidor ou outros aparelhos. Como os códigos de barra, que facilitaram para que as lojas soubessem quais produtos estavam sendo vendidos, a RFID pode se comunicar com um smartphone para avisar um consumidor sobre uma promoção, rastrear uma mercadoria especial ou usar informações para criar um preço variável. No corredor de impressoras de uma loja de eletrônicos, existe uma tecnologia que monitora quanto tempo você passa perto dos produtos e que pergunta à Hewlett-Packard na mesma hora se eles querem oferecer um cupom de US$10 para fechar o negócio.[9] Em um futuro próximo, dois consumidores que comprem os mesmos produtos poderão pagar uma diferença drástica baseada em seu histórico individual de compras.

Mas e se o vendedor acabasse completamente com o conceito de precificação? Em um dos modelos de venda mais disruptivos, sites de leilão "por centavos" permitem que os consumidores definam o preço de alguns itens de luxo. Ainda que esse modelo de negócio pareça uma variante do modelo "dê o seu preço" da Priceline, na verdade é um modelo bastante inteligente de "pague para dar um lance". Ao contrário do eBay, no qual só o cliente que faz o lance vencedor paga pelo item que compra, os sites de leilão "por centavo" cobram os usuários por cada lance feito. Quer os consumidores ganhem o item ou não, todos têm que pagar uma pequena taxa sempre que fazem um lance para um produto.

Os lances nesses sites são vendidos em largas escalas, por um valor que vai de alguns poucos centavos a um dólar por lance. Ao somarem o lucro obtido com os lances perdedores, os sites de leilão "por centavos" podem anunciar eletrônicos de marca e outros itens com até 95% de desconto sobre o preço sugerido pelo fabricante. Um iPad de US$500 que foi vendido por apenas um dólar pode gerar 3.600 lances e US$2.000 em lucros. Apesar de sites como o Beezid continuarem a anunciar iPads que foram comprados por apenas US$0,83, vários procuradores-gerais estaduais já iniciaram processos, e a Federal Trade Commission emitiu um alerta. A linha entre esperto e fraudulento fica cada vez mais tênue conforme novos modelos de negócios surgem. Uma ação coletiva decidirá se esses sites são fraudulentos ou apenas uma forma divertida de apostar, mas, de qualquer jeito, os milhões de dólares gerados por sites de leilão "por centavos" provam como o elo de vendas pode sofrer disrupção com um pouco de criatividade.

SEJA DISRUPTIVO AO ELO DE VENDAS ATRAVÉS DO CONTEÚDO

Pelo lado do mercado, a maior forma de disrupção é na área do entretenimento de marca. A linha entre o que é programação e o que é comercial está cada vez mais tênue. Ainda que os consumidores pulem os comerciais, as marcas estão cada vez mais agressivas, usando marketing indireto e integrado. Já percebeu como a SUV que aparece em seu programa favorito é perfeitamente iluminada? Ou como todos os personagens do nosso seriado favorito usam o celular ou aparelho eletrônico do momento? O conteúdo de marca ["branded content", em inglês], um marketing indireto, é agora uma importante fonte de receita para filmes, televisão e vídeos online. O chefe executivo da Brand Finance, David Haigh, estimou que o vídeo da Red Bull em que Felix Baumgartner quebra o recorde mundial, saltando em queda livre de uma altura de trinta e oito mil metros, assistido ao vivo pelo mundo todo, gerou US$5 bilhões em valor de marca.[10] Criar conteúdo de marca para seu novo produto ou serviço é muito fácil. Quanto mais você souber sobre seu consumidor em potencial, mais fácil será identificar oportunidades para utilizar o conteúdo de marca. Meu braço direito em três das minhas iniciativas mais bem-sucedidas foi o gênio do marketing criativo Larry Lieberman. Quando o escolhi para ser o CMO do ooVoo, eu sabia que precisávamos de algo revolucionário que nos destacasse da concorrência.

Os engenheiros do ooVoo construíram uma plataforma maravilhosa de conversa por vídeo para várias pessoas, mas o uso do serviço estagnou. A startup enfrentava uma concorrência formidável: o FaceTime da Apple, o Hangouts do Google e o avô de todos, o Skype da Microsoft. Como os quatro serviços eram gratuitos, ser disruptivo com a venda não era uma opção. Larry e eu logo nos concentramos em capturar o valor por meio do marketing e, para isso, analisamos quem eram nossos usuários e como eles se sentiam em relação ao serviço.

Acabou que o público do ooVoo era dramaticamente diferente daquele dos nossos concorrentes. Nossos usuários eram adolescentes jovens e urbanos, que queriam se divertir e se conectar com seus amigos. Quando percebemos como nosso público era diferente, veio nosso plano. Decidimos mudar o status do ooVoo, de uma plataforma de comunicação para uma marca de estilo de vida. Larry procurou a comunidade de música urbana e colocou o ooVoo no centro da cultura. Um cantor jovem chamado Trey Songz amou o serviço e concordou, por uma pequena taxa, em incluir o ooVoo em seu vídeo "Simply Amazing". Para que o conteúdo de marca funcione, é essencial que o marketing pareça natural. O vídeo era de uma balada de amor, no qual Trey e sua namorada mantêm contato através do ooVoo. A magia funcionou. A música e o vídeo logo estavam em primeiro lugar nas paradas britânicas de R&B e em terceiro na Bubbling Under Hot 100 Singles norte-americana. Trey foi indicado para os prêmios de melhor artista masculino e canção do ano.[11] As visualizações do nosso vídeo no YouTube passaram de cem milhões, enquanto o ooVoo ganhou centenas de milhões de usuários. Os adolescentes urbanos começaram a usar o ooVoo por mais de um bilhão de minutos por mês. O custo total da divulgação foi menor do que o valor que a maioria das marcas gasta para gravar um comercial de televisão. Quando Trey começou a turnê para divulgar seu álbum número um na Billboard, o ooVoo apoiou a ideia.

Em um ano, o ooVoo virou o sétimo aplicativo social mais usado do mundo e estava no top 100 de vários países. Para atrair anunciantes para a plataforma do ooVoo, era importante usar métodos de marketing não tradicionais para construir a marca. Uma empresa não pode dizer que está levando a disrupção a uma área de atuação como a publicidade e, então, usar as mídias estabelecidas para crescer. Por ter se conectado a um conteúdo de entretenimento e a artistas, o ooVoo conseguiu monetizar seu serviço através de estúdios de cinema, redes de televisão e gravadoras.

O VALOR DO SERVIÇO AO CONSUMIDOR

Outra parte do elo de marketing e venda frequentemente esquecida é a da prestação do serviço ao consumidor. O serviço ao consumidor deve ser visto como marketing, porque ele influencia a forma como sua empresa é vista. Um ótimo serviço ao consumidor cria lealdade à marca e diferenciação do produto. O desafio na era digital é que os vendedores nunca veem os consumidores entrarem de verdade na loja, mas a vantagem é que eles têm acesso a informações que indicam quando e se um consumidor irá voltar. O principal valor capturado com o serviço ao consumidor é a redução dos custos da aquisição de clientes. Se uma empresa precisa comercializar e anunciar para conseguir cada venda, seu custo é substancial. Por outro lado, se cada consumidor divulgá-la a cinco amigos, então a empresa crescerá de maneira viral.

> O serviço ao consumidor deve ser visto como marketing, porque ele influencia a forma como sua empresa é vista.

"Se houve um motivo para termos nos saído melhor que a maioria dos nossos colegas na internet nos últimos seis anos, foi porque focamos como uma mira de precisão a laser a experiência do consumidor, e eu acredito que isso realmente importa em qualquer negócio", disse o CEO da Amazon, Jeff Bezos. "Certamente é importante online, onde o boca a boca é muito, muito poderoso."[12]

O CEO da Zappos, Tony Hsieh, concorda com esse entusiasmo: "Na Zappos.com, decidimos há muito tempo que não queremos que nossa marca seja só mais uma marca de sapatos, roupas ou loja online. Decidimos que queremos construir nossa marca para que ela represente o melhor serviço e a melhor experiência ao consumidor. Nossos clientes ligam e mandam e-mails para nos dizer como se sentem quando chega uma caixa da Zappos", disse Hsieh. "E é assim que vemos nossa empresa."[13]

Sir Richard Branson transformou a Virgin em uma das marcas mais amadas do mundo ao focar seus negócios no ponto de vista do consumidor. Sir Richard é conhecido por entender o consumidor e tomar decisões rápidas. Sabendo que a Virgin America não pode controlar o clima e que, às vezes, os voos atrasam, a equipe da rede social da Virgin frequentemente responde aos tuítes de viajantes frustrados com presentes nos portões de embarque e desembarque ou vouchers de viagens surpresa.

"Mais uma prova de que a Virgin America é incrível, ela acabou de me dar US$200 de crédito porque meu voo atrasou", tuitou um cliente feliz. A Virgin também premia seus seguidores no Twitter com promoções-relâmpago. A promoção Fly Forward, Give Back foi um dos cinco melhores eventos no histórico de vendas de passagens da empresa.[14]

O último desafio de extrair valor do serviço ao consumidor está no antigo ditado de que sua marca é tão boa quanto seus funcionários. O coração e a alma de um bom serviço ao consumidor estão em construir uma ótima cultura dentro da empresa. Muitas empresas não se importam com a cultura da empresa, sem perceber que esse é um investimento que se traduz em um bom serviço ao consumidor, gera uma menor rotatividade de pessoal e reduz o absenteísmo e os custos com folha de pagamento. Tony Hsieh escreveu um livro inteiro sobre a cultura da empresa Zappos, chamado *Satisfação Garantida*. Os funcionários têm vários benefícios, incluindo plano de saúde gratuito, uma sala de cochilo, almoços gratuitos e máquinas de bebidas e lanches de graça. Todo ano, os funcionários publicam um livro de 480 páginas com redações escritas por eles sobre a cultura da empresa e o que ela significa para eles.

Os supervisores da Zappos até são treinados para passar 20% do tempo ao ar livre, de bobeira, com sua equipe. Um segredo que Tony me contou e que não está no livro é que ele, intencionalmente, fechou as portas de trás da sede, mais próximas do estacionamento, para forçar todos os funcionários a passarem pela porta da frente e encontrarem seus colegas com maior frequência. Se as pessoas conseguissem chegar às suas mesas sem interagir com as outras, haveria menos oportunidades para amizade e camaradagem. Tony fala bastante sobre encorajar a "serendipidade" para criar amizades no trabalho. O que Tony sabe, e como incontáveis estudos com funcionários já provaram, é que as pessoas ficam menos propensas a procurarem outros empregos se tiverem amigos no trabalho atual. E funcionários felizes servem melhor aos consumidores. Sam Walton, que fundou o Walmart e que o levou a ser um dos maiores empregadores e a terceira empresa mais rentável do mundo, também se concentrou em seu serviço ao consumidor. O gênio do varejo escreveu: "O objetivo de uma empresa não é ter um serviço ao consumidor que seja apenas o melhor; o serviço deve ser lendário".[15]

Quando adolescente, trabalhei na loja dos meus pais e tive minha primeira experiência com o serviço ao consumidor graças a uma jarra de picles. Meu pai tinha um barril de vidro enorme de picles no balcão da loja. Um dia, uma mulher ficou nervosa por causa dos peixinhos dourados que ela achou ter visto nadando no barril de picles. Não havia nada que eu pudesse dizer para convencê-la de que não havia peixe nenhum misturado com os picles, apenas pimentão. Ela exigiu falar com o gerente. Meu pai se aproximou e se desculpou com a mulher, dizendo que se o peixe a incomodava, ela devia fazer suas compras em outro lugar. "O cliente está sempre certo", disse meu pai. "Mesmo quando está errado."

> "O cliente está sempre certo. Mesmo quando está errado."

Quando eu fundei a Jasmine, ainda me lembrava dessa experiência e, por isso, quis me certificar de que todos os envolvidos prezavam pelo consumidor. Pedi a todos os membros da equipe que se revezassem atendendo ao telefone do suporte técnico. Minha teoria era que, se colocasse a equipe para falar com os consumidores, poderíamos criar softwares melhores. Os engenheiros descobriram em primeira mão o que os consumidores entendiam e o que os deixava frustrados em nossos produtos. Os designers gráficos tiveram ideias para melhorar a interface do usuário. Nossa equipe de vendas definiu os motivos que levaram os consumidores a comprarem nossos produtos e quais produtos eles provavelmente comprariam no futuro. Como um líder que prefere uma organização horizontal, também aprendi com essas ligações. Uma tarde, durante meu turno atendendo os telefonemas do suporte técnico, recebi uma ligação de Timothy. Ele estava tendo problemas com um dos nossos CD-ROMs; pedi que ele reiniciasse o computador. Enquanto esperávamos, comecei a puxar assunto e perguntei o que ele fazia da vida. Ele disse que era pai. Respondi que também era pai, que tinha dois filhos e perguntei a idade dos filhos dele. Timothy disse que não tinha filhos. Ele era um Pai *Jesuíta*, um padre. Na ligação mais improvável de todas, o Padre Timothy explicou que trabalhava com TI no Vaticano. Quando penso no Vaticano, penso na Praça de São Pedro, na Basílica e na Capela Sistina. Nunca me ocorreu que gerenciar uma religião com 1,2 bilhões de membros, de Roma, provavelmente também envolvia computadores e um sofisticado departamento de tecnologia da informação. Expliquei que eu era o presidente da empresa e que sempre quisera fazer um CD-ROM educacional sobre a biblioteca do Vaticano e sua coleção de artes. Ele contou algumas curiosidades divertidas, incluindo o fato de que a biblioteca continha uma carta do século XIII, que o neto de Genghis Khan escrevera para o Papa Inocêncio IV, e que os arquivos guardavam um recibo de Michelangelo de 1550, pedindo um reembolso da igreja. Conversamos sobre o papel da igreja na evolução da música e da arte ocidentais. Tivemos uma conversa maravilhosa e, quando seu computador reiniciou e tudo funcionou, ele agradeceu minha ajuda. Eu me esqueci dessa conversa até que, algumas semanas depois, o Vaticano entrou em contato para contratar a produção de um CD-ROM sobre a história da igreja, sua arte e sua música.

Esse CD-ROM, *Inside the Vatican*, foi o produto mais espetacular e minucioso que a Jasmine Multimedia já produziu. Ao trabalharmos com a Thirteen/WNET, a BBS Productions e a Multimedia Entertainment, tivemos acesso a vídeos com incríveis recriações dos maiores momentos da história da igreja, com a apresentação e narração do Sir Peter Ustinov. A Universidade de Oxford colaborou conosco criando um hipertexto de dois milhões de palavras sobre a história do catolicismo. Tivemos acesso a milhares de fotografias da coleção de arte e a gravações do coral da Santa Sé cantando diversos hinos em vários períodos históricos. Quando o CD-ROM foi lançado, foi um sucesso mundial de público e crítica. "CD-ROMA: o Papa abençoa Disco da PBS" foi a manchete da Variety. "O Papa e o Vaticano abençoaram um projeto de CD-ROM".[16] Todas essas bênçãos por causa de uma ligação.

Há dezenas de aplicativos dedicados a desbloquear o valor do serviço ao consumidor e da Gestão de Relacionamento com o Cliente (*CRM*, na sigla em inglês). Você pode processar a informação de milhares de formas diferentes para maximizar o alcance das visualizações ou as taxas de interatividade com as propagandas de um e-commerce. Os melhores métodos de direcionamento e redirecionamento evoluem a todo instante, e com acesso aos perfis dos usuários e ao sinal do GPS podemos calcular quem, o que, quando, onde e o porquê de cada decisão de compra. Com tantas tecnologias mudando a forma como interagimos com os consumidores, é importante não esquecermos como eles se sentem com relação a nossos produtos. Marketing e vendas eficazes resultam em consumidores felizes. E um consumidor feliz é o único que volta várias vezes para comprar com você, o que reduz o custo de adquirir novos clientes.

Para ser disruptivo e capturar valor com o elo do marketing e venda, é imperativo que você pense em como seus consumidores e funcionários se sentem em relação a cada interação que têm com sua marca, da forma como compram os produtos ao modo como ficam sabendo deles, através da propaganda e do boca a boca.

> 🐦 *Um consumidor feliz é o único que volta para comprar de você várias vezes.*

Capítulo Treze

Distribuição: Descobrindo o Valor Inatingido e o Desafio do Espaço Limitado na Prateleira

A distribuição realmente mudou. Você pode gravar um álbum com um notebook pela manhã, carregá-lo no YouTube à tarde e ser uma celebridade à noite.

— Bonnie Raitt

Para quem lê um livro em versão eletrônica, essa tecnologia específica existe há muito mais tempo que a popularização do conceito de distribuição digital. O maior exemplo da minha carreira de oportunidade perdida de causar a disrupção por intermédio da distribuição foi a criação do primeiro leitor de e-Book, da Sony, em 2004. Naquela época, a Sony era a marca líder de eletrônicos do mundo. Seus televisores, aparelhos de DVD, PlayStations, Walkmans e outros produtos comandavam as vendas nas lojas. A dominância da Sony no setor de eletrônicos era tão grande que 1/3 dos dólares gastos na Best Buy eram destinados a seus produtos. Os engenheiros da Sony constantemente criavam, ano após ano, aparelhos novos e interessantes, que agradavam aos consumidores. Em 2003, os engenheiros de Tóquio criaram uma categoria completamente nova de aparelhos; um leitor para livros eletrônicos ou e-Books. Usando o avanço da tecnologia de papel eletrônico, que precisava de uma fração da eletricidade que as telas de notebooks do mesmo tamanho precisavam, o Sony Librie tinha praticamente as mesmas funções que os Kindles e tablets atuais. A Sony Electronics, com mais de quatorze mil lojas revendendo seu produto na América do Norte, estava feliz em ser a primeira a vender esse aparelho revolucionário. Infelizmente, a Sony não entendeu a cadeia de valor vítima da disrupção e tampouco a importância do conteúdo no mundo da distribuição digital.

Na época, havia deixado meu cargo como chefe de estratégia na Sony Music e fui promovido a vice-presidente da Sony Corporation. Meu trabalho era construir uma plataforma de e-commerce para entregar músicas e filmes aos consumidores digitalmente. No momento em que vi o Librie, soube que não ia vender. Ninguém compra um leitor de e-Book sem poder comprar o e-Book. Era ridículo esperar que os consumidores descobrissem sozinhos onde podiam comprar os livros eletrônicos e quais títulos de quais editoras estavam disponíveis nesse novo aparelho. No mundo da música portátil, a Apple provou que o vendedor do aparelho também precisa fornecer o conteúdo: o iTunes aumentou a venda de hardwares. Eu sabia que, para vender o Sony Librie, teríamos de vender os e-Books que seriam lidos no aparelho. Se eu estava construindo uma loja para vender músicas e filmes digitais, não deveria também oferecer livros digitais? Por mais óbvio que isso pareça agora, a sede da Sony via o mundo de um jeito bastante diferente.

A disrupção do elo de distribuição da cadeia de valor tem a ver com redefinir o consumidor. A Ford, a General Motors e os outros fabricantes de carros vendem e distribuem seus veículos por uma rede de concessionárias independentes. O Tesla de Elon Musk levou a disrupção a essa abordagem ao excluir o intermediário e vender diretamente ao consumidor. As gravadoras vendiam álbuns completos nas lojas antes do iTunes da Apple desmembrar o álbum para vender cada música por US$0,99. Conforme a linha entre os anúncios online e o e-commerce transacional fica cada vez mais confusa, mais empresas procuram ser disruptivas a métodos consolidados e a suposições sobre distribuição a fim de desbloquear e capturar um valor maior com os produtos que vendem.

Como já disse, um dos motivos de ser tão fácil para as startups serem disruptivas às maiores corporações é que as grandes empresas estão determinadas a preservar o status quo. Quanto maior o conglomerado, menor a influência e o controle em seu centro. Assim como o estegossauro enorme com um cérebro do tamanho de um amendoim, existem empresas que estão fadadas à extinção em razão da velocidade das atuais forças de mercado. Em grandes empresas multinacionais, cada divisão tem autonomia em seu próprio mercado vertical, e os vários silos raramente interagem bem. A Sony Electronics sabia como construir um ótimo hardware, mas não queria entrar nos negócios de software ou de conteúdo. Essa estratégia funcionou bem por quase cinco décadas, desde seu surgimento com o primeiro transistor de rádio, em 1950. Apesar da minha divisão ser subordinada diretamente ao presidente da empresa, não tínhamos autoridade para dizer para outra divisão como fazer o design ou o marketing de seus produtos.

> Um dos motivos de ser tão fácil para as startups serem disruptivas às maiores corporações é que as grandes empresas estão determinadas a preservar o status quo.

Minha equipe e eu tínhamos Los Angeles como base e, durante um ano, viajamos constantemente a Tóquio para tentar convencê-los dos motivos de precisarmos desenvolver uma loja digital de e-Books para ajudar no lançamento do Librie. Entendíamos que ninguém compra um aparelho só por comprar; os consumidores adquirem os aparelhos pelo conteúdo. Acreditávamos que deixar de criar o ecossistema completo, do qual o produto de hardware era apenas uma parte, resultaria em um fracasso do produto em si. Nossos pedidos foram ignorados, e a administração de Tóquio se recusou a fazer parcerias com editoras. A Sony Electronics via o Librie como mais um produto a ser vendido aos consumidores, como os walkmans e televisores — a Sony produzia o hardware, e era responsabilidade das editoras venderem títulos aos consumidores. E assim o Librie foi lançado e fracassou. Sem nenhum livro que pudesse ser lido, poucas lojas tinham o aparelho em estoque.

Continuamos com nosso vaivém diplomático até que, depois de quase dois anos, conseguimos a aprovação para trabalhar com editoras e criar um ecossistema de distribuição. Porém, a essa altura, a Amazon — que nunca tinha desenvolvido nem fabricado hardware — já dominava o mercado. A Amazon, a maior revendedora de livros do mundo, entendeu que o verdadeiro valor a ser capturado na distribuição digital é o do relacionamento com o consumidor. Na era digital, a distribuição não consiste mais na eficiência na cadeia de fornecimento, mas na habilidade de se conectar diretamente com o consumidor final. À medida que mais produtos passam a ser digitais, esse último elo da cadeia de valor passa a ser mais importante para capturar valor. Usando a mesma tecnologia do papel eletrônico que a Sony usou, a Amazon lançou seu primeiro Kindle em 2007, que se esgotou em cinco horas.[1] Ao capitalizar seu relacionamento direto com os consumidores de livros, a Amazon controlou a distribuição. A fabricação de hardware não era o negócio primário da empresa, mas passou a ser um componente necessário para reforçar sua supremacia na distribuição. Ao contrário da Kodak, a Amazon teve a perspicácia de destruir seu modelo de venda original a fim de se apropriar do canal de distribuição emergente. Como explicou o fundador da X Prize e presidente da Singularity University, Peter Diamandis: "A verdadeira disrupção consiste em ameaçar a existência da sua linha de produtos e dos seus investimentos anteriores. Produtos revolucionários são disruptivos às linhas de produtos atuais."[2]

Por volta de 2011, as vendas de e-Books nos Estados Unidos ultrapassaram as vendas de livros físicos na Amazon.[3] Hoje, enquanto muitos de vocês leem livros como este em aparelhos eletrônicos que não foram desenvolvidos pela Sony, é óbvio que a empresa se enganou sobre a importância do elo de distribuição na cadeia de valor do mercado do livro.

SEJA DISRUPTIVO ATRAVÉS DA DISTRIBUIÇÃO E DA TRANSFORMAÇÃO DO VAREJO

Antes do boom da internet, pesquisa e desenvolvimento, design e produção eram os elos de maior sucesso quanto à disrupção da cadeia de valor. Acontece que a distribuição na era digital é mais importante. O Serviço Postal dos Estados Unidos, que está morrendo lentamente desde que a distribuição física das cartas foi substituída pelo e-mail, devia ter sido o sinal de advertência para vários setores econômicos, inclusive os de propaganda, televisão, mídia impressa e varejo.

A chegada do e-commerce em 1990 mudou para sempre a aparência global do varejo. Depois de os consumidores terem superado o medo inicial de colocar o número de seus cartões de crédito na web, a internet virou uma loja sem fim, com espaço ilimitado em suas prateleiras. Ter um estoque cheio, outrora a característica de uma loja física de qualidade, não era mais uma vantagem competitiva. Com tantas compras sendo feitas online, a única diferença entre uma loja com 900m² e uma megaloja com 5.000m² é que esta última paga um aluguel muito mais alto. Os shoppings, a contribuição dos Estados Unidos aos subúrbios do pós-guerra, viraram rapidamente um vasto deserto, já que muitas franquias não conseguiram se adaptar. A Borders e a Circuit City, antes tidas como lojas de varejo inovadoras por Wall Street, viraram dinossauros fadados à extinção.

"O varejo tradicional está sendo ameaçado de 'destruição econômica' por sua concorrência, que tem uma vantagem online", escreveu em seu blog o sócio da Andreessen Horowitz Jeff Jordan, que acrescenta: "Infelizmente para os donos de shoppings, o conteúdo do site deadmalls.com está prestes a se expandir substancialmente. Há shoppings demais nos Estados Unidos, e isso só vai piorar."[4] As mudanças na distribuição afetam o valor dos bens imobiliários, as economias locais e a constituição da classe média norte-americana.

O e-commerce removeu da maioria dos produtos o valor que era agregado por comprá-los na loja física. Praticamente da noite para o dia, cadeias como a Gap e a Victoria's Secret descobriram que seus pontos mais frequentados eram seus sites. Nem mesmo o mantra clássico dos três fatores mais importantes do varejo, "localização, localização, localização", pode competir com a comodidade de fazer compras em casa, a qualquer hora do dia ou da noite. Desde que foi mencionada pela primeira vez, em 28 de novembro de 2005, a Cyber Monday virou o segundo dia do ano com o maior número de vendas (perdendo apenas para a Black Friday).[5] As mudanças na distribuição, o penúltimo elo da cadeia de valor tradicional, estão prestes a causar a maior disrupção que a economia mundial já viu. Em 2009, o redator da revista *Newsweek* Daniel Lyons escreveu um manifesto atacando o e-commerce chamado "A Decade of Destruction" [Uma Década de Destruição, em tradução livre]. Ironicamente, o artigo apareceu em uma publicação impressa que estava sofrendo com a disrupção. Lyons caracterizou o poder disruptivo da internet ao escrever: "A última década é a era em que a internet arruinou tudo. Dê uma olhada nos setores econômicos que foram prejudicados com o advento da web: Jornais. Revistas. Livros. Televisão. Filmes. Música. Varejistas de quase todos os tipos, desde carros até imóveis. Telecomunicação. Companhias aéreas e hotéis. Onde havia arestas a serem aparadas, essas indústrias sofreram."[6]

Desde a publicação de "A Decade of Destruction" em 2009, a carnificina do varejo acelerou. Em 2012, vimos o maior número de lojas sendo fechadas na história dos Estados Unidos. A Sears Holdings, outrora campeã do varejo, fechou quase duzentos Kmart e mais de cem lojas.[7] Após uma queda nas vendas de mais de 26%, a C. Penney fechou mais de trezentas lojas.[8] A GameStop e a Radio Shack, lojas tradicionais de equipamentos e acessórios, presentes em quase todos os grandes shoppings dos Estados Unidos, precisaram fechar quase 500 lojas cada.[9] Acrescente as centenas de lojas fechadas da Office Depot, da Barnes & Noble e da Office Max, e o padrão é inconfundível. A disrupção da distribuição tradicional está mudando a natureza fundamental da maioria dos negócios.

"Enquanto empresa, somos pioneiros culturais e gostamos de ser disruptivos até com nosso próprio negócio. Outras empresas têm culturas diferentes e, às vezes, não gostam de fazer isso", declarou Jeff Bezos, da Amazon. "A indústria da música deveria ser vista como uma excelente moral da história: não permita que isso aconteça com você. Antecipe-se."[10]

ENCONTRANDO O MODELO DE NEGÓCIOS CERTO

Se sua ideia de startup envolve conteúdo digital, escolher o modelo de negócios correto é tão importante para o sucesso da sua empresa quanto construir a plataforma digital correta. Ser disruptivo à distribuição não é mais apenas competir e substituir produtos físicos; é também entender a realidade econômica de cada estrutura financeira possível.

> *O modelo de negócios correto é tão importante para o sucesso da sua empresa quanto construir a plataforma digital correta.*

Ao trabalhar como chefe de distribuição digital em três das maiores empresas de conteúdo do mundo, tive a oportunidade de experimentar praticamente todos os modelos de receita: inscrição, aluguel, propriedade, streaming, download, sob encomenda, apoiado por anunciantes, patrocinadores, baseado em prêmios, notificações geográficas e variações desses modelos. A resposta rápida é que nenhum deles se compara aos lucros obtidos pelas empresas com a venda física de CDs e DVDs. Os dólares físicos sempre serão substituídos pelos trocados digitais. Ainda assim, as empresas encontram modelos bem-sucedidos que permitem capturar o maior valor através da distribuição, ao mesmo tempo em que são disruptivas à habilidade do produtor de conteúdo de manter as margens de lucro.

Ao serem disruptivas à cadeia de valor através da distribuição, a Amazon, o eBay e o iTunes geraram um valor conjunto de US$82 bilhões em vendas em 2012.[11] As três empresas continuam a se expandir e a inovar. Em maio de 2013, foi baixado o quinquagésimo bilionésimo aplicativo da App Store da Apple e, ao mesmo tempo, a loja lançou um serviço de assinatura de música e televisão.[12] As três empresas tomaram diferentes caminhos para causar a disrupção através da distribuição, enquanto ofereciam a maior seleção possível de produtos ao consumidor. Cada uma delas conseguiu ficar com uma fatia diferente do valor desbloqueado. Os mapas e as lições que cada uma delas pode compartilhar são diferentes, mas todos estão focados na distribuição.

"Há dois tipos de empresas: aquelas que trabalham para cobrar mais e aquelas que trabalham para cobrar menos", disse Jeff Bezos. "Nós somos do segundo tipo."[13]

Desde a fundação da empresa, Bezos definiu corretamente a vantagem competitiva da Amazon como sua capacidade de ter a mais completa seleção de estoque. Apesar de as lojas físicas tradicionais conseguirem estocar entre dez mil e quarenta mil livros, a Amazon conseguiu oferecer aos consumidores uma seleção praticamente ilimitada ao investir pesadamente em centros de distribuição automatizados e modernos e firmar parcerias com fornecedores que entregavam diretamente ao consumidor. Uma grande disrupção pode exigir muita paciência (especialmente dos investidores). A Amazon precisou de quase US$1 bilhão em capital e seis anos para começar a lucrar, mas nesse meio-tempo a empresa faturou mais de US$1 bilhão em vendas e condicionou os consumidores a comprarem online. Com essa base, a Amazon conseguiu expandir o ecossistema de produtos digitais com o Kindle e seu serviço de conteúdo.

Assim, a Amazon, que cresceu ao ser disruptiva com a distribuição física, logo viu o eBay como sua maior concorrente. Modelos de negócios antes divergentes agora competem para vender a maior seleção de itens novos e usados aos consumidores.

Para o fundador do eBay, Pierre Omidyar, a prática de combinar precisamente compradores e vendedores que podem definir o valor exato do produto a qualquer momento revolucionou a precificação e a distribuição. O eBay é o mercado global mais eficiente já criado. Todas as restrições típicas dos elos de distribuição e precificação foram removidas quando a empresa conectou um comprador e um vendedor igualmente receptivos.

"Eu construí um sistema que se mantém sozinho", ressaltou Omidyar.[14] Assim como a internet permitiu que as companhias aéreas e os hotéis adotassem preços flutuantes para passagens e diárias com base em flutuações de oferta e procura registradas em tempo real, o eBay criou um mundo em que todos os produtos se beneficiam de preços variáveis. O eBay se focou em conectar o comprador e o vendedor, eliminando, assim, qualquer gasto da empresa associado à distribuição. Bilhões de dólares em produtos são vendidos sem que o eBay tenha sequer um armazém ou caminhão de entrega. De fato, o serviço postal dos Estados Unidos, subsidiado pelo contribuinte, acaba fazendo as vezes de departamento de logística e distribuição do eBay. Durante a maior parte do ano, quase 1/3 de todos os pacotes enviados pelo USPS são produtos do eBay![15]

Com base no modelo de leilão, o eBay passou a incluir a possibilidade de "Compre Agora" a um preço fixo e tem milhares de novos produtos competindo diretamente com a Amazon. Juntas, as duas empresas dominaram tanto o ato de comprar que as megalojas agora sofrem de um novo mal conhecido como "showrooming", no qual os consumidores tocam e sentem o produto que gostariam de ter e, então, usam o smartphone para comparar preços ainda no corredor da loja. Saber como o showrooming afetará seu produto é imperativo para se ter sucesso na distribuição.

Foi por acidente que encontrei uma das abordagens mais disruptivas à distribuição digital. Lá estava eu, supostamente uma das principais autoridades em distribuição digital, e teria deixado passar completamente um novo modelo de negócios se não fosse por uma paixão pessoal: mágica. Gosto de mágica desde criança. Ganhei dinheiro para pagar a faculdade fazendo mágicas em restaurantes e festas de aniversário, e ainda hoje sou um dos artistas da Academy of Magical Arts de Magic Castle, em Hollywood. Um dia, um amigo me enviou o vídeo viral em que um jovem mágico chamado Brad Christian apresentava um truque original no YouTube. No vídeo, havia um link para o site de Christian, Ellusionist.com, no qual ele vendia o segredo. Alguns truques só precisavam de prática e podiam ser vendidos via downloads das instruções, enquanto outros precisavam que alguns objetos fossem enviados pelo correio. De toda forma, Brad transformou a infraestrutura do YouTube para distribuir seu conteúdo e comercializá-lo sem custos. O Ellusionist, fundado em 2001, também encoraja os novos mágicos a venderem seus truques através do site.[16] E assim nasceu a *presto* — uma das marcas de truques de mágica mais famosas da história, e um hobby fragmentado globalmente ganhou uma comunidade central. O mesmo modelo é usado para distribuir vários conteúdos para amadores e produtos que não atrairiam a distribuição tradicional e tampouco chamariam a atenção do iTunes ou de um site de igual escala.

O iTunes da Apple ainda usou uma terceira abordagem para ser disruptivo através da distribuição ao adotar um modelo de negócios estilo "agência". Nesse modelo, o revendedor fica com uma comissão predeterminada por cada venda. No meu tempo na EMI, quando negociamos com Steve Jobs pela primeira vez, Jobs insistiu veementemente que todas as faixas fossem vendidas por US$0,99, independentemente das variações de custo de cada música. Então, apesar de muitos consumidores se beneficiarem do preço fixo, por baixo dos panos, a EMI vendeu muitas músicas para a Apple por muito mais que um dólar. Inicialmente, as músicas clássicas, que podem ter até setenta minutos e costumam determinar o preço do álbum todo, podiam ter um preço de venda de US$6 e ainda serem revendidas no iTunes por apenas US$0,99. Com um verdadeiro monopólio sobre os produtos que podem ser vendidos em seu ecossistema eletrônico, a Apple foi acusada de não respeitar a livre concorrência e processada pelo Departamento de Justiça. "Acho que vocês não entendem", disse ao tribunal o vice-presidente de Softwares de Internet e Serviços da Apple, Eddy Cue. "Não podemos tratar revistas e jornais de um modo diferente de como tratamos o FarmVille."[17] Essa postura agressiva da Apple diante do Departamento de Justiça é a essência da sua estratégia de longo prazo. Se a Apple consegue manter a margem de lucro de todo seu conteúdo, jogos, revistas, filmes, entre outros, o iTunes pode comandar a maior parte do lucro do varejo. Se a loja eletrônica da Apple é um monopólio ou não, cabe aos tribunais decidirem. Seja como for, a empresa tirou o maior valor possível de sua estratégia de combinar lojas físicas e e-commerce. As Apple Stores não são prejudicadas pelo showrooming — elas se beneficiam. Como a Apple é a fabricante e a vendedora de todos os seus produtos, não importa se os consumidores compram seus iPads online ou na loja; a margem de lucro da empresa é a mesma. Essa estratégia única de distribuição da Apple é bem-sucedida? Em abril de 2013, a empresa faturou mais de US$145 bilhões em dinheiro vivo — o bastante para comprar um iPad Air de 32GB para todos os homens, mulheres e crianças dos Estados Unidos.[18]

"Nenhuma empresa de tecnologia já teve resultados como esses", gabou-se o CEO da Apple, Tim Cook, sobre o resultado do primeiro trimestre de 2013, que registrou uma receita de US$54,5 bilhões e um lucro de US$13,1 bilhões.[19] E, agora a Apple está de olho no mercado das televisões.

A DISRUPÇÃO DA DISTRIBUIÇÃO NAS PEQUENAS TELAS

A indústria da televisão está à beira do precipício da disrupção, graças a todas as empresas que trabalham para ser disruptivas com a distribuição de vídeo. Os DVRs e a distribuição digital de vídeos já racharam a cadeia de valor, mas quem ficará com os benefícios ainda precisa ser determinado. Com o surgimento da televisão, o modelo de negócio era simples. Três emissoras competiam para comprar a programação que mais atraísse o público, e a atenção desse público era vendida aos anunciantes. As regras do sindicato financeiro impediam as emissoras de transmitirem apenas os programas de que eram donas e produtoras, enquanto as agências de audiência calculavam quantas pessoas eram atraídas pelos comerciais. As fundações de um modelo de negócios de cinquenta anos estão cheias de fissuras e rachaduras enormes. Em média, nos Estados Unidos, um assinante de TV a cabo recebe 189 canais, mas assiste a apenas 17 deles.[20] Corroendo ainda mais esses números está o fato de que apenas 38% dos espectadores norte-americanos assistem programas ao vivo, o que faz os anunciantes questionarem quando e se seus comerciais serão vistos.[21] De acordo com a Magna Global do Interpublic Group, o negócio de US$62,7 bilhões dos comerciais televisivos caiu 3% em 2013, enquanto o mercado norte-americano de publicidade de US$154 bilhões cresceu 2,7%.[22] O mais perturbador é que a televisão está perdendo o grupo demográfico mais valioso para os anunciantes: pessoas de 18 a 24 anos. Um estudo da Nielsen, conduzido em 2014, revelou que os norte-americanos dessa faixa etária assistem a apenas vinte e duas horas de televisão por semana — uma queda de noventa e cinco minutos, se comparado ao índice do ano anterior, ou de 7% por ano. A Nielsen notou que esse é o quarto ano de quedas nesse grupo demográfico.[23]

Apesar de todas as promessas da internet e do celular, a maior parte do dinheiro de publicidade ainda vai para a sala de estar. Historicamente, as mídias foram mais consumidas através da televisão do que por meio de qualquer outro aparelho. Assumir o controle da tela e comandar o investimento de publicidade foram os objetivos das principais empresas de telecomunicação, eletrônicos e tecnologia ao longo da última década. Bilhões de dólares foram investidos na disrupção desse mercado, mas mesmo assim poucos entendem a velocidade com que o comportamento dos consumidores está mudando.

"A história mostra que os assinantes da TV paga fogem em massa para meios alternativos quando ocorre até mesmo uma rara disrupção no serviço", disse o presidente da National Association of Broadcasting, Gordon Smith. "Isso demonstra um valor quantificável que a programação de transmissão 'deve ter'".[24] Os disruptivos do mundo todo estão aproveitando essa mudança multibilionária na publicidade ao criarem uma nova geração de programação e de opções para os anunciantes. A monetização de múltiplas telas é o pilar de empresas que vão do fornecedor de software Seachange International a aplicativos de troca de informação, como tvtag e Beamly. As grandes empresas de mídia trabalham duro para manter suas posições, com o Hulu e o

HBO Go liderando o caminho para aumentar o engajamento dos espectadores.

Quando a Apple anunciou a iTV em 2006, a empresa se juntou a várias grandes corporações determinadas a conquistar as salas de estar do século XXI. Ela tem como alvo a Sony, a Samsung, a Time Warner e a Comcast e, recentemente, chamou a atenção de novos participantes, o Hulu e a Netflix. Mas, embora a Apple e as outras empresas continuem tentando encontrar seu lugar em frente ao sofá, cada uma delas logo perceberá que está, de fato, lutando contra o vento. Com o lançamento eficiente da Apple TV e da Samsung Connected Living TV, conquistar a sala de estar ainda é uma tarefa vaga. Se o Google, com o Google TV e o YouTube, é o Dom Quixote nessa jornada para alcançar o inalcançável, então a Microsoft — ansiando por voltar a dominar o mercado como aconteceu durante a era dos computadores pessoais — certamente é o seu fiel escudeiro, Sancho Pança. A Microsoft, outrora a líder em levar vídeos às telas dos computadores, tem dificuldades para se conectar com uma geração que quer acessar os vídeos onde, quando e como quiser.

Anos antes de Jobs entrar no espaço dos eletrônicos, a Microsoft tentou fazer seu sistema operacional dominar a televisão do "futuro". A primeira vez que a Microsoft entrou em uma sala de estar foi com a UltimateTV, em 2000 — um ano antes de o primeiro iPod da Apple ser anunciado. A UltimateTV foi projetada para acabar com a cadeia de valor das redes de televisão ao oferecer um DVR com a opção de pular os comerciais e com a capacidade de gravar até trinta e cinco horas de programação. O alcance da Microsoft foi prejudicado quando a EchoStar adquiriu a DirecTV, e a UltimateTV perdeu sua distribuição de programação. Um resultado do desenvolvimento da EchoStar foi que as empresas de TV a cabo e satélite preencheram cheques generosos para os donos de conteúdo em Hollywood tentando forçar a manutenção do status quo da cadeia de valor. Se as emissoras de televisão não conseguem fazer com que seus anúncios sejam vistos, seus negócios evaporam. Mas a Microsoft não se deixou abalar.

Em outra tentativa de ganhar a distribuição e fincar sua bandeira na sala de estar, a Microsoft entrou no mercado de games com o Xbox. A estratégia era simples: o melhor sistema de jogos, o Xbox, seria conectado à melhor televisão da casa. Essa abordagem se provou muito eficaz com a apresentação do Xbox Live, em 2002, que permitia que os consumidores baixassem jogos, pagassem por assinaturas e comprassem músicas e filmes. Com quarenta e seis milhões de usuários em 2013, dominar a sala de estar parecia um objetivo plausível para a Microsoft.[25]

Mas algo inesperado aconteceu enquanto os titãs da tecnologia brigavam bravamente pelo controle do sofá. Assim como os ferozes gigantes feitos de moinhos de vento em La Mancha, a "sala de estar" do século XXI virou uma mera ilusão.

"Tudo é um artifício ou uma ilusão", diz Quixote na obra de Cervantes, e a sala de estar do século XXI não é exceção. As famílias já não se reúnem em frente a uma única televisão, compartilhando uma experiência passiva. O vídeo é consumido o tempo todo, em todos os lugares, em muitos aparelhos portáteis. Tablets para a cama, smartphones para a viagem e DVRs distribuindo programação para a casa toda são mais comuns do que Homer, Marge, Bart, Lisa e Maggie reunidos no sofá. Com 64% dos *millennials* consumindo conteúdo em várias telas ao mesmo tempo, a questão sobre "onde" alguém consome a mídia foi substituída por "como" essa mídia é consumida.[26] A tão chamada segunda tela passou a ser a tela principal, na qual a maioria dos norte-americanos têm acesso às notícias e ficam conectados com o mundo.

A prova de que esse cenário sofreu disrupção pode ser encontrada em quem cancela a televisão a cabo, quem grava seus programas e quem exige que os produtos sejam cobrados separadamente. A mídia social impactou ainda mais a dinâmica do consumo de conteúdo, pois permite que amigos compartilhem uns com os outros e com suas comunidades a experiência de assistir a algo. A programação da televisão é o assunto mais comentado no Twitter, e dezenas de startups no espaço social estão conectando experiências de segunda tela.[27] Empresas de videoconferência, como ooVoo e Hangouts, permitem que amigos do mundo todo assistam a vídeos juntos e conversem. Os consumidores estão se transformando em retransmissores, e a distribuição de conteúdo atravessa paredes e barreiras artificialmente construídas. As pessoas não precisam mais dividir o mesmo sofá para compartilhar experiências. A disrupção da distribuição da programação da televisão afeta, também, a forma como os programas são produzidos, comercializados e desenvolvidos. Smart TVs e aplicativos de segunda tela são desenvolvidos diariamente para ligar os anunciantes aos telespectadores e os telespectadores à programação escolhida.

Uma nova geração de empreendedores cria oportunidades para conexões ao redor do conteúdo sem se prender ao custo de criação. Assim como o eBay dominou a distribuição física sem possuir os produtos ou os caminhões que entregam tais produtos, as startups de hoje alavancam a experiência da programação sem possuir o conteúdo. Além disso, os aspectos sociais promovidos pelos serviços de música, como o Spotify e o Deezer, logo serão expandidos para o vídeo e permitirão que os anunciantes se conectem ainda mais diretamente com os espectadores que compartilham o conteúdo dos vídeos. Mas a maioria dos publicitários continua limitada à sala de estar para alcançar os consumidores, apesar da inovação que atinge todas as telas das casas.

> Uma nova geração de empreendedores cria oportunidades para conexões ao redor do conteúdo sem estarem presos ao custo de criar tal conteúdo.

Apesar de as emissoras e as operadoras de TV a cabo dos Estados Unidos mencionarem um aumento na demanda dos anunciantes como a prova de que nada mudou na sala de estar, é preciso lembrar que 1999 foi o melhor ano da indústria da música antes de seu modelo de negócio implodir.[28] "Os fatos são inimigos da verdade", disse Quixote, acrescentando: "Todo homem é produto do próprio trabalho". Se os criadores de conteúdo de hoje lamentam o fato de que as disrupções na distribuição reduzem os dólares de receita para dez centavos digitais, o surgimento dos smartphones transforma os dez centavos digitais em um centavo de celular. Seis bilhões de usuários de celulares ainda têm o potencial de somar muitos centavos.

> *Os smartphones transformam os dez centavos digitais em um centavo de celular. Seis bilhões de usuários de celular ainda têm o potencial de somar muitos centavos.*

Conforme os preços dos smartphones continuam a cair e a proliferação da internet 4G para celulares continua a crescer, o mercado global para conteúdo digitalmente distribuído continuará sendo explorado. Mais de 85% do mundo já tem um celular, e as oportunidades para ser disruptivo com a distribuição de vídeo são muitas.[29] Quando um jogo simples de celular, como o Candy Crush Saga, rende mais de meio bilhão de dólares em um ano, fica claro que há como ganhar dinheiro com a distribuição de conteúdo móvel.[30] Com tanto conteúdo disponível, entretanto, o verdadeiro desafio não é mais acessá-lo, mas descobri-lo. Curadoria, filtragem colaborativa [técnica de prospecção que se baseia no conceito de que pessoas com interesse em determinada coisa provavelmente terão gosto semelhante para outras coisas] e personalização são caminhos para os empreendedores lucrarem com a distribuição digital sem investir pesadamente em criação de conteúdo. Como lembra o especialista em internet Clay Shirky: "Não é excesso de conteúdo. É fracasso na filtragem."[31]

Curadoria e descoberta são atividades difíceis. Flipboard, N3twork, Maker Studios e dezenas de outras startups seguem caminhos diferentes para resolver o desafio da curadoria de vídeos em um mundo no qual mais de cem horas de vídeos são subidas no YouTube por minuto.[32] Com mais de US$66 bilhões por ano de anúncios televisivos em jogo, a filtragem colaborativa, as recomendações em mídias sociais e vários algoritmos são desenvolvidos por disruptivos para satisfazer a sede dos telespectadores por conteúdo em várias telas e encontrar uma maneira de monetizar todo esse engajamento dos consumidores para os anunciantes. A Starcom MediaVest, uma das maiores empresas de compra de mídia, tirou US$500 milhões dos anúncios de seus clientes da televisão e os levou para o digital em 2014.[33] Se o padrão seguir a força disruptiva da indústria da música, os novos participantes serão mais valiosos do que os anteriores, porque os espectadores consumirão mais conteúdo (e mais anúncios). Mas, por mais irritante que sejam a curadoria e a descoberta de conteúdo, os empreendedores devem se lembrar de que muito antes de os clientes consumirem sua grande ideia, você precisa que os investidores descubram você e sua empresa.

Capítulo Quatorze

Revisitando o Capital: O Dinheiro de Outras Pessoas

Sempre peça dinheiro emprestado a um pessimista. Ele nunca espera receber de volta.
— Oscar Wilde

A reclamação mais comum dos empreendedores é a falta de financiamento. "Eu mudaria o mundo se conseguisse US$1 milhão." "Nossa startup valeria milhões de dólares se a janela da oferta pública inicial não tivesse fechado." "Se ao menos eu tivesse começado antes, teria a verba para tirar proveito dessa oportunidade maravilhosa." Mais cedo ou mais tarde, toda empresa ou ideia disruptiva precisará de mais verbas. Mesmo o mais bem-sucedido empreendimento de risco exige capitais crescentes para acompanhar a demanda dos consumidores. Conseguir dinheiro com investidores-anjo, investidores de risco e "private equity" é um trabalho integral para a maioria dos CEOs de startups. Há incontáveis estratégias para levantar recursos, desde capital inicial até um financiamento multimilionário e abrir as ações da empresa. Nas últimas décadas, arrecadei mais de US$800 milhões para startups. O processo de juntar dinheiro para abrir uma nova empresa — e os prós e os contras de cada fonte de capital — é assunto para um livro inteiro. Mas é possível levar a disrupção ao processo de financiamento para descobrir meu tipo favorito de dinheiro. Esse dinheiro não é emprestado, então você não ficará devendo. Não é um investimento, então você não despende seu suado capital próprio. É um dinheiro repassado por livre e espontânea vontade para ajudá-lo a construir sua empresa ou implementar sua nova ideia. Estou falando do OPM, na sigla em inglês: o dinheiro de outras pessoas.

O OPM não consiste em aceitar dinheiro e recusar-se a pagar de volta, mas em aprender a posicionar sua ideia para que ela seja mais valiosa que o dinheiro investido. É um dinheiro repassado sem exigências de que seja devolvido ou de que o credor assuma parte da empresa. Trata-se de resolver o problema de alguém para resolver o próprio problema sem gastar nada. Trata-se de criar oportunidades para aqueles que têm mais capital que ideias. É sua chance de monetizar sua própria criatividade. É o combustível que mantém a disrupção, e sua startup pega essa carona.

> OPM consiste em aprender a posicionar sua ideia para que seja mais valiosa que o dinheiro sendo investido.

FONTES DE CAPITAL

Primeiro, uma rápida aula sobre como levantar fontes tradicionais de capital. A maioria dos empreendedores de tecnologia tende a ir para a Sand Hill Road, no Vale do Silício, para conseguir dinheiro com investidores ricos. Sequoia, Benchmark, Accel e dezenas de outras empresas pegam dinheiro de "limited partners" [sócios cuja responsabilidade é limitada ao valor de seu investimento] e investem em diversas startups. Como a maioria das jovens empresas fracassa, os investidores precisam conseguir um retorno significativo com seus poucos sucessos. Facebook, Google, Yahoo! e eBay deram um retorno bilionário às empresas de investimento e, por sua vez, aos investidores. Contudo, o verdadeiro custo da média de retorno do investimento de risco pode ser surpreendente. Um estudo abrangente feito em 2012 pela Kauffman Foundation chamado "We Have Met the Enemy ... and He Is Us" [Encontramos o Inimigo ... e Somos Nós Mesmos, em tradução livre] mostra que, ao contrário do que a maioria acredita, grande parte dos investimentos de risco não gera retornos maiores aos investidores do que o mercado de ações.[1] A era em que os investidores obtinham retornos enormes teve seu auge em 1997 e, a partir de então, 62% do capital de risco investido pela bilionária Kauffman Foundation não teve um desempenho superior ao do mercado de ações depois de todas as taxas e juros terem sido pagos.[2]

Tenha cuidado ao levantar dinheiro para sua startup através de um investimento de risco: as empresas de investimento de risco sofrem uma enorme pressão para melhorar sua performance, então você terá que se certificar de que o potencial de hipercrescimento de sua empresa disruptiva está à altura das expectativas de seus investidores. O dinheiro dos investidores vem ao custo de ceder parte de sua empresa. Cada vez que você voltar para pedir 2, 3 ou 4 financiamentos, sua porcentagem como dono cairá ainda mais. Por mais que eu ainda trabalhe com investidores de risco e valorize não apenas seu dinheiro, mas seu conhecimento e sua orientação em negócios, o OPM ainda é o modelo mais seguro sempre que possível. A forma mais rápida de obter retorno sobre o capital investido é não investir.

Não estou sugerindo que não é preciso ter dinheiro para construir uma nova *startup* ou ser disruptivo com um setor, mas se você conseguir encontrar uma forma de gastar o dinheiro de outra pessoa para alcançar seus objetivos, terá lucro desde o primeiro dia. Você está fazendo um financiamento fora do balanço. O verdadeiro custo de lançar seu produto não é financiado por sua empresa. Se você for disciplinado ao gastar o OPM, os resultados poderão ser surpreendentes. Eu sei: construí minha carreira dessa forma.

Durante meus anos de formação em negócios, anos nos quais administrei minha própria empresa, gastei cada dólar como se fosse meu. Essa frugalidade beneficiou o resultado financeiro da nossa empresa e me ensinou a ser um empresário bastante engenhoso. Apesar de às vezes ter ficado com o limite do cartão de crédito estourado, meu carro ter sido apreendido e meus filhos terem comido muito arroz com ovo, me orgulho do fato de nunca ter deixado de pagar meus funcionários (mesmo quando não conseguia pagar a mim mesmo). Quando cheguei à Universal Studios, estava acostumado a encontrar OPM e o usei para construir a Animalhouse.com sem gastar nenhum centavo do orçamento do departamento.

Então, quando finalmente fui contratado por Sir Howard Stringer para lançar o Sony Connect, a alternativa ao iTunes, encontrar OPM para meus projetos já fazia parte do meu DNA. A Apple gastava mais de US$100 milhões por ano para anunciar o iTunes, e eu ia bater de frente com eles sem um orçamento de lançamento aprovado. Eu sabia que não estava à altura. Os executivos de Tóquio ainda não acreditavam em conteúdo digital, e minha ideia não era financiada pela diretoria. As diretorias corporativas não oferecem dinheiro para suas prioridades de marketing, especialmente se ainda não foram comprovadas. Por ser o disruptivo da empresa, tive que sair dela para conseguir o financiamento adequado para o meu projeto. O segredo do OPM é encontrar o problema de outras pessoas e transformar seu produto na solução de que elas precisam.

Seguindo meu princípio de resolver para os outros para resolver para mim, procurei por parceiros que se beneficiariam tanto com um lançamento bem anunciado do serviço digital de música Sony Connect que ficariam felizes em nos pagar para fazer o lançamento. Mas, diferente de uma startup que pede ajuda, a Sony era uma das maiores empresas do mundo e gastava mais de US$2 bilhões anualmente em propaganda. Não havia um bom motivo para alguém querer ajudar a Sony. Então, como fiz quando lancei minha empresa de laserdisc, comecei a estudar as notícias à procura de empresas grandes que estivessem com problemas. Se eu pudesse usar o Sony Connect para solucionar esses problemas, talvez conseguisse usar o orçamento de publicidade e propaganda de outra empresa para resolver meu problema. Não demorei muito para encontrar empresas que tinham virado notícia apesar de não terem pedido por isso.

> *Resolva os problemas dos outros para resolver os seus.*

Duas empresas em áreas completamente diferentes estavam com problemas e apareciam nas manchetes em 2004: United Airlines e McDonald's. Anos de disputas com acordos sindicais, somados a uma queda nas viagens aéreas depois dos ataques terroristas de 11 de setembro, forçaram a UAL Corporation a entrar com um pedido de falência nos termos do Capítulo 11 da Lei de Falências em dezembro de 2002 [equivalente, no Brasil, à solicitação de recuperação judicial]. Para sobreviver, a United Airlines concedeu licença a milhares de funcionários e encerrou várias rotas; a empresa precisava desesperadamente de boas notícias. A companhia aérea tinha sobrevivido à tempestade e queria contar ao público que estava de volta e melhor do que nunca. Todos os dias, seus aviões voavam com muitos assentos vazios e poucos passageiros. O que faltava era uma ideia criativa para atrair seus passageiros frequentes de volta sem aumentar o orçamento de marketing.

Na mesma época, o McDonald's enfrentava um grande problema. Em 2004, o diretor Morgan Spurlock lançou o filme *Super Size Me: A Dieta do Palhaço* no Festival Sundance de Cinema e desencadeou um desastre de relações públicas para a empresa. O documentário mostrava Spurlock, de 32 anos idade, comendo no McDonald's três vezes por dia durante um mês. Ele engordou 11 quilos e viu seu colesterol subir para 230. O filme terminava com a imagem da tumba de Ronald McDonald e uma pergunta retórica: "Quem você quer ver ir embora primeiro, você ou eles?" O debate sofre fast-food impactou nas vendas do McDonald's e no seu resultado financeiro. A gigante do fast-food precisava de uma ação positiva de relações públicas. Mas como fazer o McDonald's ser algo bacana de novo? O que faria os tão desejados consumidores jovens voltarem?

E, mais importante, o que os problemas da United Airlines e do McDonald's têm a ver com o lançamento de uma loja de música digital para a Sony? A resposta era encontrar uma solução para a United Airlines e para o McDonald's que também funcionasse para o novo serviço digital da Sony. As três empresas eram líderes de marca em suas respectivas áreas. E as três atraíam um grupo demográfico abrangente de consumidores. Tudo o que eu tinha de fazer era examinar os problemas do McDonald's e da United através das lentes da Sony.

E se as milhas de viajantes frequentes pudessem ser usadas como uma moeda na loja da Sony Connect? E se cada Big Mac vendido viesse com um código para baixar uma música de graça? E se pudéssemos anunciar esses programas com uma ação gigante de relações públicas que obrigaria a mídia a falar sobre isso? E se, seguindo a minha crença no OPM, eu pudesse fazer tudo isso sem gastar nem um centavo do meu orçamento inexistente?

A resposta que satisfazia as necessidades de três marcas desvinculadas foi o primeiro show a 9km acima do solo. Em 4 de maio de 2004, a cantora Sheryl Crow se apresentou no "Concert in the Sky" em um voo da United de Chicago a Los Angeles. Lotamos o avião de repórteres e filmamos o show com nove câmeras (o filme do show, produzido brilhantemente por Ty Braswell, foi exibido em todos os voos da United Airlines por um mês — expondo o evento a milhares de viajantes). O logo da Sony Connect foi pintado no motor do avião e, quando pousamos em Los Angeles, todos os passageiros e funcionários tiraram uma foto na pista de decolagem em frente ao nosso avião. A United recebeu ampla cobertura da mídia, ocupando a primeira página em vários jornais do mundo, e nosso serviço de música, o Sony Connect, era o personagem principal de todas as histórias.

Ao mesmo tempo, o McDonald's lançou um comercial incrivelmente criativo na televisão; o vídeo mostrava como o mundo se transforma em um videoclipe gigante toda vez que você segura um Big Mac. O comercial teve uma grande veiculação em nove países. A promoção Mac Meal Tracks explicava que na lateral de todas as caixas do Big Mac havia um código para músicas gratuitas que podiam ser baixadas pelo Sony Connect. Para garantir que todos vissem, o comercial contou com uma ótima participação de Justin Timberlake (essa foi a primeira vez que Timberlake apareceu em um comercial de televisão, o que gerou ainda mais burburinho na mídia). Timberlake, o McDonald's e eu fizemos uma conferência de imprensa em Los Angeles para lançar o sistema de distribuição de música globalmente. Mais de cem jornalistas apareceram. Os resultados dessas duas promoções OPM foram instantâneos.

O tráfego no site da Sony Connect aumentou 3.000%, e 79% dos novos usuários voltaram para comprar mais músicas na primeira semana. Mais importante para o McDonald's, que gastara milhões de dólares na promoção, as vendas nas lojas cresceram 9% e os negócios voltaram ao normal. Mais tarde, naquele mesmo ano, o McDonald's e a Sony ganharam o prêmio Gold Reggie da Promotion Marketing Association pelo melhor evento promocional do ano (o nome Reggie faz referência ao toque de uso da máquina registradora). Foi uma situação em que todos ganharam verdadeiramente e que não custou nem um centavo à Sony (nem ao meu departamento). O OPM me fez ganhar um prêmio da diretoria da Sony — o maior reconhecimento da empresa! Só um detalhe sobre a promoção do McDonald's: ela quase não aconteceu. Depois de meses de negociações, nas quais discutimos com o McDonald's sobre o custo de cada música digital, fui pego de surpresa por um pedido de último minuto. Apesar da diretoria da Sony ter aprovado minha promoção (como poderiam recusar — não custava nada), o advogado do McDonald's explicou que a rede de restaurantes sempre fazia uma apólice de seguro para cobrir promoções por cupons, para o caso de mais consumidores que o esperado usarem o código de fato. A possível exposição financeira do McDonald's se todos os cupons realmente fossem usados seria de mais de US$100 milhões. Fiz tudo que podia para estimar a porcentagem de consumidores que baixariam uma música de graça, mas ninguém tinha certeza de qual seria o resultado. O McDonald's já tinha se dado mal em uma situação dessas antes. O departamento de marketing deles estimou errado as taxas de resgate em uma promoção para as Olimpíadas de 1984, e isso custou mais de US$50 milhões à empresa.[3] Com milhares de códigos de músicas digitais sendo criados, um erro nessa promoção poderia sair ainda mais caro. Para evitar tal risco, a Lloyd's of London faria o seguro da promoção Big Mac Meal Tracks. O valor segurado era superior a US$6 milhões, e eles esperavam que a Sony assumisse metade da conta. A alegria de usar o OPM acabou logo! Faltavam poucos dias para a promoção ser lançada e, de repente, parecia que custaria US$3 milhões.

O problema era que eu não tinha esse valor no meu orçamento. Eu já havia apresentado meus planos à diretoria, e todas as divisões funcionalmente ligadas à minha estavam participando (tínhamos incluído cupons em hardwares, como PlayStations, DVDs e outros eletrônicos, para que os consumidores usassem seus códigos). Se eu cancelasse a promoção, deixaria de ser o herói e passaria a ser um perdedor da noite para o dia. Caso procurasse o presidente para pedir dinheiro, iria parecer que eu não sabia o que estava fazendo. Agora, não era só minha grande ideia que corria perigo, era minha carreira na Sony e o lançamento do meu novo serviço.

Como já disse, causar a disrupção dentro de uma empresa não é diferente de fazê-lo em uma startup. É preciso encarar cada desafio como uma oportunidade e encontrar a solução que resolva o problema mais urgente primeiro. Minha solução era simples: como a Sony era uma empresa multibilionária, nós mesmos faríamos o seguro da promoção, e o McDonald's poderia preencher um cheque de US$3 milhões. Agora eu tinha organizado uma promoção bem-sucedida usando OPM e tínhamos US$3 milhões de crédito no banco antes mesmo de alguém dar a primeira mordida no lanche ou de a primeira música ter sido baixada em nosso site.

Por mais que a experiência com o McDonald's tenha sido muito estressante para mim, ela reforçou uma das lições mais importantes de ser disruptivo: nunca desista. Todos nós somos engenhosos quando colocados contra a parede. Minha primeira reação poderia ter sido jogar as mãos para o alto e desistir, mas não foi o que fiz. Eu me forcei a olhar para o problema de todos os ângulos possíveis. Todos os pontos de vista foram discutidos até que aparecesse uma solução lógica. Você nunca saberá quão perto esteve da vitória se desistir.

> *Todos nós somos engenhosos quando colocados contra a parede.*

> *Você nunca saberá quão perto esteve da vitória se desistir.*

NÃO EXISTE ESSA COISA DE TER ACABADO O DINHEIRO

Muitos empreendedores desistem porque ficaram sem dinheiro ou por não terem encontrado investidores. Há sempre outro ponto de vista, outra empresa que se beneficiará. Enfrente seus desafios com a perspectiva dos outros e a fonte do OPM ficará visível.

Blake Mycoskie, fundador da Toms Shoes, construiu sua empresa com base no princípio de se dar bem ao fazer o bem. Seu modelo de negócio "Um por Um" dava um par de sapatos para uma criança carente para cada par que sua empresa vendesse. Apesar de a Toms ter ganhado certa fama na internet, sua empresa só decolou quando ele fez o OPM funcionar. Em 2009, a AT&T colocou Mycoskie e a Toms em um comercial veiculado em rede nacional. A premissa era mostrar como ele conseguia administrar melhor sua empresa internacional graças ao "maior sinal" da AT&T. A empresa conseguiu um comercial bastante emotivo e autêntico ao mostrar Mycoskie entregando a uma criança carente seu primeiro par de sapatos, e Toms ganhou milhões em marketing de graça. O aumento das vendas em resposta ao comercial fez com que a empresa comercializasse mais de um milhão de pares de sapato — e doasse a mesma quantidade. Esse modelo inovador de pegar uma empresa local e fazê-la ser conhecida nacionalmente foi repetido dezenas de vezes a partir de então por empresas como a American Express e a Pinkberry.

Para os empreendedores que querem aproveitar as oportunidades do OPM, o processo é bastante direto. Primeiro, identifique e defina seu mercado-alvo. Para qual público específico seu produto é direcionado e quais são as emoções atreladas à sua proposta de valor? Quando tiver essas informações, seu próximo passo é fazer uma lista com outros produtos não competitivos que visam o mesmo público. Se estiver lançando um suplemento de perda de peso, por exemplo, pense em spas, fabricantes de equipamentos de exercício, empresas de materiais esportivos e assim por diante. Estude os slogans e as campanhas publicitárias dos maiores líderes de cada categoria até encontrar uma boa combinação. Por fim, pesquise na internet a agência da empresa e entre em contato com a equipe criativa dela. Com poucas ou nenhuma conexão, eu usei essa fórmula com empresas de refrigerantes, fabricantes de automóveis, empresas de roupas e até fabricantes de produtos de higiene feminina. É raro uma agência de publicidade transmitir essas ideias a um cliente sem já ter um parceiro, e é exatamente por isso que essas parcerias dão tão certo. Quando você leva as ideias até eles, a equipe da agência se dá bem.

Outra variação do OPM é o marketing causal. Como Toms Shoes demonstrou, os consumidores gostam quando suas atividades normais podem causar um impacto positivo no mundo à sua volta. A Walk for Breast Cancer da Avon e a Ronald McDonald House Charities são ótimos exemplos de marcas que se juntaram e geraram benefícios para ambas. A General Mills' Box Tops for Education, que levanta verbas para comprar material escolar, fez tanto sucesso que dezenas de outras marcas se juntaram para aumentar a atenção e a boa vontade criadas pela empresa de cereal.

Para as empresas menores, eu também recomendo o marketing de causa como um exercício interno para construir equipes e aumentar a satisfação, reduzindo a rotatividade de funcionários. O marketing de causa é uma atividade maravilhosamente egoísta e altruísta. Você doa seu tempo e energia com o desejo sincero de ajudar os outros, mas você e sua empresa também saem de cada atividade mais enriquecidos, mais inspirados e mais fortalecidos para enfrentar os problemas triviais do escritório. Quando construí minha primeira empresa, tínhamos mais tempo que dinheiro e mais talento que trabalhos remunerados. Então, todos os anos, juntávamos a empresa toda para trabalhar em um projeto pro bono em que poderíamos utilizar melhor nossos talentos. Os artistas gráficos criavam suas visões livres das exigências de clientes daltônicos. Os programadores não precisavam sacrificar funções ou características para atingir prazos artificiais. O pessoal de vendas podia procurar clientes em potencial para colaborar em vez de negociar. Criamos softwares educacionais para crianças com necessidades especiais e para deixar os museus e a ciência mais interativos e videogames que ajudavam crianças hospitalizadas a se recuperarem mais rápido. Sempre que encontro com antigos funcionários, com quem não trabalho há anos, é dos projetos de caridade que lembramos com mais carinho. Durante meus anos corporativos, houve várias vezes em que fui o OPM de outros. Assim como eu cedi 50% da propriedade do game Vid Grid para David Geffen a fim de conseguir o apoio da indústria da música para minha nova tecnologia, Bob Bernardi e Raju Puthukarai entraram no meu escritório na Capitol Records para me oferecer 50% da sua nova empresa de música digital. Mal sabiam eles que eu era o único empresário da indústria da música disposto a ouvi-los. Nos anos antes do iTunes e dos downloads legais, a MusicMaker era uma empresa com uma nova ideia para monetizar a música. Eles permitiam que os consumidores escolhessem online quais músicas eles queriam, gravavam essas músicas em um CD e o mandavam por correio. E, assim como ocorrera nos meus anos com a Jasmine, a MusicMaker tinha a tecnologia, mas lhe faltava o conteúdo musical. Sem músicas de sucesso, a empresa tinha poucas chances de sobreviver.

Ficamos com uma participação acionária, e eu me juntei à diretoria deles. A EMI deu uma licença para a MusicMaker, cedendo milhares de músicas do seu catálogo. Dos Beach Boys ao Eric Clapton, do The Band aos Ramones, agora as músicas estavam legalmente disponíveis online. Poucos meses depois de fecharmos negócio, a empresa abriu seu capital, em 7 de julho de 1999. Com apenas US$20.000 em vendas naquele ano, o valor de mercado da MusicMaker chegou a mais de US$600 milhões no primeiro dia, e a EMI ganhou milhares de dólares.[4] A EMI provou que havia dinheiro a ser feito com a música digital, e logo vieram outros acordos e Ofertas Públicas Iniciais. O modelo OPM foi um momento decisivo para a EMI e deu à minha equipe a liberdade para investir em novos fluxos de receita, como downloads digitais, rádio na internet e serviços de assinaturas digitais.

O OPM e o *marketing* de causa são duas formas de expandir o alcance do *marketing* de sua empresa sem reduzir sua atuação. Mudar o setor de atividade em que você atua e ser disruptivo com a cadeia de valor exigirá capital, mas o OPM é a única forma não dilutiva [aquela que não exige a venda do capital votante] à disposição de todos os empreendedores. O *marketing* causal também está se transformando em um dos valores essenciais das empresas do século XXI que pretendem recrutar e reter os melhores e mais brilhantes profissionais entre aqueles que querem exercer uma carreira com propósito. Ir atrás do dinheiro dos outros é uma ótima forma de criar contatos em sua área com pessoas que pensam de forma colaborativa e criativa e que querem mais do que apenas alcançar metas.

Capítulo Quinze

A Disrupção na Era da Coletividade

O homem que quer conduzir a orquestra precisa dar as costas ao público.
— Max Lucado

A internet permitiu que bilhões de pessoas tivessem acesso a séculos de conhecimento. Ainda que muitos desperdicem esse poder em vídeos de gatos tocando piano, alguns se comprometem a compartilhar suas especialidades — sem custos — com quem precisa de suas habilidades e experiências. A tecnologia agora permite o acúmulo de conhecimentos e pontos de vista de vários lugares. Embora o YouTube e outras empresas tenham construído seus modelos de negócios visando a monetização do conteúdo de terceiros, duas das mais famosas organizações adeptas desse modelo de negócios, a Wikipédia e o Craigslist, decidiram não capturar o valor criado. Os fundadores abriram mão de bilhões de dólares para suas fortunas pessoais e seguiram a visão que tinham de um mundo melhor. Abordaram o mercado com pontos de vista bastante diferentes, mas desafiaram nossas percepções sobre o poder que a coletividade tem para educar e informar. Foram os pioneiros da economia colaborativa.

Para aqueles que querem fundar uma organização sem fins lucrativos, promover uma causa ou mudar uma política pública, a colaboração coletiva é a resposta. Com poucos recursos ou nenhum, qualquer um com acesso à internet pode encontrar pessoas com interesses em comum para reunir, compartilhar e redistribuir conhecimento. A colaboração coletiva [em inglês, "crowdsourcing"] está mudando a maneira como os produtos são criados, as informações são coletadas e o capital humano é distribuído. Essa é a disrupção final, porque, de um jeito bastante zen, o conteúdo é controlado por todos e por ninguém ao mesmo tempo.

> *Crowdsourcing é a disrupção final, porque, de um jeito bastante zen, o conteúdo é controlado por todos e por ninguém ao mesmo tempo.*

A Wikipédia é o maior exemplo do poder do crowdsourcing. A Wikipédia se transformou em um depósito virtual para todo o conhecimento humano em menos de uma década. Talvez mais importante para a disseminação do conhecimento que a prensa de Gutenberg, Jimmy Wales e Larry Sanger decidiram não comercializar sua criação desde o começo.

"Imagine um mundo em que todas as pessoas do planeta têm acesso gratuito à soma de todo o conhecimento humano", diz Wales. "É o que estamos fazendo."[1]

Antes da Wikipédia, a maioria das coleções que reuniam o conhecimento humano era protegida por direitos autorais e estava sob o controle de autores, editoras e corporações. A Wikipédia foi disruptiva com o negócio das enciclopédias, livros de referência e almanaques ao permitir que a coletividade contribuísse para a melhoria do todo. Ao ser disruptiva à distribuição do conhecimento, a Wikipédia foi pioneira no novo conceito de negócios de contribuição coletiva e conteúdo gerado por usuários. Setenta mil editores não remunerados patrulham rotineiramente a Wikipédia para garantir a veracidade e a qualidade do conteúdo. Eles passam incontáveis horas fazendo trabalho voluntário porque aceitam a missão do site e sentem que ela dá sentido às suas vidas. Com quase 5 milhões de artigos, a Wikipédia é mais abrangente e atualizada que qualquer das enciclopédias anteriores. Além disso, a Wikipédia não tem limites, e seus artigos estão disponíveis em 285 idiomas. O site passou a ser uma comunidade autossustentável e viva, universalmente aceita por seus 350 milhões de visitantes mensais.[2] (Preciso confessar que meu lado capitalista tentou, logo no começo, convencer Jimmy

Wales a aceitar anúncios na Wikipédia. A receita gerada seria astronômica, mas mudaria irrevogavelmente os valores centrais do site. Wales sabia que os anúncios destruiriam a imagem de imparcialidade do site e trariam o risco de que fosse manipulado para agradar aos patrocinadores. Ele estava absolutamente certo, e não ter convencido a Wikimedia Foundation a monetizar o site com anúncios é um dos fracassos profissionais dos quais mais me orgulho).

Se a Wikipédia se definiu como uma organização sem fins lucrativos desde o começo, Craig Newmark tinha aspirações muito mais modestas quando criou o Craigslist em 1995. Quando a rede mundial de computadores ainda estava em sua infância, tudo o que Craig queria era ajudar seus amigos a encontrarem eventos locais. Então, Newmark publicou uma lista de e-mails informando sobre acontecimentos em São Francisco. A lista cresceu e virou um site fácil de usar, no qual qualquer um pode listar praticamente tudo. O Craigslist agora processa mais de cinquenta milhões de pesquisas por dia.[3]

"Nosso site é comandado pelas pessoas que o usam", disse Newmark. "Nós só fornecemos a infraestrutura."[4] O site logo se espalhou por mais de setecentas cidades em setenta países; sozinho, o Craigslist estripou a lucrativa receita dos classificados dos jornais.[5]

"Os jornais estão acabando porque a internet tomou seus pequenos monopólios. Durante décadas, eles não tiveram concorrência e, por isso, podiam cobrar um valor absurdo por coisas como pequenos classificados", escreveu Daniel Lyons em *A Decade of Destruction*. "Isso, dizem as pessoas que lamentam o fim dos jornais, era algo bom. Bom ou não, acabou graças ao Craigslist, que surgiu para fornecer o mesmo serviço sem custos."[6]

Newmark poderia ter ganhado bilhões de dólares com os classificados digitais, mas escolheu não ir atrás desse fluxo de receita. De fato, sua abordagem igualitária à disrupção da distribuição acabou com o valor de mercado. Assim como o Napster faria com a indústria da música, o Craigslist não mudou o valor monetário, mas foi tão disruptivo com o mercado que ninguém mais pôde cobrar por um serviço que passou a ser universalmente gratuito. O blogueiro e empreendedor de startups Mark Bao resumiu perfeitamente a situação:

"Na verdade, o Craigslist não está tirando negócios do mercado; está destruindo completamente esse mercado, já que os jornais não ganham quase nada do que ganhavam quando eram donos dos classificados. É como se uma cafeteria concorrente roubasse todos os clientes da Starbucks por vender um bom café a US$0,01 por xícara. Às vezes, destruição criativa é o mesmo que destruição de mercado."[7]

O VALOR DO GRATUITO

A Wikipédia, o Craigslist e oNapster foram pioneiros em um novo modelo de negócios: reduzir a competição ao oferecer serviços e produtos de graça. As grandes empresas fazem isso para ganhar participação de mercado — por exemplo, o Google lançou o Gmail para reduzir as receitas do Microsoft Office —, mas sempre visando capturar a receita de outro setor de seus negócios. No caso do Google, eles passaram a direcionar melhor seus anúncios ao lerem cada e-mail enviado pelos usuários e, assim, justificaram o custo do Gmail. Mas o crowdsourcing nem sempre é usado para capturar o valor que desbloqueia. O poder do crowdsourcing é democratizar o processo para evitar que uma empresa ou organização controle o acesso.

> O poder do crowdsourcing é evitar que qualquer empresa ou organização controle o acesso ao democratizar o processo.

Qualquer empresa baseada apenas em propriedade de informação pode facilmente ser vítima da disrupção causada pela contribuição coletiva. O Airbnb, a Uber e a nova economia colaborativa são extensões desse fenômeno e podem sofrer a disrupção causada por comunidades de usuários dispostos a oferecer serviços competitivos sem custos. Quem pagaria por uma carona se fosse criado um sistema equitativo de caronas compartilhadas? Por que todas as casas de uma rua comprariam um cortador de grama se fosse possível dividir apenas um entre os vizinhos? Um estudo recente descobriu que o norte-americano comum que possui uma furadeira a usa por um total de treze minutos de perfuração.[8] Então por que, coletivamente, somos donos de oitenta milhões de furadeiras? As possibilidades associadas a mudar de uma economia baseada em posse para uma baseada em compartilhamento são ilimitadas. Atividades econômicas inteiras sofreriam com a disrupção se os consumidores deixassem de "consumir" e passassem a "fornecer". A cooperação coletiva não implica o fim do consumismo; é um passo do ciclo de disrupção. Esse ciclo chegará ao fim quando os consumidores estiverem dispostos a pagar por uma versão melhor de um serviço gratuito existente. Com os avanços na tecnologia móvel e no comportamento do consumidor, é inevitável que o disruptivo seja vítima da disrupção. Como um dos sites mais antigos da web, o Craigslist é constantemente desafiado pela próxima geração de empreendedores da internet, que cobram por uma versão melhorada de algo que o Craigslist oferece de graça. Como Newmark não pode adaptar a interface simples do site para satisfazer uma demanda maior, várias outras startups capturaram valor ao quebrar a cadeia de valor do Craigslist em partes menores, mais eficientes e mais fáceis de controlar.

A amplitude das ofertas do Craigslist gerou mais de cinquenta alternativas. Sites como Airbnb, Care.com, 99designs e oDesk são vertentes refinadas das categorias do Craigslist. Os cofundadores do Airbnb, Brian Chesky e Joe Gebbia, usaram o Craigslist para procurar aluguéis de curta temporada perto de centros de conferências quando os quartos de hotéis eram escassos. Identificando a oportunidade de negócios ao preencher a lacuna entre o couch surfing [hospedagem gratuita por particulares, intermediada por uma rede social] e os hotéis, eles logo transformaram seu site de *air-bread-and-breakfast* [referência às pensões familiares mais simples, que apenas oferecem café da manhã e pernoite] em um negócio de US$10 bilhões. (A forma como financiaram a ideia inicial acabou virando uma lenda. Durante as eleições presidenciais norte-americanas de 2008, os empreendedores criaram e venderam os cereais "Obama O's" e "Cap'n McCain's". Em dois meses, venderam oitocentas caixas de cereal, juntando US$30.000 para lançar o Airbnb). O serviço logo cresceu e passou a ter 250.000 usuários registrados em 30.000 cidades de 192 países.[9] Por mais que os políticos discutam as questões legais relacionadas ao futuro do serviço, do mesmo jeito que a indústria da música tentou lutar contra o Napster, o gênio proverbial já saiu da lâmpada — o comportamento do consumidor foi fundamentalmente alterado. O poder da coletividade sempre acompanha a coletividade e não a implementação tecnológica.

> O poder da coletividade sempre continua com a coletividade, não com a implementação tecnológica.

A ECONOMIA SOCIAL

Ao criar um mercado vertical em torno de uma das categorias do Craigslist, um disruptivo pode adicionar mais funcionalidades para melhor servir ao cliente. Os classificados podem ser interativos e transacionais para, assim, irem além das poucas localizações geográficas atendidas pelo Craigslist. A mesma oportunidade existe hoje na decomposição das funcionalidades das principais redes sociais, como Facebook, Twitter e LinkedIn. Assim como o Craigslist, redes sociais genéricas atendem a uma vasta base de consumidores. A disrupção acontecerá quando um subsegmento valioso for identificado e melhor servido com funcionalidades adicionais. Aqueles que querem aproveitar a disrupção causada pela colaboração coletiva precisam focar três elementos essenciais.

Primeiro, analise qual informação a startup pode obter. O Airbnb junta e alavanca informações sobre quartos e camas disponíveis para aluguel. Como é o público que fornece as informações de oferta e procura, cabe à empresa criar uma plataforma para conectar as duas. O resultado é um mercado de dois lados em um setor no qual nenhum negócio como esse existia antes. Na nova economia colaborativa, vários empreendedores utilizam o mesmo modelo para tudo, desde ferramentas elétricas e cortadores de grama até caronas e aluguel de roupas.

O segundo elemento da disrupção é a eficiência. Juntar informações sobre quartos disponíveis só faz sentido se o aluguel deles for mais barato que o dos ofertados no modelo existente. Nos mercados em que os hotéis são mais caros (Nova York, Londres, Tóquio), o Airbnb oferece o melhor valor para os usuários. Ao permitir que as pessoas gerenciem a maior parte do modelo colaborativo, uma empresa reduz significativamente suas despesas, e essa eficiência pode ser repassada ao consumidor.

Por fim, a resultado líquido deve ter qualidade e transparência consistentes. Quando o eBay foi pioneiro no varejo baseado em colaboração coletiva, um sistema de confiança teve que ser criado para que os compradores e vendedores pudessem confiar que a outra parte honraria sua parte do acordo. Ninguém transferiria mil dólares para um estranho só por acreditar que receberia o item comprado. Um sistema público de avaliação resolveu a maior parte dos possíveis problemas. Se um vendedor ofertasse um produto a um preço difícil de acreditar, o possível comprador poderia ver quantas transações de sucesso o vendedor havia completado e ler as críticas dos outros consumidores. O feedback é o fator que melhora a qualidade geral dos negócios de crowdsourcing, mas é um aspecto da economia coletiva que as grandes empresas não conseguem adotar. Quanto mais aberto for o sistema para a interação com os consumidores, mais robusto será o mercado. Os smartphones agora permitem que os consumidores forneçam feedback quase instantaneamente sobre qualquer produto ou serviço. A rede social, o negócio colaborativo definitivo, é o empreendimento que mais se beneficia dessa mudança para o móvel.

> *O feedback é o motor que melhora a qualidade geral dos negócios de colaboração coletiva.*

Conforme o mundo migra para o móvel para explorar as redes sociais, a dominância do Facebook é usurpada por aplicativos como o Instagram (que o Facebook, depois, comprou por quase US$1 bilhão),[10] o WhatsApp (que o Facebook comprou por US$19 bilhões),[11] o WeChat, o Ello e o ooVoo. Cada um desses serviços procura alavancar a coletividade para melhorar os sistemas de comunicação. Ao combinar funcionalidade social e comunicação, o ooVoo foi a primeira rede social a ser centrada em videoconferência.

Quando passei a ser presidente do ooVoo em 2012, eu sabia que a tecnologia da comunicação móvel criaria demanda para uma nova forma de experiência social: a conectividade da rede social combinada com a intimidade da telecomunicação. Também sabia que teríamos de descobrir como acessar a coletividade para assistir a essa experiência viralizar. Assim como acontecera com a troca de mensagens uma década antes, a videoconferência começaria nos grandes centros urbanos, onde a tecnologia é abundante e os padrões de uso, fluidos. Então, concentramos todo nosso marketing no segmento jovem dos usuários da internet, e logo nossos serviços passaram a ter 100 milhões de usuários registrados. Os usuários jovens são mais sociáveis, mais móveis e menos propensos a fazer chamadas de voz. Livres dos hábitos de telecomunicação de seus pais, os adolescentes logo perceberam que as mensagens de textos eram a forma mais eficiente de comunicação, mas ainda ansiavam por uma forma mais íntima de se comunicarem com seus amigos mais próximos. Combinando interações pessoais e grupos de amigos, o ooVoo satisfaz uma necessidade: conecta pessoas cuja vida é centrada no celular e permite que os usuários se comuniquem por mensagens de voz gratuitas e bate-papo por vídeo. Em seis meses, a comScore identificou que o ooVoo era o aplicativo mais utilizado entre os adolescentes norte-americanos.

A telefonia realizada apenas por voz, que registrou crescimentos anuais entre 1876 (quando foi inventada por Alexander Graham Bell) e 2012, não faz sentido para essa nova geração. De fato, o jeito mais simples de irritar os millennials é deixar uma mensagem de voz. O modelo de negócios das principais operadoras, como a Verizon, a Sprint, a T-Mobile e a AT&T, será vítima da disrupção causada por essa geração, que se comunica de uma maneira fundamentalmente diferente. As empresas de telecomunicações devem desenvolver logo um modo de evoluir seus modelos de negócios ou serão reduzidas a empresas de utilidades, pagas apenas para transferir informações. A coletividade, mais uma vez, é mais poderosa e importante que a infraestrutura tecnológica que a conecta. Um estudo de 2012, realizado pelo Ratemizer, mostrou que, apesar de os usuários do iPhone terem aumentado seu uso de dados em 68%, o uso do minuto de ligação caiu 13% durante o mesmo período de dez meses.[12] O próprio Ratemizer, um aplicativo que compara os preços das provedoras a fim de encontrar a mais barata, foi desenvolvido por colaboração coletiva para coletar os dados dos consumidores. Na medida em que a maior parte dos Estados Unidos começa a usar os smartphones, o impacto financeiro nas operadoras centradas em mensagens de voz será substancial. O Twitter, com seus 270 milhões de usuários, evoluiu de mensagens curtas para uma multimídia abrangente. Mas também não é imune à disrupção de serviços como Snapchat, Quibb e Yammer, que são focados em oferecer experiências mais ricas para subsegmentos. A Yammer, que combina características do LinkedIn e do Facebook para criar uma rede social privada para empresas, foi comprada pela Microsoft por US$1,2 bilhões em 2012 — apenas quatro anos depois de ter sido lançada na conferência TechCrunch50.[13]

Não estou prevendo o fim do Twitter, do Facebook ou do Craigslist, mas a história nos mostra que, quando um serviço passa a ter milhões de usuários, a oportunidade para a disrupção é inevitável. A necessidade das grandes empresas de focarem o menor denominador comum abre a porta para que os empreendedores entrem e peguem os usuários que estão sendo mal atendidos. Combinar colaboração coletiva e financiamento coletivo abre áreas completamente novas para a disrupção. Programas de televisão são criados a partir de vídeos produzidos colctivamente, como o HitRECord de Joseph Gordon-Levitt, enquanto filmes recebem financiamento coletivo por meio de sites como Indiegogo e Kickstarter (por exemplo, *Veronica Mars: A Jovem Espiã* e *Lições em Família*). O DonorsChoose.org e o Kiva combinaram colaboração coletiva e financiamento coletivo para reduzir o desperdício e o atrito associados à doação filantrópica.

Não há dúvidas de que o poder da coletividade inspirará mudanças em todas as áreas da nossa economia. Todas as peças desse novo ecossistema financeiro fizeram sentido para mim quando fui abordado por um millenial determinado a ser disruptivo em um setor econômico norte-americano que movimenta US$11 trilhões. Sua visão para a mudança era elegante e simples.

> *Não há dúvidas de que o poder da coletividade inspirará mudanças em todas as áreas da nossa economia.*

Na primavera de 2012, fiz uma palestra em Los Angeles pelo Founder Institute e conheci o jovem empreendedor Jeff Hoffer e seu sócio. Eles tinham identificado um mercado enorme que estava pronto para a disrupção: imóveis comerciais. Como eles explicaram, milhares de investidores norte-americanos gostavam de diversificar seus investimentos comprando apartamentos, casas ou salas em shoppings ou prédios comerciais. Mas esses investidores não querem ter o trabalho de lidar com inquilinos, banheiros e lixo. Quase meio trilhão de dólares é aplicado anualmente em imóveis comerciais nos Estados Unidos, mas ninguém levara o modelo para o século XXI. Cada transação ou aumento no patrimônio é tratado como um evento único, e cada montante de capital é negociado unicamente pelos donos dos bens, corretores, instituições financeiras e investidores. A internet já tinha criado mercados eficientes para ações e títulos (E-Trade), produtos usados (eBay), produtos novos (Amazon) e dezenas de outras categorias, mas os imóveis ainda eram comprados, vendidos e financiados da mesma maneira havia centenas de anos.

Como eu aprenderia nos próximos meses, levar a disrupção a esse mercado exigia mais que apenas entender de imóveis. O conceito deles, o Realty Mogul, beneficia os dois lados das transações imobiliárias ao reduzir a fricção transacional e criar transparência de mercado. O Realty Mogul é um site no qual as pessoas podem investir em imóveis ou levantar o dinheiro de que precisam para comprá-los. Aqueles que querem levantar recursos para investimentos na compra de ações ordinárias [equity funding] podem usar a plataforma do Realty Mogul como um braço do mercado de capitais terceirizado, e aqueles que querem investir têm acesso ao "deal flow" [fontes de recursos para investimento], antes disponível apenas para alguns privilegiados. Os investidores têm o potencial de gerar um retorno maior a partir de uma comissão mais baixa que a das empresas de investimento imobiliário tradicionais (REITs, na sigla em inglês). Ao contrário da Amazon, que precisou deslocar a Barnes & Noble, a principal concorrência do Realty Mogul na época de seu lançamento não passava de um mercado ineficiente. Quando você procura por um setor para causar a disrupção, as melhores oportunidades são aquelas em que a ineficiência é sua única concorrência. A abordagem de vendas do Realty Mogul era uma ideia zumbi, e eu não achei uma forma de matá-la; por isso, concordei em fazer parte de sua diretoria e, um ano depois, me tornei seu presidente-executivo.

O melhor de tudo era que o Realty Mogul fora construído em torno da premissa de que a transparência e a eficiência gerariam aceitação de mercado. No primeiro ano de lançamento, o Realty Mogul ajudou no financiamento coletivo de mais de US$100 milhões em imóveis comerciais e ganhou milhões de dólares para seus usuários. Essa é uma fatia muito pequena do mercado de imóveis comerciais, mas as sementes da disrupção foram plantadas. Com a inovação vem a concorrência e a melhoria do modelo. Fundrise, Patch of Land, RealtyShares, Fquare, Globerex e outras empresas combinaram financiamento coletivo e colaboração coletiva para abordar vários aspectos do mercado imobiliário. Com dezenas de outras empresas de financiamento coletivo de imóveis aperfeiçoando o modelo de negócios e se especializando em mercados verticais ou regionais pelo mundo todo, a pergunta não é mais se esse método de investimento em imóveis mudará, mas quais empresas crescerão e dominarão esse novo setor.

A eficiência da internet ao conectar milhões de pessoas que nunca se encontraram, mas que compartilham de necessidades, interesses ou desejos em comum, acabará por causar a disrupção em todos os negócios que funcionam como "intermediários". Assim como várias funções bancárias estão sendo substituídas por sites de empréstimos P2P [financiamentos coletivos de empréstimos sem intermediários] (como o Prosper e o Lending Club), as agências de publicidade, companhias de seguro, concessionárias, editoras, empresas de transporte, hotéis e estúdios cinematográficos estão prontos para começarem ou continuarem a ser vítimas da disrupção. Para o disruptivo em ascensão, as possibilidades de capturar valor usando a coletividade para revolucionar essas áreas multimilionárias são quase ilimitadas. Barreiras e fronteiras somem diariamente, agora que a maior parte do mundo está conectada por internet sem fio. O número de atividades econômicas com potencial para disrupção nunca foi tão grande, o que também vale para o número de oportunidades.

> *A capacidade da internet de conectar pessoas que nunca se encontraram, mas que compartilham necessidades, acabará por ser a disrupção de todos os negócios que têm como base ser o "intermediário".*

Capítulo Dezesseis

Seja Disruptivo ao Mundo

Na atual economia baseada em conhecimento, o que você ganha depende do que você aprende.
— Presidente Bill Clinton

Sentar na Casa Branca e esperar pela minha primeira reunião com o presidente dos Estados Unidos foi uma das experiências mais inquietantes da minha vida. Na época, eu era um pequeno empreendedor e mal conseguia pagar as contas. Por que tinha sido chamado à Casa Branca? Enquanto a adrenalina corria por minhas veias, todos os medos e dúvidas passaram por minha cabeça em uma série de perguntas. *Eles chamaram a pessoa certa? Eu realmente sei o que vou falar? Coloquei os sapatos certos? Será que eu, um nerd da informática de trinta e cinco anos, sem qualquer experiência governamental nem diplomas de educação avançada, posso transformar o sistema educacional do país mais formidável do mundo?*

Um mês antes, trabalhando em minha empresa de softwares em Los Angeles, nem mesmo nos meus sonhos mais malucos eu teria imaginado que o presidente Bill Clinton me ligaria para pedir ajuda. De fato, quando minha assistente correu até meu escritório para me dizer que o presidente estava na linha, minha resposta foi: "Presidente do quê?"

Nos primeiros minutos da ligação, achei que era um amigo fazendo uma imitação muito boa do sotaque de Arkansas de Clinton. Mas conforme o presidente explicava que ele e o vice-presidente Al Gore gostavam da ideia de usar a superautoestrada de informações (como chamavam a internet em 1996) para "construir uma ponte para o século XXI", eu soube que meu sonho poderia virar realidade. Eu tinha proposto colocar a internet em todas as salas de aula norte-americanas, a fim de que o acesso às últimas informações e aos melhores recursos disponíveis não fosse negado a nenhuma criança. Minha grande ideia se inspirava nos feitos de outro disruptivo, do começo do século passado.

No início dos anos 1900, o industrial bilionário Andrew Carnegie concluiu que o acesso à informação era a ferramenta mais importante para melhorar a sociedade. Muito antes de o conceito de biblioteca pública se tornar algo corriqueiro, ele se comprometeu a construir e abastecer bibliotecas em qualquer cidade que doasse o terreno e o orçamento para uma operação contínua.

"Uma biblioteca é superior a qualquer outra coisa que a comunidade possa fazer para beneficiar seu povo", escreveu Carnegie. "É uma fonte inesgotável em meio a um deserto." Durante sua vida, Carnegie doou bilhões de dólares para construir 2.509 bibliotecas públicas e fundou o Carnegie Institute of Technology (hoje conhecido como Universidade Carnegie Mellon).[1] Quando estava na faculdade, consegui um trabalho como redator sob a coordenação de Ralph Nader no Center for the Study of Responsive Law, que ficava em um prédio que antes fora o Instituto Carnegie, no cruzamento das ruas 16th e P, em Washington, D.C. Ao trabalhar lá, aprendi sobre a visão de Carnegie, que permaneceu comigo. Fiquei convencido de que a internet poderia acabar de vez com a prática de "separate but equal" ["separado, mas igual", em tradução livre, fazendo referência a uma doutrina judicial de segregação racial norte-americana] e substituí-la por "conectados e iguais". Conforme a ideia cresceu em minha mente e minha carreira avançou nos quinze anos seguintes, comecei a falar sobre essa visão em conferências e a conversar sobre ela com líderes tecnológicos que pensavam igual a mim. Os computadores pessoais estavam cada vez mais baratos e poderosos, e o conceito de levar a disrupção à educação através da internet ficou cada vez mais óbvio para pais, alunos, educadores e governantes. Em 1995, menos de 1/5 das casas norte-americanas tinha acesso à internet,[2] mas o povo já conhecia sua importância cultural. Quando o presidente Clinton e os funcionários da Casa Branca decidiram fazer uma reunião sobre o assunto, eu já tinha causado um impacto grande o bastante na indústria para que meu nome estivesse na lista. Fiquei lisonjeado diante das realizações das outras pessoas que estavam na sala do Old Executive Office Building, ao lado da Casa Branca. Essas eram as pessoas que verdadeiramente administravam o país e faziam as coisas acontecerem. Por mais banal que pareça, sentado entre esses líderes, eu não queria desapontar meu país.

Fiquei surpreso quando o presidente nos desafiou a terminar até o ano 2000. Levei o desafio para o lado pessoal. Com a grande visibilidade do presidente nos impulsionando, eu não sabia quais passos teríamos de dar para fazer uma mudança tão importante, mas sabia que era possível, porque esse é o poder das ideias disruptivas. Uma grande ideia chama grandes pensadores e grandes executores. É um ímã que atrai o melhor das pessoas e que transforma o impossível em possível. Nosso único problema era saber como pagaríamos por isso. Os dólares do contribuinte não estavam disponíveis para a conexão das escolas, e pagar para inovar milhares de salas de aula custaria bilhões.

Depois de sermos convidados à Casa Branca e conhecermos outras pessoas com a mesma visão, criamos uma organização sem fins lucrativos para construir essa estrada até o século XXI. Como diretor da iniciativa National Education Technology e com o apoio de milhares de voluntários, sindicatos e corporações, eu queria conquistar algo significativo através do financiamento coletivo. Resolvemos o problema hercúleo de fornecer internet a todas as escolas públicas da nação ao dividi-lo em tarefas manejáveis e nos lançamos à tarefa de mudar o futuro do nosso sistema educacional.

O fundador da AOL, Steve Case, e a Microsoft nos deram o capital inicial para começar, mas esse projeto ia precisar de muito mais ajuda. Pensamos em promover um jantar de caridade com um leilão silencioso, mas as pessoas envolvidas estavam espalhadas pelo país. Foi quando eu tive uma ideia simples: por que não fazer o primeiro leilão de caridade online? Encontramos uma sociedade anônima chamada Auction Web, que tinha sido lançada recentemente por um engenheiro de 28 anos de San Jose. Várias empresas, incluindo a Sony, a Epson e a ViewSonic, doaram produtos de software e hardware. Até a Miss Califórnia ajudou ao leiloar um encontro. O presidente Clinton anunciou o leilão em 1º de maio de 1996, e o vice-presidente Gore o encerrou com um discurso gravado na Electronic Entertainment Expo (E3) em 16 de maio. A resposta foi enorme, e o evento teria sido um sucesso incrível se não tivesse surgido um pequeno problema: a logística.

O software da Auction Web funcionou muito bem. Pierre, o fundador e único engenheiro da empresa, facilitou para que as pessoas dessem seus lances e pagassem pelos itens doados. O problema logístico era que tínhamos mandado todos os itens doados para a minha empresa, e agora era responsabilidade minha e dos meus funcionários definir a qual vencedor pertencia cada mercadoria. Encontrar o produto, embrulhá-lo e despachá-lo tornou-se um desastre por nossa culpa. Eu também não havia previsto o trabalho que daria combinar centenas de lances, cheques, pacotes e endereços. Acabamos demorando quase seis semanas para imprimir manualmente todas as guias de entrega e combiná-las com os pacotes corretos. Como esse tinha sido o primeiro leilão online, muitos participantes ficaram impacientes e acharam que tinham sido vítimas de um golpe. No fim, todo mundo recebeu pelo que pagou, mas alguns de nós pagaram a conta com juros. Dos desafios vêm as soluções lucrativas.

Atuar como voluntários para ajudar os outros foi a única motivação de todos que trabalharam nesse projeto. Mas acontece que doar-se é, por incrível que pareça, um ato egoísta. Quanto mais você doa, mais o karma devolve para você. A Auction Web resolveu o problema de logística para seus futuros leilões ao desenvolver um sistema de classificação que incentivava a confiança entre os compradores e os vendedores de modo que eles pudessem mandar os itens diretamente entre eles. Se você ainda não percebeu, o fundador dessa empresa era Pierre Omidyar: um ano depois, ele trocou o nome da empresa para eBay e mudou o mundo do comércio para sempre.[3]

Nosso leilão online arrecadou centenas de milhares de dólares. Somados às outras doações, tínhamos o suficiente para fazer as coisas acontecerem. Em alguns meses, quando as salas de aula começaram a receber os computadores, o presidente e o vice-presidente foram até Concord, Califórnia, para nos ajudar a instalar os cabos de rede e ligar a escola à internet. Só na Califórnia, milhares de voluntários conseguiram instalar mais de 1.800km de cabos e conectar 20% das escolas públicas em apenas um dia. O custo para os contribuintes californianos foi de zero dólares.

"Devemos levar a revolução da informação e da tecnologia a todas as salas de aula dos Estados Unidos", disse o presidente Clinton naquele dia.[4] Ver tantas pessoas se unirem pelo desejo de fornecer acesso igualitário ao conhecimento foi uma experiência emocionante. Conheci e trabalhei com pessoas maravilhosas naquela escola. John Gage, da Sun Microsystems e cocriador do NetDay, fez com que todos se reunissem ao redor do presidente e do vice-presidente para celebrar e para que o fotógrafo da Casa Branca tirasse uma foto. Um mês depois, recebi um bilhete muito gentil e uma cópia da foto autografada pelo vice-presidente Al Gore, que estava entre mim e um funcionário da Sun que havia se voluntariado naquele dia. Apesar de eu ter deixado a foto orgulhosamente pendurada na parede do escritório por anos, só fui saber quem era o outro homem quando ele conseguiu um novo emprego em 2001; seu nome era Eric Schmidt, o novo presidente e CEO do Google.

Em 1996, o movimento motivou cerca de 250.000 voluntários a instalarem os cabos e conectarem mais de cinquenta mil escolas à internet de graça. Para coroar nosso esforço, ainda naquele ano, o Congresso conseguiu que a Comissão Federal de Comunicações [FCC, na sigla em inglês] aprovasse regras para conceder descontos sobre o acesso à internet em todas as salas de aula.[5] Quando o século XXI chegou, nosso sonho tinha virado realidade. Tínhamos conectado todas as escolas públicas dos Estados unidos sem gastar nem um dólar do governo. Os cidadãos estavam literalmente se juntando para criar melhores oportunidades para a próxima geração.

O autor russo Liev Tolstói disse: "Todos pensam em mudar o mundo, mas ninguém pensa em mudar a si mesmo." Na primeira parte deste livro, examinamos como os disruptivos podem adotar uma mentalidade criativa e inovadora para obter sucesso profissional e satisfação pessoal. *SEJA Disruptivo!* demonstra como aplicar esses princípios para levar a disrupção aos diferentes elos da cadeia de valor do mundo de negócios. Mas nem todos os disruptivos são motivados pelo lucro. A maioria das ideias vai além do alcance de qualquer balanço patrimonial e abrange objetivos mais existenciais: liberdade, igualdade, saúde e justiça. Quando o Dr. Jonas Salk desenvolveu a vacina contra a poliomielite, ele não foi motivado pelos milhões de dólares que poderia ganhar ao patentear sua descoberta, mas pelos milhares de crianças que podia salvar de uma vida de paralisias incapacitantes. De fato, quando lhe perguntaram quem era o dono da patente da vacina, Salk respondeu: "Não existe uma patente. Dá para patentear o sol?" Nós vivemos em um mundo desafiado pela poluição, pelo aquecimento global, pela má distribuição de energia, pelo acesso limitado à água potável e por vários outros problemas que exigem grandes ideias e disruptivos comprometidos.

> *"Todos pensam em mudar o mundo, mas ninguém pensa em mudar a si mesmo."*

Gandhi, Madre Teresa, Nelson Mandela e várias outras personalidades viram grandes injustiças e dedicaram suas vidas a resolver alguns dos maiores problemas do mundo. Eles eram disruptivos que pensavam de um jeito diferente e transformaram o mundo de forma perene ao fazer a diferença. Como as revoluções da Primavera Árabe provaram recentemente, o poder da internet e das interconexões que bilhões de nós compartilhamos todos os dias permite que a disrupção de governos, sistemas educacionais e sistemas bancários seja tão fácil quanto a disrupção das empresas da *Fortune 500*.

Este último capítulo de *SEJA Disruptivo!* examina como os mesmos princípios necessários para transformar a carreira ou empresa de alguém podem ser usados em instituições sociais ainda maiores. Ao defenderem grandes ideias que desbloqueiam valores nunca antes percebidos pelo cidadão comum, os disruptivos aqui mencionados estão, literalmente, mudando o nosso mundo.

IDEIAS DISRUPTIVAS NA EDUCAÇÃO

Vários empreendedores cuidam da importante tarefa de educar o mundo. Quando o gerente de fundos de *hedge* aposentado Salman Khan abriu sua escola online em 2008, a Khan Academy não era muito mais que mil vídeos dele ensinando matemática. Mas os vídeos tiveram impacto. Com o apoio financeiro da Fundação Bill e Melinda Gates, assim como da Eli e Edythe Broad, os 100.000 mil problemas práticos de Matemática, Biologia, Física e Química da Khan Academy agora são usados por mais de 350.000 professores registrados e alcançam mais de dez mil alunos por mês. Democratizando fundamentalmente o acesso ao conhecimento, os vídeos de Khan já foram reproduzidos mais de 500 milhões de vezes.[6]

O que Khan fez fora dos grandes círculos, outras grandes instituições de ensino superior fazem dentro da estrutura universitária. O MIT, a Universidade Tufts, a Universidade de Michigan e outras instituições se juntaram para criar a Open Education Consortium (OEC). Essa associação é uma comunidade internacional formada por centenas de institutos de ensino superior comprometidos a levar o conhecimento ao mundo. Com mais de cinquenta milhões de visualizações em seus vídeos no YouTube, a OEC permite que qualquer um, em qualquer lugar, tenha acesso à educação de qualidade e gratuita.

Todo um movimento global surgiu ao redor da disrupção da educação. Os Cursos Online Abertos e Massivos (MOOC, na sigla em inglês) são um movimento que oferece ótimas aulas online de graça ou por um preço muito reduzido. O objetivo é permitir que os alunos obtenham diplomas universitários mais acessíveis. Um dos líderes de mercado entre os MOOC, o Coursera tem mais de oito milhões de usuários registrados. O Udacity tem uma parceria com a AT&T e o Instituto de Tecnologia da Geórgia para desenvolver um mestrado em informática. Até a instituição que inventou o M.B.A., a Harvard Business School, anunciou seus planos de oferecer um pré-M.B.A. por apenas US$1.500.[7]

Com a dívida do financiamento estudantil norte-americano ultrapassando a marca de US$1 trilhão, o CEO da Starbucks, Howard Schultz, viu uma ótima oportunidade de marketing causal, que não só reduziria a rotatividade de funcionários, como também agradaria sua base de consumidores. Em 2014, Schultz anunciou um plano para ajudar os 135.000 funcionários da Starbucks a obterem diplomas online da Universidade do Estado do Arizona. A Starbucks pagaria a mensalidade da faculdade para todos os funcionários que quisessem um diploma.[8]

Enquanto startups digitais como Coursera, Skillshare, Dabble, edX e Udacity reduzem a distância entre as habilidades do mundo real e a educação formal para os adultos que procuram alternativas com um bom custo-benefício para as universidades tradicionais, outros educadores focam a disrupção da experiência do K–12 [expressão que indica o número de anos de estudo do jardim ao ensino médio]. Adotando uma abordagem de mercado diante do problema que os Estados Unidos enfrentam com a falta de cientistas e engenheiros, o MIT decidiu se juntar à Khan Academy para criar um curso em vídeo para inspirar alunos do ensino fundamental e médio a seguirem carreiras em ciência, tecnologia, engenharia e matemática (STEM, na sigla em inglês). Menos de 5% dos universitários norte-americanos se formam em engenharia em comparação com os 19% dos universitários asiáticos.[9] Por isso, o reitor da School of Engineering do MIT, Ian Waitz, está criando demanda ao mostrar aos alunos como pode ser divertido e criativo trabalhar com tecnologia. Chamada de MIT+K12, a série de vídeos mostra os talentos dos dez mil alunos do MIT e trata de assuntos que vão de robôs voadores à química básica.[10]

Ainda mais disruptivo que compartilhar lições é incentivar alunos do ensino fundamental a construírem seu próprio curso. A Globaloria, fundada em 2006 pela educadora Idit Harel, combina tecnologia e teoria de jogos para transformar alunos do ensino fundamental em pequenos designers. Os alunos criam jogos educacionais e são responsáveis por ensinar os outros. Mais de dez mil alunos participaram desse paradigma de ensino experimental, e mais de quinhentos professores foram treinados para incorporá-lo em suas salas de aula. "Vimos ótimos resultados: 95% dos cursos foram concluídos e 95% das escolas foram renovadas", diz Harel. "As crianças são naturalmente atraídas por videogames. Então desenvolvemos os cursos educacionais do STEM mostrando a eles como os jogos são feitos."[11]

Mais engenheiros e mais cientistas geram mais inovações e mais soluções para os problemas do mundo. Mesmo com a taxa global de alfabetização próxima dos 85%, ainda temos mais de setecentos milhões de adultos no mundo todo que não tiveram acesso à educação básica, de acordo com a UNESCO.[12] Esses disruptivos da educação mostram o caminho para a democratização do acesso e do compartilhamento do conhecimento. Apenas imagine todos os problemas que um mundo educado poderia resolver.

A DISRUPÇÃO DO CAPITAL HUMANO

Como Will Rogers disse: "O que conta não é quanto você paga a alguém, mas quanto esse alguém custa para você." A única coisa na vida que é tão certa quanto a morte e os impostos é o fato de que todas as empresas e empreendimentos sociais precisam de duas coisas para crescer: pessoas e dinheiro. A melhor das ideias só será tão boa quanto sua implementação. Quem já tentou fazer uma empresa crescer sabe como é difícil encontrar bons funcionários e quanto tempo demora para juntar capital. Juntas, essas tarefas são um segundo trabalho de período integral para o fundador da empresa. Recrutadores e bancos tradicionalmente ajudam as empresas a encontrar os recursos de que precisam, mas cobram uma comissão bastante alta. Recrutadores de pessoal para cargos de diretoria chegam a cobrar até US$100.000 por recrutamento, e alguns recrutadores do Vale do Silício pedem incentivos adicionais. Como o capital humano e o financeiro tinham um papel tão importante em todas as empresas, era apenas uma questão de tempo até que esses elementos sofressem uma disrupção radical.

> A melhor das ideias será apenas tão boa quanto sua implementação.

Em todas as organizações há sistemas de apoio que permitem que a cadeia de valor funcione. Os dois sistemas mais importantes e, portanto, que estão prontos para a disrupção são os de capital e capital humano. Mesmo com a criação de sites como o Craigslist e o Monster.com, o processo básico para encontrar e recrutar talentos mudou muito pouco durante a primeira onda de disrupção digital, no fim da década de 1990. Percebendo a importância do capital humano para todas as empresas, Reid Hoffman começou a levar a disrupção a todo o ecossistema global de empregos com a criação do LinkedIn, em 2003. Hoffman estava convencido de que era possível criar um mercado melhor, que reunisse empregos e profissionais. Será que a natureza da rede de contatos formada por amigos — e pelos amigos deles — poderia ser sistematizada e globalizada? Será que o mundo entenderia o valor criado quando usamos a coletividade para alimentar o efeito de rede?

O efeito de rede é um valor que cresce geometricamente a cada nó acrescentado a uma rede. Quando Alexander Graham Bell inventou o telefone, ele só conseguia ligar para Thomas Watson, no cômodo ao lado. A rede em si tinha um valor limitado. Quando milhões de pessoas têm telefones, a rede é indispensável como uma forma de comunicação. Robert Metcalfe usou o mesmo efeito de rede quando coinventou a Ethernet e viu o poder crescendo à medida que mais cartões Ethernet eram adicionados à rede. A Lei de Metcalfe determina que o valor de um sistema de comunicação cresce na razão do quadrado do número de usuários do sistema. Se a Lei de Metcalfe funcionou para telefones, fax e cartões Ethernet, será que funcionaria para o capital humano?

Como consultor sênior do LinkedIn durante os anos de sua formação, fiquei maravilhado com a visão surpreendentemente detalhada de Hoffman e com a criação de uma rede social profissional que poderia mudar o mercado tanto para quem procurava trabalho quanto para os empregadores. No entanto, a ideia de levar a disrupção ao segmento de recrutamento de pessoal, que não mudara praticamente nada com a internet, era tudo menos um sucesso garantido.

"No fim do nosso primeiro ano, tínhamos 4.500 membros na rede", lembra Hoffman. "Os primeiros adeptos da tecnologia experimentaram o site, mas a rede não crescia rápido o bastante para sobreviver."[13]

Mas sobreviveu. No décimo ano no ar, a empresa de US$19 bilhões empregava mais de 3.700 pessoas e tinha 225 milhões de usuários.[14] Assim como acontece com todas as redes de colaboração coletiva, o valor criado é mais que apenas a eficiência levada ao mercado. O LinkedIn faz mais que ajudar as pessoas a encontrarem bons empregos ou funcionários; a rede oferece um entendimento aprofundado a respeito do mercado de capital humano. Onde os empregos são criados e onde são perdidos? Quais cargos estão sumindo e quais habilidades estão escassas? A habilidade preditiva das inúmeras informações que o LinkedIn gera vira um fluxo de receita por si só. A informação que o LinkedIn coleta permite que a empresa tenha um melhor entendimento sobre as tendências globais de contratação, algo que não existia antes, e o mercado de trabalho que Hoffman criou para encontrar talentos gera quase US$1 bilhão por ano em receita.[15]

O êxito de Hoffman com o PayPal e o LinkedIn faz dele uma das pessoas que mais entendem a forma como uma empresa disruptiva cresce. Maximizando seu know-how, ele também é um dos investidores/empreendedores de maior sucesso do Vale do Silício, com investimentos em mais de dez startups disruptivas. Além do LinkedIn, Hoffman foi o primeiro a investir no Facebook e até organizou uma reunião para que Mark Zuckerberg e Peter Thiel se conhecessem, trazendo o primeiro investimento-anjo de US$500.000 para a startup. Hoffman é conhecido por dizer que construir uma startup é como "se jogar de um penhasco e montar um avião durante a queda".[16]

Com as empresas norte-americanas gastando mais de US$120 bilhões por ano em aquisição de talentos, o recrutamento continuará sendo alvo da disrupção.[17] A contratação de grandes talentos é o primeiro desafio da disrupção do capital humano no século XXI. Uma vez que as empresas constantemente transformam suas missões e seus produtos, alinhar o talento com as constantes mudanças de prioridades é uma tarefa intimidante enfrentada pelos departamentos de RH e diretores até das empresas mais bem-sucedidas. Apesar de as empresas do Vale do Silício, como o Google, serem conhecidas por atraírem os trabalhadores com um arsenal de benefícios, outros empreendedores usam informações e análises para melhorar a satisfação, o desempenho e a retenção de funcionários. Por exemplo, a Visier sistematiza a análise dos funcionários para que a diretoria possa aumentar a competitividade ao identificar e incentivar aqueles que mais se destacam dentro da empresa.

A DISRUPÇÃO DO CAPITAL

Mark Twain escreveu: "O banqueiro é o sujeito que empresta o guarda-chuva quando está ensolarado e o quer de volta no momento em que começa a chover." Estou certo de que ele concordaria que, se existe uma atividade que parece imune e impermeável à disrupção, essa atividade é a dos bancos. As operações bancárias atuais remontam à Grécia antiga, e o banco mais antigo em funcionamento, o Monte dei Paschi di Siena, na Itália, empresta dinheiro do mesmo jeito desde 1472 — vinte anos antes de Colombo partir para a América. Os intelectuais da extrema esquerda e da extrema direita detestam bancos e o controle que eles exercem sobre a sociedade. "Permita-me emitir e controlar o dinheiro da nação", disse o bancário Mayer Amschel Rothschild no século XVIII, "e não me importa quem escreve as leis".

Porém, por mais fortes e estabelecidas que as operações bancárias sejam, nada é impenetrável para a disrupção. Chega a ser chocante o pouco capital que foi necessário para reformular a atividade bancária internacional. Um homem levou a disrupção à estrutura multitrilionária do setor de serviços financeiros com apenas US$27. Sim… vinte e sete dólares.

Hoje, com os maiores bancos do mundo controlando mais de US$2 trilhões em ativos, a probabilidade de ser disruptivo com o sistema parece minúscula.[18] Mas, por melhor que seja a existência de um sistema bancário internacional estável, há muitas desvantagens. Até março de 2009, as crises financeiras de 2007 e 2008 acabaram com US$34 trilhões de riquezas mundialmente, de acordo com o Roosevelt Institute.[19] Ainda assim, nem mesmo essa calamidade financeira conseguiu minar a cadeia de valor das operações bancárias atuais na medida em que os governos do mundo todo apoiavam essas instituições financeiras imperfeitas e "grandes demais para fracassar".

A verdadeira disrupção das operações bancárias vem do outro lado do sistema financeiro: os bilhões de pessoas que enfrentam dificuldades à margem da sociedade, conhecidas como "não bancarizadas". O disruptivo que ameaçou nossos sistemas bancários não estava acampado em Manhattan, tentando ocupar Wall Street com cantigas e aplausos. Ele é economista e trabalha em Bangladesh.

Muhammad Yunus estudou Economia na faculdade, trabalhou com o então recém-independente governo de Bangladesh na década de 1970 e, quando a onda de fome de 1974 matou mais de um milhão de cidadãos, ele sentiu que o sistema precisava mudar. Ao visitar um vilarejo pobre perto da Universidade de Chittagong, Yunus ficou sabendo da taxa de juros que as mulheres locais eram forçadas a pagar pelos empréstimos que precisavam pedir para comprar a matéria-prima necessária para fazer móveis de bambu. Depois de um dia de trabalho, pouco sobrava para essas mulheres. Incapazes de pedir dinheiro emprestado aos bancos, elas viviam como servas dos agiotas locais. Como Tolstói ressaltou: "O dinheiro é uma nova forma de escravidão, e distinguível da antiga forma simplesmente por ser impessoal — não há relações humanas entre o mestre e o escravo." Então, contando com apenas US$27 de seu próprio dinheiro, Yunus começou fazendo microempréstimos a 42 mulheres do vilarejo. Conforme o programa se expandiu, ele criou grupos de mutuários para garantir que todos os membros do grupo pagassem seus empréstimos — mulheres ajudando mulheres. A garantia colaborativa gerou segurança em números. Esse foi um empréstimo verdadeiramente baseado em comunidade. Por entender a preocupação que essas mulheres sentiam por suas famílias, Yunus fez algo sem precedentes no mundo muçulmano: ele cedeu pequenos empréstimos diretamente às mulheres, em vez de cedê-los a seus maridos, pais ou irmãos. Em 2007, o Grameen Bank ["Village Bank" ou "Banco do Vilarejo", em tradução livre] de Yunus já tinha concedido mais de US$6 bilhões em microcrédito a mais de 9,4 milhões dos trabalhadores mais pobres de seu país.[20] Os empréstimos eram um bom investimento e foram transformadores para milhões de mulheres e suas famílias.

Apesar de ter ajudado milhões a saírem da pobreza, Muhammad Yunus foi criticado. Alguns clérigos muçulmanos chegaram a falar para as mulheres que, se elas aceitassem o dinheiro de Yunus, não receberiam o verdadeiro funeral muçulmano nem iriam para o paraíso. A disrupção, mesmo quando tem resultados positivos, ainda é uma ameaça para aqueles que se beneficiam das desigualdades do mercado estabelecido. Por seu trabalho disruptivo ao ciclo de usura e pobreza que atrasava sua nação e por revolucionar a maneira como a ajuda é entregue no mundo em desenvolvimento, Muhammad Yunus ganhou o Nobel da Paz em 2006. O comitê citou seus "esforços para criar, através do microcrédito, um desenvolvimento econômico e social de baixo para cima".[21]

Yunus inspirou a próxima geração de disruptivos, que incorporam tecnologia para expandir o alcance do microbanco e atender ás populações do mundo em desenvolvimento. Por exemplo, o MobiCash combinou celulares e biometria para fornecer operações bancárias baseadas em digitais para vilarejos em dezenas de países africanos que, até então, dependiam de uma economia totalmente baseada em dinheiro vivo.[22] Qualquer um com acesso a um aparelho celular agora pode fazer operações bancárias seguras.

Um sistema bancário falido que não satisfaz as necessidades dos consumidores não é um conceito que se limita aos países em desenvolvimento. De acordo com uma pesquisa do Federal Deposit Insurance Corporation (FDIC) feita em 2011, 28,3% dos norte-americanos são "não bancarizados" ou têm acesso limitado a serviços bancários.[23] Com 68 milhões de adultos nos Estados Unidos fora do sistema bancário existente, esse vazio do mercado foi preenchido por diferentes serviços financeiros. O mais popular é o cartão de débito pré-pago, com suas altas taxas e proteções limitadas. As famílias de baixa renda não são o único grupo a ser classificado como "não bancarizado" ou com acesso limitado aos serviços bancários; essa é, também, uma tendência crescente entre os millenials. De fato, 51,3% das casas norte-americanas chefiadas por alguém com menos de vinte e quatro anos são consideradas "não bancarizadas" ou não têm acesso a serviços bancários.[24] O empreendedor Josh Reich viu uma oportunidade enorme para atender uma população crescente que sabia usar computadores, mas não era coberta pelos bancos tradicionais. Reich percebeu que muitos jovens adultos precisavam de acesso imediato e atualizado ao saldo de suas contas para administrar seus gastos e evitar as taxas excessivas dos bancos tradicionais. Ao operar um banco virtual, sem filas ou cheques de papel, ele conseguiu manter as despesas baixas e repassar a economia a seus usuários. O resultado foi o Simple, que oferece uma conta corrente online e gratuita e um cartão de débito vinculado a um aplicativo de celular. A vantagem para seus clientes, de acordo com o CEO de 34 anos, é que o Simple faz "as contas que você tenta fazer de cabeça quando acessa sua conta em bancos tradicionais".[25]

Sem taxas e sem valor mínimo para abrir contas, o Simple se provou tão popular que havia uma lista de espera de duas semanas para conseguir uma conta. A empresa lucra com os juros que recebe sobre o capital dos consumidores e com as taxas de transações, não com taxas escondidas e encargos, tão comuns nos grandes bancos. "Não queremos lucrar com clientes que não entendem suas finanças", disse Reich aos repórteres no lançamento — e foi isso que permitiu que ele fosse disruptivo em um mercado dominado pelas maiores instituições financeiras do mundo.[26]

Os fundadores do Lending Club analisaram a enorme dívida de cartão de crédito dos consumidores e viram uma oportunidade para tirar o papel de intermediário dos bancos e causar a disrupção no bloqueio do crédito ao consumidor. Sua plataforma alavancou a coletividade para fornecer microempréstimos. Aqueles que pagam as altas taxas de juros do cartão de crédito poderiam pagar taxas mais baixas, enquanto os investidores teriam retornos mais significativos do que se seu dinheiro ficasse parado em um banco tradicional. O Lending Club removeu o banco como intermediário e conectou diretamente o ser humano que precisava de dinheiro emprestado ao ser humano que emprestava dinheiro. Eficiência impulsionada pelo efeito de rede. Em apenas alguns anos, o Lending Club passou a valer US$5 bilhões.[27]

IDEIAS DISRUPTIVAS EM TRANSPORTE, VIAGEM E ENERGIA

Elon Musk é um empreendedor em série superdisruptivo e ganhou sua primeira fortuna ao enfrentar o mundo dos bancos. Sua primeira startup foi a empresa de serviços financeiros X.com, que se fundiu à Confinity em 2000 e virou o PayPal. O PayPal mudou o e-commerce ao alterar o processo de pagamento e transferência de dinheiro pela internet. Dois anos depois de ser lançado, o PayPal foi comprado pelo eBay por US$1,5 bilhão.[28] Usando esse sucesso como base, Musk acumulou uma fortuna estimada em mais de

US$6,7 bilhões ao enfrentar alguns dos maiores problemas do mundo.[29] Na verdade, a visão de Musk para a disrupção vai além do planeta.

Musk enfrentou as principais fábricas de automóveis com a Tesla Motors e sua busca por veículos verdes que pudessem reduzir o aquecimento global. Para ser disruptivo com a indústria automotiva, Musk não só reformulou a maneira como um veículo elétrico era construído; ele também resolveu ser disruptivo com toda a estrutura financeira do varejo da indústria automotiva. Sem que a maioria dos consumidores saiba, grande parte dos estados norte-americanos tem leis que exigem que os carros sejam vendidos por uma concessionária local, parte de um sistema ineficiente que remonta aos primeiros dias da indústria no século XX. Musk quis levar transparência à revenda de veículos e enfrentou vários processos legais. Todavia, ao quebrar o elo da concessionária na cadeia de valor automotiva, Musk pôde reduzir custos e construir um veículo mais acessível aos consumidores. Para obter sucesso, precisou enfrentar o governo, as grandes petrolíferas e as grandes empresas automobilísticas ao mesmo tempo. Assim como acontece com as ideias dos visionários mais radicais, a indústria automotiva zombou do Tesla e o descreveu como o passatempo de um homem rico. Mas, no primeiro trimestre de 2012, o Tesla Model S fez o impossível: vendeu mais que a Mercedes Benz, a BMW e a Audi na categoria de carros de luxo.[30] Além de relatar os lucros, a revista *Consumer Reports* atribuiu ao carro elétrico a maior pontuação da história da publicação — 99 de 100 —, tornando o Model S o melhor carro já resenhado pela revista.[31] Ninguém ri do destemido empreendedor hoje, enquanto ele se prepara para lançar uma nova categoria do Tesla, voltada para o consumidor de classe média. Em 2014, Musk anunciou que seu Tesla Model 3 teria um valor de revenda de US$35.000, aproximadamente metade do preço dos modelos anteriores.[32] Elon tem uma visão abrangente e é uma das pessoas mais visionárias que já conheci. Ele se interessa apaixonadamente pelo meio ambiente e pelo futuro do nosso planeta. Quando o conheci em 2008, vislumbrei seu verdadeiro comprometimento em abordar nossos desafios ambientais assim que ele disse: "Eu tenho dinheiro o bastante para curar o câncer, mas que bem isso faria se a vida no planeta acabar?"

Musk falava sério. Ele tem a missão pessoal de colonizar Marte, e eu não apostaria contra ele. Usando US$100 milhões da venda do PayPal, Musk fundou a Space Exploration Technologies, mais conhecida como SpaceX, com o objetivo de levar o rigor empresarial à viagem espacial. A SpaceX é a primeira empresa espacial privada a desenvolver e fabricar foguetes comerciais. Com o fim do programa espacial do governo, a SpaceX recebeu um contrato de US$1,6 bilhões da NASA para levar carga à estação espacial internacional.[33] Em 25 de maio de 2012, Musk fez história quando seu foguete particular, o SpaceX Dragon, foi o primeiro veículo comercial a ancorar no espaço.[34] A disrupção realmente não tem limites.

"Ser um empreendedor é como comer vidro e encarar o abismo da morte", disse Musk. Ainda com seus quarenta e poucos anos, ele tem o tempo, o dinheiro e a visão para ser disruptivo em muitos outros segmentos econômicos. "Acho que esse é o melhor conselho: pense constantemente em como você pode fazer melhor as coisas e questione a si mesmo."[35]

A necessidade de energia renovável, verde e limpa talvez seja a maior oportunidade financeira disponível atualmente. Além de construir uma empresa automotiva verde, Musk lançou a SolarCity, que já é a maior fornecedora de sistemas de energia solar dos Estados Unidos.[36] As oportunidades para energia verde são enormes. Um ecossistema de trilhões de dólares foi construído em torno da extração de combustível fóssil, que atualmente é usado por todos os países do mundo. O mundo consome mais de 87 milhões de barris de derivados de petróleo todos os dias, e está cada vez mais difícil extrair a matéria-prima. Uma inovação que diminuísse em pelo menos 1% esse gasto geraria uma receita de mais de US$75 milhões por dia.[37] Na sua missão pela economia de energia, os cientistas estudaram a produção de energia eólica, solar e geotérmica, mas poucos métodos novos foram desenvolvidos para armazenar essa energia. A tecnologia das baterias pode fomentar diversas disrupções inéditas. A energia nuclear, na qual a França investiu generosamente, não pareceu ser a melhor solução para o combustível fóssil depois do desastre em Fukushima, no Japão. Mas nem todas as inovações exigem milhões de dólares em pesquisa e desenvolvimento. Às vezes, só é preciso ter um pensamento disruptivo "fora da caixa". Meu prêmio particular para a abordagem mais inovadora à redução do consumo de energia vai para o conglomerado francês Groupe Casino, pelo que eu gosto de chamar de bateria de frango. Sim, uma bateria eficiente no armazenamento de energia feita 100% de frangos.

A Casino é uma empresa varejista internacional com mais de 12 mil lojas em oito países. Uma operação nessa escala consome uma quantidade gigantesca de energia. Com um plano agressivo para reduzir o consumo, a empresa começou a instalar painéis solares em seus prédios. Essa foi uma ótima estratégia para captar energia gratuita durante o dia, mas, sem a luz do sol à noite, a comida congelada derretia lentamente e amanhecia estragada; então, a Casino ainda usava eletricidade à noite para manter seus congeladores funcionando. Assim como na maioria dos pensamentos disruptivos, o problema na verdade era a solução.

O problema não era a falta de luz do sol à noite, mas que não havia onde armazenar a energia solar excedente antes de o sol se pôr. A Casino percebeu que, se pudesse mudar seu padrão de consumo, milhões de dólares seriam economizados e a redução de sua emissão de carbono beneficiaria a comunidade toda.

A solução era tão simples e contraintuitiva quanto girar o botão do termostato do freezer. Tudo o que as lojas da Casino tinham de fazer era diminuir a temperatura de seus congeladores de frango para um nível muito abaixo do necessário para o congelamento durante o dia, quando havia bastante energia gratuita do sol. Então, durante a noite, os frangos descongelariam lentamente até chegar ao ponto normal de congelamento. Já que ninguém abriria as portas do freezer à noite, era necessário apenas um pouco de matemática para determinar a temperatura certa a ser usada durante a noite para que tudo continuasse congelado até a manhã. Quando o sol nascesse, o processo começaria de novo. A Casino encontrou uma forma eficaz de usar seus frangos congelados como baterias para armazenar energia sem prejudicar seu gosto ou qualidade. Apesar dessas "baterias de frangos" agora serem usadas no mundo todo, do Brasil ao Vietnã, quando a comida acaba estragando por outros motivos, vendedores espertos descobriram um modo de transformar o lixo de hoje na eletricidade de amanhã.

A Kroger, a maior rede de supermercados dos Estados Unidos, com mais de US$90 bilhões em vendas anuais, decidiu fazer algo sobre os 40% de comida que não era vendida e acabava no lixo todos os anos.[38] Esse desperdício não era apenas um lapso financeiro, mas também um oneroso problema ambiental. O lixo orgânico nos aterros norte-americanos representa 25% da emissão de metano da nação, de acordo com o Natural Resources Defense

Council.[39] A Kroger percebeu que, em vez de mandar todas as frutas podres e outros alimentos descartados para o aterro, podia construir um sistema biodigestor anaeróbico para converter pão mofado e carne estragada em eletricidade. Uma unidade de 59 acres nos arredores de Los Angeles recebe o lixo orgânico de 359 lojas da empresa no sul da Califórnia e coloca esses sedimentos em um sistema que gera 13 milhões de quilowatts de eletricidade por hora ao ano (energia suficiente para abastecer mais de duas mil casas durante um ano). Como um bônus, o único subproduto desse processo é um lodo rico em nutrientes que pode ser usado como fertilizante. Esse fertilizante é vendido com grande lucro aos fazendeiros californianos, e o processo se repete. O ciclo é um ecossistema completamente eficiente e ecologicamente benéfico para a agricultura. A Kroger estima que tem uma economia de US$110 milhões com o biodigestor, e as comunidades ganham mais espaço nos aterros e diminuem a poluição do ar.[40]

Algumas soluções disruptivas para o uso da energia são literalmente de outro mundo. Ao usar a tecnologia de célula combustível originalmente desenvolvida pela NASA para as missões à Marte, a Bloom Energy gera eletricidade limpa para suas Bloom Boxes, que removem o CO_2 do ambiente. Empresas como Walmart, FedEx e Coca-Cola usam as Bloom Boxes para economizar dinheiro e diminuir suas emissões de carbono. Mas, se as previsões do CEO da Bloom, Dr. K. R. Sridhar, estiverem corretas, em uma década as caixas, que agora custam US$750.000, terão um preço de US$3.000 e serão usadas em todos os lugares para produzir energia limpa e renovável.[41]

Ao redor do mundo, pequenos disruptivos estão se unindo a governos e ONGs para enfrentar alguns dos problemas mais urgentes que assolam a humanidade, incluindo o acesso à água potável. Mais de 3,4 milhões de pessoas morrem todos os anos por causa de problemas de água e saneamento. Mais de 780 milhões de pessoas não têm acesso à água potável.[42] Como as estações de tratamento de água são caras demais para as comunidades rurais, o chileno Alfredo Zolezzi decidiu encontrar uma solução. Seu Plasma Water Sanitation Systems de US$ 500 mata 100% das bactérias e vírus na água e tem o potencial de mudar a vida de bilhões de pessoas.[43]

Meu amigo Akon está usando seu status de celebridade para levar eletricidade a comunidades rurais sem construir nenhuma rede transmissão de energia elétrica caríssima. Com mais de 50 milhões de seguidores no Facebook, Akon usa suas habilidades de negócios e sua fama para dar visibilidade a um dos maiores problemas da África: a falta de infraestrutura. Akon se juntou a grandes empresas do setor de energia e nove governos africanos para levar energia solar à África. O projeto Akon Lighting Africa oferece uma solução autônoma para viabilizar o acesso de milhões de pessoas à energia, à internet e a uma comunidade muito maior.[44]

Com as pessoas, redes ou frangos certos, qualquer estrutura social pode ser vítima da disrupção e melhorada. Mais que isso, as atividades econômicas nascem da resolução dos problemas dos outros e da criação de competências antes tidas como impossíveis. Os disruptivos inovadores podem o desbloquear o valor presente no desperdício de outros setores econômicos e criar novos núcleos de empregabilidade.

> *Os disruptivos inovadores podem desbloquear valor no desperdício de outros setores.*

A DISRUPÇÃO EM ASSUNTOS DE ESTADO

A disrupção do mundo corporativo pode exigir determinação e iniciativa para dar certo, mas, se você fracassar, o pior que pode acontecer é falir e ter de começar de novo. Em muitas partes do mundo, transformar o governo significa arriscar sua vida e a de sua família. Ainda assim, as ferramentas que funcionam na disrupção de negócios também podem ser disruptivas a governos ineficazes. Como disse Margaret Mead: "Nunca duvide de que um pequeno grupo de cidadãos comprometidos e ponderados pode mudar o mundo. De fato, é a única coisa que já mudou o mundo." Da guerra mundial que Bill Gates declarou contra a poliomielite aos que trabalham para reduzir as emissões de carbono, o governo dos Estados Unidos se baseia em pessoas com autonomia para mudar tudo aquilo com que não estão de acordo.

Entretanto, ser disruptivo em um mundo de ditadores totalitários e cartéis de drogas faz com que a disrupção passe a ser um assunto de vida ou morte. Será que os mesmos princípios usados para quebrar as cadeias de valor de atividades econômicas podem ser usados contra corrupção e operações criminosas? Será que o poder (o valor criado pelos regimes autoritários) pode sofrer a disrupção causada pelas tecnologias emergentes e ser redistribuído para uma nova geração de empreendedores sociais? Será que os smartphones e o Twitter podem fazer pelas nações o que a gráfica de Benjamin Franklin e as "corridas noturnas" de Paul Revere fizeram pelos Pais Fundadores [Revere atuou como mensageiro durante a Guerra de Independência dos EUA]? Para Alec Ross, do Departamento de Estado dos Estados Unidos, a resposta para todas essas perguntas é sim.

Em 2009, a Secretária de Estado Hillary Clinton criou um novo cargo, o de "conselheiro sênior de inovações", para o qual designou Alec Ross e delegou um mandato amplo para usar avanços tecnológicos e mudar a forma como o Departamento de Estado conduzia "as políticas do século XXI".[45] Antes disso, a maioria dos governos tinha apenas duas ferramentas cegas para resolver as diferenças: diplomacia e guerra.

Transformar a maneira como um departamento governamental com um orçamento de US$50 bilhões por ano e quase 48 mil funcionários pelo mundo todo aborda e lida com crises globais é uma tarefa assombrosa. Mas, em nosso mundo cada vez mais interconectado, ver os problemas do ponto de vista de um disruptivo tecnológico produz resultados impressionantes.

Ross implementou uma abordagem dupla. A primeira consistia em fazer o departamento e seus diplomatas usarem mídias sociais, e a segunda era reunir os melhores técnicos do mundo para lidar com problemas específicos.

"Se Paul Revere fosse um cidadão do mundo atual, ele não teria descido a Main Street. Ele teria tuitado", disse Ross em uma entrevista.[46] Apesar de o Departamento de Estado tradicionalmente se reunir atrás de portas fechadas com líderes de todo o mundo, o Twitter e a web permitiram que o departamento fosse além dos corredores de poder e alcançasse milhões de pessoas diretamente. O conhecimento e o efeito de rede são uma dupla imbatível. Como parte de sua postura atual, o Departamento de Estado agora tuita em nove idiomas e combate a censura na internet. "Nós apoiamos as tecnologias e treinamos os ativistas para que eles possam exercer seus direitos universais, incluindo a liberdade de expressão", disse Ross à revista *Time*, que o apontou como um dos melhores feeds do Twitter do mundo em 2012.[47] Em 2014, o primeiro-ministro turco, Recep Tayyip Erdogan, tentou bloquear o Twitter por permitir que as pessoas compartilhassem informações verdadeiras, mas prejudiciais, pouco antes das eleições nacionais.[48] Como acontece com a maior das tentativas de censura, seus esforços não deram em nada e acabaram por inflamar os cidadãos. O povo foi às ruas. Porém, em vez de protestar, eles picharam os pôsteres de campanha de Erdogan com o código DNS 8.8.8.8. Esse endereço eletrônico do protocolo de servidores não-turcos permite que as pessoas acessem o Twitter. A tentativa do governo de bloquear o Twitter saiu pela culatra. A imprensa do povo, que não pode ser bloqueada ou fechada, é a verdadeira imprensa livre.

Quando as autoridades em Hong Kong cortaram o acesso à internet dos manifestantes pró-democracia em 2014, os estudantes chineses criaram uma rede de malha usando o FireChat, o Open Garden e outras ferramentas que conectaram vários celulares para criar uma internet temporária. Estudantes envolvidos em protestos, de Teerã a Taiwan, continuam a compartilhar inovações tecnológicas para superar a censura governamental.

Quando os governados não sentem que os governantes fazem o bastante para lutar contra o crime e a corrupção, a tecnologia pode ser usada na disrupção do poder criminoso. A custosa guerra que os Estados Unidos declararam contra as drogas não funciona há décadas, assim como suas políticas internacionais para lidar com cartéis. Os efeitos disso são mais evidentes em Ciudad Juárez, no México, que faz fronteira com El Paso, no Texas.

Juárez é conhecida como a cidade mais violenta do mundo. Entre 2007 e 2011, guerras entre gangues que lutam pelo controle do tráfico de drogas mataram mais de nove mil pessoas dentro e fora da cidade.[49] Se nada fosse feito, o governo das Estados Unidos temia que a violência atravessasse a fronteira. A corrupção das autoridades federais e locais do México praticamente impossibilitava que os criminosos fossem processados. Os cidadãos de Juárez não sabiam onde procurar ajuda.

A equipe de Alec Ross no Departamento de Estado norte-americano tinha um plano. E se eles desenvolvessem uma tecnologia para permitir que as pessoas mandassem mensagens de texto anônimas com dicas para as autoridades competentes? Se as mensagens fossem criptografadas e o emissor, protegido, mais pessoas se manifestariam e a ordem poderia ser restaurada.

O Departamento de Estado trabalhou em conjunto com o governo do México para se certificar de que a linha de denúncias cibernética ficasse a cargo de um esquadrão não corrupto e dos hackers de Ross. À medida que os criminosos eram processados, a taxa de homicídios caía; em 2012, houve uma queda de 64% nos assassinatos.[50] Apesar de ainda haver muito trabalho a ser feito, o presidente do Departamento de Segurança Pública, Arturo Valenzuela, garante que as pessoas agora se sentem seguras para andar na rua. "Não há um super-homem ou uma pessoa responsável por todas as mudanças", reflete Valenzuela. "Foi um processo multifuncional."[51] Muito já foi escrito sobre o papel do Departamento de Estado e das mídias sociais na Primavera Árabe, mas, por trás dos panos, a equipe de Ross contribuiu para a criação de soluções tecnológicas para inibir ditadores e proteger aqueles que querem uma sociedade livre. Quando o ditador sírio Bashar al-Assad supostamente usou um GPS para localizar os celulares de jornalistas que seriam assassinados, a equipe de Ross treinou os rebeldes e as ONGs para evitar essa intrusão cibernética. Para Ross, uma internet livre e aberta é o pior inimigo de um déspota.

> *Uma internet livre e aberta é o pior inimigo de um déspota.*

"Houve reações muito negativas da Bielorrússia, do Irã, da China e de outras nações que não são tão abertas quanto a nossa", disse Ross em uma entrevista para a *Time*. "Os chineses têm dificuldades para lidar as implicações de uma rede de cidadãos. No fim, o futuro da internet na China será determinado pelos cidadãos com menos de 25 anos, que estão crescendo em meio a um ambiente digital."[52] Graças a disruptivos como Alec Ross, as pessoas são fortalecidas e aprendem que têm mais autoridade do que os que estão no poder.

Nem todas as soluções para problemas governamentais e sociais exigem tecnologias complexas ou organizações estabelecidas. Às vezes, é tão simples quanto procurar por uma solução de negócios para um problema que não é de negócios. Nos negócios, a forma mais fácil de mudar o ponto de vista de alguém é mostrar como esse alguém pode lucrar com seu ponto de vista. Essa ideia também pode agilizar a tramitação das leis no governo.

Quando eu era adolescente, tive a oportunidade de estagiar com Ralph Nader em Washington. Na época, Nader era o disruptivo mais famoso dos Estados Unidos. Advogado por formação, ele ficou nacionalmente conhecido por enfrentar a General Motors com seu livro *Unsafe at Any Speed* [*Arris-*

cado a Qualquer Velocidade, em tradução livre] que, pela primeira vez, mostrava que os acidentes de carro podiam ser o resultado de um design falho e não apenas de um erro do motorista. A atenção que Nader trouxe ao assunto levou o Congresso a aprovar unanimemente a National Traffic and Motor Vehicle Safety Act, a primeira legislação desse tipo. Devido a esse sucesso e proeminência, vários universitários queriam trabalhar com Nader para lidar com assuntos que iam de poluição da água e direitos de pensão à segurança da energia nuclear. Eu me juntei ao grupo de jovens idealistas que a imprensa viria a chamar de Nader's Raiders. Eu estava junto com outros universitários que queriam mudar o mundo e salvar o meio ambiente; foi uma experiência maravilhosa. Mas, naquele verão, a melhor lição que tive sobre disrupção foi a maneira como os Nader's Raiders faziam a reciclagem ser a tendência predominante. Essa é uma metodologia que pode ser facilmente replicada e mostra que saber como criar valor na cadeia de negócios de uma corporação pode ser importante para levar a disrupção ao governo.

Hoje encaramos com naturalidade o fato de que jornais, garrafas e latas são recolhidos e reciclados. Contudo, na década de 1970, a reciclagem não existia. Os supermercados não queriam manter embalagens sujas nas lojas, pois elas poderiam atrair insetos e roedores. As empresas de bebidas, que vendiam latas e garrafas de refrigerante a um centavo, não queriam receber publicidade negativa por ganhar bilhões com recipientes de uso único. E os políticos não queriam fazer leis para estabelecer condições que pudessem alienar grandes financiadores corporativos. As primeiras tentativas de colocar caixas de reciclagem nas lojas e nos shoppings não deram em nada. Era a clássica tragédia dos comuns: como todos se beneficiavam igualmente da reciclagem, nenhum grupo se sentia motivado a realizar a tarefa.

Isso tudo mudou quando um motivo de lucro foi adicionado à equação. A primeira lei sobre o tema, promulgada no Oregon, trouxe a ideia de estabelecer um depósito de US$0,05 para cada lata ou garrafa. Se os consumidores devolvessem o recipiente, teriam seu depósito de volta. Se o consumidor não reciclasse, o engarrafador local ficaria com o dinheiro. A margem de lucro dos engarrafadores aumentaria significativamente se, como previsto, a maioria das pessoas não reciclasse. Essa lei geraria bilhões de dólares para as empresas de bebida. Da noite para o dia, a indústria passou a apoiar a reciclagem, e o conceito se espalhou pelo país.

Ao concluírem que uma abordagem empresarial poderia consertar uma Washington disfuncional, os astros da tecnologia Sean Parker, Ron Conway e Marc Benioff lançaram a Brigade em 2014. A missão da empresa é aumentar o envolvimento político em todos os níveis do governo dos Estados Unidos. Seu objetivo é usar ferramentas de mídias sociais para combater a apatia dos eleitores e construir um governo mais participativo.[53] Quer essa proposta seja bem-vinda ou não, está claro que as tecnologias do século XXI mudarão radicalmente a forma como as pessoas se relacionam entre si e com seus governos para discutir problemas globais. Outros empreendedores sociais, como Geoff Campbell da AllSay, estão focados em criar cidadãos mais informados. A AllSay pretende ligar o cidadão à questão que terá mais impacto em sua vida, do mesmo jeito que a Pandora usa filtros colaborativos para recomendar músicas de que você pode gostar.

A promessa de que as redes sociais possam conectar o mundo de novas maneiras dá esperança para que aqueles que têm novas ideias para melhorar nosso mundo possam se encontrar e colaborar mais facilmente. Assim como cada disruptivo procura os pontos fortes da sua cadeia de valor pessoal que podem ser destacados, a coletividade mundial agora pode operar além das barreiras da distância, tempo e idioma. Ao somarem seus talentos, capital e iniciativas de código aberto, a próxima geração de disruptivos pode combater problemas enormes, do aquecimento global ao acesso à água, de questões de energia à fome. Com amplo acesso internacional ao capital financeiro, ao capital humano e à computação em nuvem, nada que possa ser imaginado pela humanidade está fora de questão. A disrupção de grandes instituições e sistemas exige uma dose saudável de pragmatismo, mas, quando analisamos a cadeia de valor para encontrar novas formas de capturá-lo, vemos que praticamente todos os sistemas podem ser e serão melhorados. Para cada um de nós, o verdadeiro desafio é determinar onde podemos causar o maior impacto.

> *O verdadeiro desafio é que cada um de nós determine onde podemos causar o maior impacto.*

Epílogo: O Manifesto do Autodisruptivo

> *"Imagino se mudei durante a noite. Deixe-me pensar: eu era a mesma quando me levantei pela manhã? Quase acredito ter me sentido um pouco diferente. Mas se não sou a mesma, a próxima pergunta é: quem sou eu, afinal? Ah, essa é a melhor charada!"*
> — Alice, em *Alice no País das Maravilhas* de Lewis Carroll

Uma das minhas histórias favoritas é sobre o CEO de uma grande empresa de tecnologia que percebeu que não caminhava havia anos pelos corredores da corporação que criara. Ao caminhar incógnito pelos andares de seu prédio no Vale do Silício, ele encontrou um jovem rapaz olhando pela janela. Dez minutos se passaram, e o jovem continuava olhando pela janela, sem perceber que o CEO o observava. Mais dez minutos se passaram; depois, mais uma hora; e o rapaz continuava olhando preguiçosamente pela janela. O CEO, que construíra a empresa ao trabalhar oitenta e quatro horas por semana durante quinze anos, começou a ficar lívido. Cada vez mais irritado, o fundador observou o jovem por duas horas, até que não aguentou mais. Furioso, o chefe foi até a diretoria, pronto para demitir o administrador da empresa. Ele exigiu que todos os executivos explicassem que tipo de empresa estavam administrando, na qual um funcionário podia ficar duas horas sem fazer nada. "Quem é esse jovem? Para quem ele trabalha? O que ele faz?", gritou o irritado CEO.

Agitado, um dos executivos, que tinha um M.B.A. de uma universidade da Ivy League, explicou que o engenheiro em questão havia criado o produto de maior sucesso da empresa naquele ano e o mais vendido do ano anterior. Isso pareceu acalmar o CEO e salvou o emprego de todo mundo. Todos voltaram ao trabalho. Na manhã seguinte, o jovem sonhador voltou a seu escritório e descobriu que ganhara uma janela maior.

Nós todos começamos a vida cheios de sonhos e ambições. As histórias contadas e o processo descrito neste livro foram planejados para reacender essa sensação infantil de que qualquer coisa é possível. Seu futuro — o futuro do nosso mundo — é muito mais maleável e controlável do que a maioria das pessoas acredita. Se dedicarmos um tempo para estudar como nossas empresas e instituições sociais são construídas, poderemos determinar como elas podem ser vítimas da disrupção.

> *Seu futuro — o futuro do nosso mundo — é muito mais maleável e controlável do que a maioria das pessoas percebe.*

Ninguém escreve um livro sobre pessoas que não assumem riscos. A história não se lembra daqueles que apoiaram o status quo. A glória vem de ser disruptivo. Todo homem e toda mulher querem deixar sua marca — alguma evidência de sua existência — neste mundo. Esse é o manifesto do autodisruptivo: transforme a si mesmo, seus negócios e o mundo.

> *A história não se lembra daqueles que mantiveram o status quo.*

Nós todos nascemos em um mundo imperfeito, cheio de oportunidades para melhorar. Para alguns, a melhoria consiste em construir uma empresa que forneça produtos para melhorar a vida de seus consumidores. Para outros, a melhoria vem do trabalho de criar uma sociedade mais ativa e honesta. E há os que tendem a conectar as pessoas de maneiras nunca antes imaginadas ou possíveis. Mas qualquer pessoa determinada a mudar o mundo seguirá o mesmo caminho. Primeiro, essas pessoas terão de transformar a si mesmas para maximizar as oportunidades em suas vidas. De acordo com a *Forbes*, apenas 13% dos bilionários do mundo nasceram em famílias ricas.[1] Na sua maioria, os indivíduos mais bem-sucedidos de hoje mudaram a si mesmos para virar bilionários.

"Meu interesse na vida consiste em me propor desafios enormes, aparentemente impossíveis, e tentar superá-los", disse Sir Richard Branson. Sua primeira experiência de negócios foi modesta: ele vendia árvores de natal quando tinha doze anos. Ele não teve um treinamento formal em negócios, nem frequentou a faculdade.[2] Mas é um gênio quando se trata de superar obstáculos. Mary Kay Ash, Simon Cowell, Michael Dell, Barry Diller, Haim Saban, John Paul DeJoria, Steve Jobs e dezenas de outros ícones empresariais alcançaram seus objetivos quando decidiram que nada os impediria.

Todos esses disruptivos procuraram por lugares onde seus esforços teriam o maior impacto e mudariam o status quo. A inovação é meramente resolver problemas, e problemas são apenas oportunidades esperando para serem aproveitadas. Nenhum obstáculo é grande demais para uma pessoa determinada a fazer a diferença.

> *Nenhum obstáculo é grande demais para uma pessoa determinada a fazer a diferença.*

Quanto mais tenho o privilégio de conhecer líderes mundiais, mais percebo que eles são como você e eu. São apenas homens e mulheres determinados a causar o maior impacto possível no tempo que têm. Ninguém que já liderou uma nação chegou a esse ponto seguindo o caminho de outra pessoa. Não é melhor caminhar sozinho do que seguir uma multidão que vai na direção errada? Os disruptivos estabelecem objetivos maiores e mais sublimes para si mesmos e para aqueles à sua volta.

> *Ninguém que já liderou uma nação chegou lá ao seguir o caminho de outra pessoa. Não é melhor caminhar sozinho do que seguir uma multidão que vai na direção errada?*

Falta de acesso a capital não é mais desculpa para os disruptivos de hoje. Quando Larry Page e Sergey Brin fundaram o Google em 1998, o mecanismo de busca da empresa precisava do poder de processamento de um DEC AlphaServer 8400 de um US$1 milhão e de uma torre de servidores com prateleiras de armazenamento de discos rígidos.[3] Hoje, um iPad é mais poderoso que um AlphaServer, e o armazenamento em nuvem é um produto mais barato e universalmente acessível. Os pesquisadores gastaram mais de US$1 bilhão no sequenciamento do primeiro genoma inteiramente humano na virada do século XXI, e agora há softwares que fazem a mesma coisa por menos de US$3.000 — e logo esse processo poderá custar apenas US$100.[4] A tecnologia mais recente está à espera de disruptivos com grandes ideias zumbis. Os smartphones de baixo custo permitirão que mais um bilhão de pessoas cheguem à era digital e aumentarão ainda mais a interconectividade entre bilhões ao redor do mundo. A Internet das Coisas conectará cinquenta bilhões de aparelhos baseados em Protocolos de Internet (IP) até 2022.[5] Da mesma maneira como o código de barras mudou a forma como os produtos se comunicavam nas lojas, os aparelhos domésticos com IP poderão fazer qualquer coisa, de monitorar a saúde de entes queridos que estão longe a determinar quando os ovos na geladeira irão estragar. As conexões online agora são 180 vezes mais rápidas do que eram no começo do século XXI.[6] O custo para abrir uma empresa mundialmente disruptiva é muito mais baixo do que era há uma década.[7] Esses desenvolvimentos oferecem a todos nós conhecimentos e poder de computação que eram exclusivos de algumas instituições de elite há apenas uma geração. O que iremos criar e quais desafios conseguiremos superar? Este é o verdadeiro motivo para eu ter escrito este livro. Quero encorajar uma nova geração de disruptivos: visionários livres das limitações do passado, que resolverão problemas que as gerações anteriores achavam insolúveis.

Até mesmo nossas maiores conquistas estão destinadas a serem vítimas da disrupção. Em 1492, Cristóvão Colombo recebeu uma pensão vitalícia de Fernando e Isabel da Espanha por ter atravessado o Atlântico. Hoje, há mais de 700 voos transatlânticos por dia e ninguém pensa muito nisso. As pessoas não dirigem o Modelo T nem usam computadores com DOS. Cada uma dessas conquistas revolucionárias foi apenas um momento no ciclo infinito da disrupção; elas são ainda mais especiais pelo empoderamento rápido que transmitiram para a próxima geração de disruptivos. A alegria da disrupção vem da aceitação de que todos vivemos em um estado temporário. Nessa era de inovações incessantes, cada um de nós tem o poder de procurar o próximo problema a ser resolvido, olhar para dentro, reexaminar seus pontos fortes e desenvolver a mentalidade de um disruptivo. Nosso propósito é contribuir com a época em que vivemos ao reinventarmos nosso mundo e a nós mesmos.

> *A alegria da disrupção vem da aceitação de que todos vivemos em um estado temporário.*

Devaneios e exemplos de vida continuam a estimular minha curiosidade. Sou profundamente grato a todos que me inspiraram e que, através do seu exemplo, provaram que qualquer coisa pode ser vítima da disrupção para beneficiar alguém. Ao explicar neste livro o processo de desbloquear e criar valor, eu quis inspirar a próxima onda de inovações e disrupções. Os disruptivos beneficiam a sociedade ao levarem mudanças positivas para todos os aspectos da vida.

"Você não pode ensinar nada a um homem; pode apenas ajudá-lo a encontrar em si mesmo", escreveu Galileu. Se as percepções e histórias compartilhadas neste livro o inspiraram a levar a disrupção à sua vida ou ao mundo a fim de fazer mudanças positivas, por favor, conte-me sua experiência. Quais lições você aprendeu? Quais desafios superou? E qual impacto terá em nosso mundo?

Eu realmente quero saber de vocês, meus leitores, e compartilhar de seu conhecimento. Seu sucesso pessoal pode e vai inspirar outras pessoas a escreverem seus próprios mapas de disruptivo e a determinarem seu caminho para um crescimento positivo. Você pode contribuir transmitindo o conhecimento e a sabedoria que ganhar com a experiência. Criei um espaço para que os disruptivos possam compartilhar suas histórias em jaysamit.com [conteúdo em inglês]. Espero que, ao reunir a sabedoria dos leitores e compartilhá-la online, possamos inspirar mais pessoas a definirem como mudar suas vidas e as vidas de outras pessoas. Faça anotações. Poste imagens. Fale comigo pelas redes sociais. Eu adoraria participar de sua alegria, das suas conquistas e das suas percepções. Quero divulgar entre a comunidade os melhores exemplos e conselhos sobre a disrupção para que todos possamos nos beneficiar. "Não há problemas que não possamos resolver juntos e há bem poucos que podemos resolver sozinhos", escreveu o presidente norte-americano Lyndon Johnson.

> *Você pode contribuir ao dividir o conhecimento e sabedoria que ganhar com sua experiência.*

SEJA Disruptivo! é apenas o começo do processo. *SEJA Disruptivo!* é um chamado para a ação, um clamor por mudanças positivas. Espero que este livro tenha inspirado o leitor a mudar a si mesmo, sua atividade e o mundo.

Agradecimentos

Escrever um livro é uma experiência enobrecedora. Apesar de não ter usado um "ghost writer" nem pesquisadores neste livro, não cheguei a essas conclusões sozinho. Minha abordagem à autodisrupção foi aperfeiçoada ao longo de uma carreira de trinta anos. As sementes da minha filosofia foram plantadas muito antes, durante meus dias na graduação, estudando Maquiavel, Schumpeter, Marx e Engels na Universidade da Califórnia em Los Angeles.

Se Marx e Engels tivessem vivido em nossa época e visto o impacto da tecnologia amplamente disseminada pelas massas, seus escritos teriam sido muito diferentes. Apesar de eu ser a antítese de um marxista, serei o primeiro a admitir que seus escritos realçam as fraquezas inerentes do sistema capitalista, cuja disrupção é facilitada pela inovação. A disrupção do capitalismo atual não acontece apenas pela inovação; o valor de mercado desbloqueado pode ser facilmente perdido. Marx se inspirou no conceito de *Aufheben*, ou suprassunção, de Hegel, que diz que algo só pode ser preservado ao ser destruído. A suprassunção é a essência de cada ciclo de tecnologia e disrupção. Computadores mais rápidos e mais poderosos destroem o antigo jeito de fazer as coisas ao permitirem que as informações sejam processadas de modo mais rápido e mais barato. "A mudança em todas as coisas é desejável", escreveu Aristóteles há dois milênios.

Os insights que compartilhei neste livro são a soma de todos os princípios que extraí dos disruptivos que tive o prazer de conhecer ao longo dos anos. O impacto que Bill Gates, Paul Allen, David Geffen, Steven Spielberg, Sir Richard Branson, Pierre Omidyar, Steve Jobs, Reid Hoffman, Edgar Bronfman, O presidente Bill Clinton e o vice-presidente Al Gore tiveram na minha carreira é imensurável. Só espero que este livro seja uma retribuição, por menor que seja.

Queria ter espaço para agradecer a todos que me influenciaram. Ao meu avô, Jack Samit, que só pediu que eu publicasse uma matéria no jornal da faculdade: sem esse pedido, eu não teria aprendido a escrever. Aos meus editores na faculdade, Terry Lee Jones e Tamara Manjikian, que me ensinaram pacientemente os fundamentos do jornalismo. Aos meus alunos do curso Building the High Tech Startup, à equipe do USC Stevens Center for Innovation e ao presidente da USC, C. L. Max Nikias: obrigado por serem a inspiração desse livro e por criarem uma estrutura de apoio para o ensino da disrupção (e, por favor, continuem a me perdoar quando meus alunos saem da faculdade para começar seus negócios).

A Ken Berry, Andy Lack e Sir Howard Stringer, três dos chefes mais empoderadores que um disruptivo poderia querer: eu agradeço por terem me apoiado e me dado espaço para obter sucesso quebrando as regras corporativas várias vezes.

Sou muito grato às mais de oitenta equipes de startups das quais participei ao longo dos anos. Aprendi e cresci muito com suas ações e sagacidade. Aos nossos investidores, grandes e pequenos: todas essas realizações só foram possíveis porque vocês arriscaram seus capitais no impossível. E a Larry Lieberman e Jack O'Halloran, que me ensinaram que uma atitude positiva é mais importante que um saldo positivo.

Agradeço imensuravelmente a Ken Rutkowski e aos homens da METal. Conheci muitos disruptivos inspiradores através dessa organização. Gabby Stern, Andy Regal e toda a equipe do *The Wall Street Journal*: obrigado por me deixarem fazer parte da sua série Startup of the Year e me apresentarem à próxima geração de inovadores de todo o país.

Um agradecimento especial aos meus colegas de poker, Brad, Rob, Bob, Paul, Mike, Adam, Hank, Randy e Randal, por décadas de terapia semanal gratuita. A Eric Rice, Harrison Painter, Kristin Campbell e a todos que ocupam os bytes do jaysamit.com: obrigado por sempre irem além.

Quero agradecer a Tim Sanders por decifrar o mercado da publicação de livros e me colocar na direção certa no começo dessa jornada. Aos meus agentes literários, Richard Pine, Eliza Rothstein e a todo mundo da InkWell Management, que me ajudaram a encontrar a editora perfeita. Um "obrigado" enorme a Bob Miller e à Flatiron Books por acreditarem neste projeto, e à minha editora, Whitney Frick, por trabalhar comigo até acertar. Preciso agradecer aos meus filhos maravilhosos, Benji e Danny, que sofreram com as primeiras tentativas de seu pai e que me desafiaram a melhorar o livro.

Meninos, vocês continuam a me fazer acreditar que o futuro é muito mais brilhante que o passado.

Sou grato à professora do ensino fundamental que escreveu em meu boletim que eu "marcho ao ritmo de um baterista diferente" e sou grato por meus pais terem aceitado esse fato. E, por fim, dedico esse livro à minha musa, Dava. Você me inspira todos os dias a enfrentar o mundo e fazer a diferença.

Notas

Introdução

1. Descobri mais tarde que o senador estadual da Califórnia, Alan Robbins, recebera um suborno de mais de US$13.500 da GTECH em troca do lucrativo contrato da loteria — um crime pelo qual Robbins foi condenado a cinco anos de prisão. Para mais informações, veja "Robbins Quits Senate, Admits to Corruption: Probe: The San Fernando Valley Democrat Will Be Sentenced to 5 Years in Prison", de Paul Jacobs e Mark Gladstone, no *Los Angeles Times*, 20 de novembro de 1991.

Capítulo Um: Em Defesa da Disrupção

1. McKinsey Global Institute, *Disruptive Technologies: Advances That Will Transform Life, Business, and the Global Economy*, 05 de maio de 2013.

2. Ibid.

3. Ibid., 9.

4. Hayley Peterson, "America's Shopping Malls Are Dying a Slow, Ugly Death", *Business Insider*, 31 de janeiro de 2014.

5. James C. Cooper, "3 Million High Paying Jobs (or More) Lost Forever", *The Fiscal Times*, 16 de maio de 2011.

6. Ronald Grover, "L.A.'s Richest Man Ups the Ante for City, Cancer Fight", Reuters, 3 de outubro de 2012, acesso em 09.10.2014, http://www.reuters.com/article/2012/10/03/us-soon-shiong-idUSBRE89205320121003.

7. Jeff Rubin, *The End of Growth* (Toronto: Random House Canada, 2012), https://books.google.com.br/books?id=y4oCqP_yY4EC&printsec=frontcover&dq=Jeff+Rubin,+The+End+of+Growth&hl=pt-BR&sa=X&ved=0ahUKEwj4_aTKtojaAhWDxpAKHYZxCboQ6AEIKDAA#v=onepage&q=Jeff%20Rubin%2C%20The%20End%20of%20Growth&f=false

8. "Fortune 500 2014", *Fortune*, 1º de janeiro de 2014, acesso em 09.10.2014, http://fortune.com/fortune500.

9. Christian G. Sandström, "A Revised Perspective on Disruptive Innovation— Exploring Value, Networks and Business Models", dissertação de Ph.D., Universidade Técnica Chalmers, Gotemburgo, Suécia, 2010.

10. Ibid.

11. Ibid.

12. Richard Foster, *Innovation: The Attacker's Advantage* (Nova York: Summit Books, 1986).

13. Jeff Leeds, "EMI Accepts $4.7 Billion Buyout Offer," *New York Times*, 22 de maio de 2007, acesso em 09.10.2014, http://www.nytimes.com/2007/05/22/business/22music-web.html.

14. Alex Pham, "EMI Group Sold as Two Separate Pieces to Universal Music and Sony," *Los Angeles Times*, 12 de novembro de 2011, acesso em 09.10.2014, http://articles.latimes.com/2011/nov/12/ business/la-fi-ct-emi-sold-20111112-68.

15. Naoko Fujimura, "Sony's Shopping Spree Is 'Wrong Direction' in Apple Battle," Bloomberg, 13 de dezembro de 2011, acesso em 09.10.2014, http://www.bloomberg.com/news/2011-12-13/stringer-s-shopping-spree-wrong-direction-for-sony-in-apple-battle-tech.html.

16. "Economic Security for Seniors," ficha técnica, National Council on Aging, 2014, acesso em 30.08.2014, http://www.ncoa.org/press-room/fact-sheets/economic-security-for.html.

17. Dane Stangler e Sam Arbesman, "What Does Fortune 500 Turnover Mean?" Fundação Ewing Marion Kauffman, 04 de junho de 2012.

18. Antonio Regalado, "Technology Is Wiping Out Companies Faster Than Ever," *MIT Technology Review*, 10 de setembro de 2013.

19. Laura Baverman, "Colleges Help Budding Entrepreneurs Get Started," *USA Today*, 10 de junho de 2013, acesso em 09.10.2014, http://www.usatoday.com/story/money/columnist/2013/06/09/baverman-columnist-startups-entrepreneurs/2400073.

20. National Business Incubation Association, Resource Library, acesso em 09.10.2014, http://www.nbia.org/resource_library.

21. Alan Hall, "'I'm Outta Here!' Why 2 Million Americans Quit Every Month (and 5 Steps to Turn the Epidemic Around)," *Forbes*, 11 de março de 2013, acesso em 09.10.2014, http://www.forbes.com/sites/alanhall/2013/03/11/im-outta-here-why-2-million-americans-quit-every-month-and-5-steps-to-turn-the-epidemic-around.

Capítulo Dois: Torne-se um Disruptivo

1. Caroline Howard, "The 12 Most Disruptive Names in Business: The Full List," *Forbes*, 27 de março de 2013, acesso em 09.10.2014, http://www.forbes.com/sites/carolinehoward/2013/03/27/the-12-most-disruptive-names-in-business-the-full-list.

2. Steven Bertoni, "How Mixing Data and Fashion Can Make Rent the Runway Tech's Next Billion Dollar Star," *Forbes*, 08 de setembro de 2014.

3. Chris Denhart, "How the $1.2 Trillion College Debt Crisis Is Crippling Students, Parents and the Economy," *Forbes*, 07 de agosto de 2013, acesso em 30.08.2014, http://www.forbes.com/sites/specialfeatures/2013/08/07/how-the-college-debt-is-crippling-students-parents-and-the-economy.

4. Howard, "The 12 Most Disruptive Names."

5. Anya Kamenetz, "For Profit and People: UniversityNow Rides a Low-Cost Wave," *New York Times*, 01º de novembro de 2013.

6. Bertram Forer, "The Fallacy of Personal Validation: A Classroom Demonstration of Gullibility", *Journal of Abnormal and Social Psychology* 44, nº. 1 (janeiro, 1949): 118–23.

7. Davis Dyslexia Association International, "Famous People with the Gift of Dyslexia", acesso em 30.08.2014 http://www.dyslexia.com/famous.htm.

8. Steve Jobs, discurso de paraninfo, Universidade Stanford, 15 de junho de 2005, acesso em 11.11.2014, http://news.stanford.edu/news/2005/june15/jobs-061505.html.

9. Jon Hamilton, "How Can Identical Twins Turn Out So Different?", *Shots* blog, NPR, 09 de maio de 2013, acesso em 09.10.2014, http://www.npr.org/blogs/health/2013/05/14/182633402/how-can-identical-twins-turn-out-so-different.

10. Reid Hoffman e Ben Casnocha, *The Start-up of You [Comece por Você]* (New York: Crown Business, 2012), 35.

11. Mateus. 25:29 (Bíblia do Rei Jaime).

12. Malcolm Gladwell, *Fora de Série* (Nova York: Little, Brown, 2010), 6.

13. Sheryl Sandberg, "Sheryl Sandberg Leans In," *Cosmopolitan*, 08 de março de 2013, http://www.cosmopolitan.com/career/advice/14255/sheryl-sandberg-lean-in-book-excerpt.

14. Sally E. Shaywitz, MD, e Bennett A. Shaywitz, MD, "The Neurobiology of Reading and Dyslexia", *Focus on Basics* 5, questão A (agosto de 2001): 11–15.

15. Emily K. Schwartz, "Richard Branson and the Dyslexia Advantage", *Washington Post*, 07 de novembro de 2012.

16. Julie Logan, "Dyslexic Entrepreneurs: The Incidence; Their Coping Strategies and Their Business Skills", Wiley InterScience, 2009, acesso em 11.11.2014, doi: 10.1002/dys.388.

17. Brent Bowers, "Tracing Business Acumen to Dyslexia", *New York Times*, 06 de dezembro de 2007.

18. Gerd Kempermann, "Experience Leads to the Growth of New Brain Cells", Max Planck Institute for Human Development, *Science*, 10 de maio de 2013.

19. Jim Montgomery e Mo Chamber, *Mastering Swimming* (Champaign, Ill.: Human Kinetics, 2009), 3.

20. Antti Revonsuo, "The Reinterpretation of Dreams: An Evolutionary Hypothesis of the Function of Dreaming", *Behavioral and Brain Sciences* 23, no. 6 (2000): 877–901.

21. Brett Henning, *7 Pre-Game Habits of Pro Hockey Players* (Irvine, Calif.: Score 100goals, 2008), 20.

22. Ryan Holiday, "A Leadership Lesson from Eisenhower's Stoic Reversal at D-Day", *Entrepreneur*, 06 de junho de 2014.

23. *Murderball - Paixão e Glória*, dirigido por Henry Alex Rubin e Dana Adam Shapiro (EAT Films, 2005).

24. Stacy Perman, "How Failure Molded Spanx's Founder", *Bloomberg Businessweek*, 21 de novembro de 2007, acesso em 09.10.2014, http://www.businessweek.com/stories/2007-11-21/how-failure-molded-spanxs-founderbusinessweek-business-news-stock-market-and-financial-advice.

25. Ibid.

26. Michael Goldberg, *Knock-Out Networking* (Orange, Tex.: Building Blocks Consulting, 2011), 12.

Capítulo Três: O Mapa do Disruptivo

1. W. D. Wattles, *A Ciência de Ficar Rico* (Nova York: Sterling, 2007), 19.

2. Norman Vincent Peale, *The Power of Positive Thinking* (Nova York: Simon & Schuster, 1952), 13.

3. "Suze Orman's The 9 Steps to Financial Freedom", Random House, acesso em 09.10.2014, http://www.randomhouse.com/features/suzeorman.

4. Robert Byrne, *1,911 Best Things Anybody Ever Said* (Nova York: Fawcett Columbine, 1988), 274.

5. Catherine New, "5 Moms Who Launched a Business After Having a Kid", *Huffington Post*, 11 de maio de 2013, acesso em 11.11.2014, http://www.huffingtonpost.com/2013/05/11/moms-who-started-their-own-successful-businesses_n_3253397.html.

6. Reid Hoffman e Ben Casnocha, *The Start-up of You [Comece por Você]* (Nova York: Crown Business, 2012), 85.

7. Bronnie Ware, "Top 5 Regrets of the Dying", *Huffington Post*, 21 de janeiro de 2012, acesso em 30.08.2014, http://www.huffingtonpost.com/bronnie-ware/top-5-regrets-of-the-dyin_b_1220965.html.

8. Clayton J. Moore, *Your Money Puzzle* (Clayton J. Moore Ltd., 2009), 34.

9. Mary Eule Scarborough e David A. Scarborough, *The Procrastinator's Guide to Marketing* (Toronto: Entrepreneur Media, 2008), 27.

Capítulo Quatro: Construindo Sua Marca

1. Lauren Indvik, "How To: Land Your Dream Job Using Google AdWords", *Mashable*, 13 de maio de 2010, acesso em 31.08.2014, http://mashable.com/2010/05/13/job-google-ad-words.

2. David Goldman, "Music's Lost Decade: Sales Cut in Half", *CNN Money*, 03 de fevereiro de 2010, acesso em 31.08.2014, http://money.cnn.com/2010/02/02/news/companies/napster_music_industry.

3. Ibid.

4. "Global Wireless Accessories Market to Grow to $50.2 Billion by 2015", CTIA, Resource Library, acesso em 31.08.2014, http://www.ctia.org/resource-library/facts-and-infographics/archive/global-market-wireless-accessories.

5. Janet Ong e Naoko Fujimura, "HTC to Acquire Control of Dr. Dre's Beats Headphone Maker for $300 Million", Bloomberg, 11 de agosto de 2011, acesso em 31.08.2014, http://www.bloomberg.com/news/2011-08-11/htc-to-acquire-control-of-dr-dre-s-beats-headphone-maker-for-300-million.html.

6. Megan Brooks, "Top 100 Most Prescribed, Top-Selling Drugs", *Medscape Medical News*, 13 de maio de 2014, acesso em 11.11.2014, http://www.medscape.com/viewarticle/829246.

7. Helen Thompson, "The Boomer Touch", *Advisor Today*, NAIFA, acesso em 31.08.2014, http://www.advisortoday.com/archives/article.cfm?article ID=868.

8. "One-Stop Career Transition Services", NOVA, acesso em 09.10.2014, http://www.novaworks.org.

9. Calvin Reid, "Blurb: Making Books in Real Time", *Publishers Weekly* 260, no. 34 (26 de agosto de 2013).

10. Christina Austin, "THE BILLIONAIRES' CLUB: Only 36 Companies Have $1,000 Million-Plus Ad Budgets", *Business Insider*, 11 de novembro de 2012, acesso em 09.10.2014, http://www.businessinsider.com/the-35-companies-that-spent-1-billion-on-ads-in-2011-2012-11.

11. Seth Godin, *Você é Indispensável? - A Importância de Quem Inova, Lidera e Faz Acontecer* (Nova York: Portfolio, 2010), 56.

12. Don Power, "Twitter Success Story: Stacey Ferreira Lands a Million Dollar Tweet", *Sprout*, 22 de janeiro de 2013, acesso em 31.08.2014, http://sproutsocial.com/insights/richard-branson-twitter/

Capítulo Cinco: Disruptivos Trabalhando e o Valor do Empreendedorismo

1. David Goldman, "Music's Lost Decade: Sales Cut in Half", *CNN Money*, 3 de fevereiro de 2010, acesso em 31.08.2014, http://money.cnn.com/2010/02/02/news/companies/napster_music_industry.

2. Joseph Menn, *All the Rave: The Rise and Fall of Shawn Fanning's Napster* (Nova York: Crown Business, 2003), 158–61.

3. Shawn Tully, "Big Man Against Big Music: Think the Record Companies Will Bury Napster? John Hummer Is Betting You're Wrong—and He's Hired David Boies to Prove It", *Fortune*, 14 de agosto de 2000.

4. Brian Hiatt e Evan Serpick, "The Record Industry's Decline", *Rolling Stone*, 19 de junho de 2007.

5. Goldman, "Music's Lost Decade."

6. John Paczkowski, "The iPhone Doesn't Appeal to Business Customers at All?", *All Things D*, 2 de dezembro de 2008, acesso em 31.08.2014, http://allthingsd.com/20081202/no-the-iphone-doesnt-appeal-to-business-customers-at-all.

7. Vijay Govindarajan e Chris Trimble, *The Other Side of Innovation: Solving the Executive Challenge [O Outro Lado da Inovação]* (Cambridge, Mass.: Harvard Business Review, 2010), ix.

8. "Kodak Cuts over the Years", RochesterHomepage.net, 29 de janeiro de 2009, acesso em 31.08.2014, http://www.rochesterhomepage.net/story/web-extra-kodak-cuts-over-the-years/d/story/yEnvA-84rke582S4aRor0w.

9. Michael J. de la Merced, "Eastman Kodak Files for Bankruptcy", *New York Times*, 19 de janeiro de 2012, acesso em 31.08.2014, http://dealbook.nytimes.com/2012/01/19/eastman-kodak-files-for-bankruptcy.

10. Govindarajan e Trimble, *Other Side of Innovation*.

11. Gordon Moore, "Cramming More Components onto Integrated Circuits", *Electronics Magazine*, 1º de janeiro de 1998.

12. "2014 January: CEO Turnover Soars 32 Percent as Year Starts", Challenger, Gray & Christmas, acesso em 20.08.2014, http://www.challengergray.com/press/press-release/2014-january-ceo-turnover-soars-32-percent-year-stats.

13. Jennifer Rooney, "CMO Tenure Hits 43-Month Mark", *Forbes*, 14 de junho de 2012.

14. "'Managerial Myopia': How CEOs Pump Up Earnings for Their Own Gain", Knowledge@Wharton, Wharton School of the University of Pennsylvania, acesso em 30.08.2014, http://knowledge.wharton.upenn.edu/article/managerial-myopia-ceos-pump-earnings-gain.

15. http://www.thefreelibrary.com/Simutronics+Inks+Game+Development+Pact+with+Universal+Studios-a019734718

16. Kenneth Wong e Dina Bass, "SAP to Acquire Ariba for $4.3 Billion in Push into Cloud", Bloomberg, 23 de maio de 2012, acesso em 09.10.2014, http://www.bloomberg.com/news/2012-05-22/sap-agrees-to-buy-ariba.html.

17. Jessi Hempel, "Will Marissa Mayer Save Yahoo?", *Fortune*, 1 de maio de 2014, acesso em 09.10.2014, http://fortune.com/2014/05/01/will-marissa-mayer-save-yahoo.

18. David Karp, news post, Tumblr, 20 de maio de 2013, acesso em 30.08.2014, staff.tumblr.com/post/50902268806/news.

Capítulo Seis: À Procura da Ideia Zumbi

1. Dana Canedy, "Procter & Gamble Is Buying Maker of Premium Pet Food", *New York Times*, 12 de agosto de 1999.

2. Amir Efrati, "Google Confirms Waze Maps App Purchase", *Wall Street Journal*, 11 de junho de 2013, acesso em 09.10.2014, http://online.wsj.com/news/articles/SB1 000142 4127887323949904578539370980686106.

3. Martha Barlette, *Marketing to Women: How to Understand, Reach, and Increase Your Share of the World's Largest Market Segment* (Chicago: Dearborn Trade, 2003), https://books.google.com/books?id=yXwW25rY1VcC&pg=PR7&lpg=PR7&dq =women+83%25+of+all+consumer+purchases&source=bl&ots=plaXtM0Xfc& sig=2ODgiKW_Ih3ycODE-BH78hBeN5w&hl=en&sa=Xei=C8ygVL6Y A8nsoAS7k4LgDA&ved=0CCwQ6AEwAw≠v = onepage& q = women%20 83%25%20 of%20all%20consumer%20purchases&f=false.

4. Mary-Catherine Lader, "Axon Sleep Research Laboratories", *Brown Daily Herald*, 23 de março de 2005, acesso em 09.10.2014, http://www.browndailyherald .com/2005/03/23/axon-sleep-research-laboratories.

5. Kimberly Kuizon, "Google Science Fair Winner, Sarasota's Brittany Wenger, Created Program to Help Detect Breast Cancer", *ABC Action News*, 27 de julho de 2012, acesso em 11.11.2014, http://www.abcactionnews.com/news/region-sarasota-manatee/google-science-fair-winner-sarasotas-brittany-wenger-created-program-to-help-detect-breast-cancer.

6. Adeo Ressi, "No One Is Going to Steal Your Stupid Startup Idea, by Adeo Ressi", Founder Institute, 01º de fevereiro de 2013, acesso em 31.08.2014, http:// fi.co/posts/937.

7. About the Founder Institute, Founder Institute, acesso em 09.10.2014, http://fi.co/about.

8. John Greathouse, "Steve Jobs: 5 (More) Motivational Business Tips", *Forbes*, 18 de maio de 2013, acesso em 09.10.2014, http://www.forbes.com/sites/johngreat house/2013/05/18/steve-jobs-5-more-motivational-business-tips.

9. Duke Lee, "Your Job Is to Kill Your Stupid Idea", Founder Institute, 18 de fevereiro de 2014, acesso em 31.08.2014, http://fi.co/posts/4471.

10. Raffaele Mauro, "The Y-Combinator Model: High-Potential Accelerators and Innovative Ecosystems", *Rafstart*, dezembro de 2013, acesso em 31.08.2014, http://rafstart.blogspot.com/2014/01/the-y-combinator-model-high-potential.html.

11. John Furrier, "Entrepreneurial 'Red Meat'—Calling All Entrepreneurs—Paul Graham Throws Chum in the Water", SiliconAngle.com, 20 de julho de 2008, acesso em 31.08.2014, http://siliconangle.com/furrier/2008/07/20/entrepreurial-red-meat-calling-all-entrepreneurs-paul-graham-throws-chum-in-the-water.

12. Paul Graham, "Startup Ideas We'd Like to Fund", Y Combinator, 01º de julho de 2008, acesso em 09.10.2014, http://old.ycombinator.com/ideas.html.

13. "Steal This Start-Up! No Longer Content to Write Checks, VCs Are Giving Away Their Best Ideas", *Observer*, 30 de junho de 2011, acesso em 07.02.2015, http://observer.com/2011/06/steal-this-start-up-no-longer-content-to-write-checks-vcs-are-giving-away-their-best-ideas.

14. Anthony Ha, "Angel Investor Ron Conway: Every Entrepreneur Should Get Funded", *VB News*, 29 de julho de 2010, acesso em 07.02.2015, http://venturebeat.com/2010/07/29/angelconfron-conway-michael-arrington.

15. "Overture Services (GoTo.com)", IdeaLab, acesso em 31.08.2014, http://www.idealab.com/our_companies/show/all/overture.

16. Seth Weintraub, "Excite Passes Up Buying Google for $750,000 in 1999", *Fortune*, 29 de setembro de 2010, acesso em 11.11.2014, http://fortune.com/2010/09/29/excite-passed-up-buying-google-for-750000-in-1999.

Capítulo Sete: Transforme Suas Energias

1. Bill Gates to Executive Staff and Direct Reports, mensagem de e-mail, 26 de maio de 1995, disponível em Letters of Note, acesso em 31.08.2014, http://www.lettersof note.com/2011/07/internet-tidal-wave.html.

2. Robert Jordan, "How to Make One Better Decision Each Day", *Forbes*, 21 de setembro de 2012, acesso em 09.10.2014, http://www.forbes.com/sites/robert jordan/2012/09/21/how-to-make-one-better-decision-each-day.

3. Randall Smith e Geoffrey Fowler, "Yelp IPO Targets $2 Billion", *Wall Street Journal*, 9 de novembro de 2011, acesso em 09.10.2014, http://online.wsj.com/arti cles/SB100014 24052970204190704577026140347386380.

4. Evelyn Rusli, "Facebook Buys Instagram for $1 Billion", *New York Times*, 9 de abril de 2012, acesso em 11.11.2014, http://dealbook.nytimes.com/2012/04/09/facebook-buys-instagram-for-1-billion.

5. Michael Arrington, "Google Has Acquired YouTube", *TechCrunch*, 9 de outubro de 2006, acesso em 31.08.2014, http://techcrunch.com/2006/10/09/google-has-acquired-youtube.

6. "Twitter, Inc.", capitalização bolsista a partir de 31 de agosto de 2014, Yahoo! Finance, http://finance.yahoo.com/q?s=TWTR&ql=1.

7. Allison Canty, "The Early Failures of Famous Entrepreneurs (and What They Learned)", *Entrepreneurship*, 17 de novembro de 2011, acesso em 31.08.2014, http://grasshopper.com/blog/the-early-failures-of-famous-entrepreneurs-and-what-they-learned-3.

8. "Bill Gates, "Entrepreneurship Hall of Fame", acesso em 31.08.2014, http://www.theehalloffame.com/gates.html.

9. "Jessica Simpson's Net Worth Rises, Empire Makes $1 Billion", Lalate.com, 7 de dezembro de 2010, acesso em 31.08.2014, http://news.lalate.com/2010/12/07/jessica-simpson-net-worth-rises-empire-worth-1-billion.

10. Sapna Maheshwari, "The Numbers Behind Victoria's Secret and Its Iconic Fash- ion Show", *Buzzfeed News*, 13 de novembro de 2013, acesso em 31.08.2014, http://www.buzzfeed.com/sapna/the-numbers-behind-victorias-secret-and-its-iconic-fashion-s#3l7oddq.

11. Sam Shead, "Ubuntu Edge Sets Crowdfunding Record, Beating Pebble Smartwatch", *Techworld*, 16 de agosto de 2013, acesso em 31.08.2014, http://news.techworld.com/mobile-wireless/3464373/ubuntu-edge-sets-crowdfunding-record-beating-pebble-smartwatch.

12. Ian Harvey, "Richard Branson Doesn't Mind Being a 'Crazy One'", *Globe and Mail*, 22 de agosto de 2014, acesso em 31.08.2014, http://www.theglobeandmail.com/report-on-business/innovators-at-work/richard-branson-doesnt-mind-being-a-crazy-one/article20172565.

13. Zack Epstein, "Amazon's Secret Weapon (No, It's Not Drones)", BGR.com, 17 de dezembro de 2013, acesso em 31.08.2014, http://bgr.com/2013/12/17/amazon-prime-spending-study-cirp.

14. Adrienne Jane Burke, "Startup Creativity Flourishes at NY Tech Day", *Techonomy*, 29 de abril de 2013, acesso em 31.08.2014, http://techonomy.com/2013/04/startup-creativity-flourishes-at-ny-tech-day.

Capítulo Oito: Descobrindo a Cadeia de Valor

1. Michael E. Porter, *Vantagem Competitiva* (Nova York: Free Press, 1985).

2. Franziska Bieri, *From Blood Diamonds to the Kimberley Process: How NGOs Cleaned Up the Global Diamond Industry*, (Burlington: Ashgate Publishing, 2010), https://books.google.com/books?id=liq6NrDcm5UC&pg=PA5&dq=$9+billion+diamonds+mined+annually&hl=en&sa=X&ei=g82gVPfMNYKlo QTQ 8IKIBA & ved = 0CCs Q6AEwAg# v = onepage & q =%249 %20billion%20 diamonds%20mined%20 annually&f=false.

3. Bain & Company, *The Global Diamond Industry—Lifting the Veil of Mystery* (Antwerp: Antwerp World Diamond Centre, 2011), http://www.bain.com/Images /PR_BAIN_REPORT_The_global_diamond_industry.pdf.

4. Mike Spector, Douglas MacMillan, and Evelyn M. Rusli, "TPG-Led Group Closes $450 Million Investment in Airbnb", *Wall Street Journal*, 18 de abril de 2014, acesso em 31.08.2014, http://online.wsj.com/news/articles/SB10001424052702304626304579509800267341652.

Capítulo Nove: Pesquisa e Desenvolvimento: Descobrindo o Valor do Desperdício

1. Drew Armstrong e Susan Decker, "Pfizer's Deal on Generic Viagra Shows Treatment Changes", Bloomberg, 18 de dezembro de 2013, acesso em 09.10.2014, http://www.bloomberg.com/news/2013-12-18/pfizer-s-deal-on-generic-viagra-shows-treatment-changes.html.

2. "Peter C. L. Hodgson Obituary (*New York Times*)", *Silly Putty—Early History—This Is What I Know* blog, 1º de janeiro de 2011, acesso em 31.08.2014, http://silly puttyhistory.blogspot.com/2011/01/blog-post.html.

3. Ann Thayer, "What's That Stuff? Silly Putty", *Chemical and Engineering News* 78, no. 48 (2000): 27.

4. "Play-Doh FAQ & Tips", Hasbro, acesso em 09.10.2014, http://www.hasbro.com/playdoh/en_US/discover/faq.cfm.

5. Bethanne Kelly Patrick e John M. Thompson, *An Uncommon History of Common Things* (Washington, D.C.: National Geographic, 2009).

6. "Million Dollar Baby—Businesses Designing and Selling Open Source Hardware, Making Millions", *Adafruit* blog, 3 de maio de 2010, acesso em 31.08.2014, www.adafruit.com/blog/2010/05/03/million-dollar-baby-businesses-designing-and-selling-open-source-hardware-making-millions.

7. Chris Anderson, "How I Accidentally Kickstarted the Domestic Drone Boom"

8. *Wired*, 22 de junho de 2012, acesso em 09.10.2014, http://www.wired.com/2012/06/ff_drones/all.

9. "Million Dollar Baby."

10. "New Beer Uses Pre-Launch Viral Email Vote to Turn Consumers into Evangelists," MarketingSherpa, 24 de junho de 2003, acesso em 09.10.2014, http://www.marketingsherpa.com/article/case-study/new-beer-uses-prelaunch-viral.

11. "Spinoff Benefits: By the Numbers," ficha técnica, NASA.gov, 2013, acesso em 31.08.2014, http://spinoff.nasa.gov/Spinoff2012/pdf/by_numbers.pdf.

12. Ibid.

13. "NASA Engages the Public to Discover New Uses for Out-of-this-World Technologies", NASA.gov, 23 de outubro de 2013, acesso em 07.02.2015, http://www.nasa.gov/content/nasa-engages-the-public-to-discover-new-uses-for-out-of-this-world-technologies/#.VNZ4PLDF-5I.

14. Molly Wood, "Samsung Stakes Claim in Wearable Tech That Monitors Health", *New York Times*, 29 de maio de 2014.

15. Fiona Graham, "Crowdsourcing: Inventing the Question to Fit Your Answer", BBC.com, 10 de junho de 2013, acesso em 31.08.2014, http://www.bbc.com/news/business-22847802.

16. Ibid.

17. "30 Under 30", *Inc.*, 2007, acesso em 31.08.2014, http://www.inc.com/30under30/2007/1-kaufman.html.

18. Graham, "Crowdsourcing."

Capítulo Dez: Design: A Disrupção Por Meio da Estética

1. Jack Hope, "A Better Mousetrap", *American Heritage*, 1º de outubro de 1996.

2. Seth Stevenson, "Why Are Poland Spring Bottles So Crinkly?", *Slate*, 19 de junho de 2012, acesso em 31.08.2014, www.slate.com/articles/business/operations/2012/06/poland_spring_s_new_bottles_why_are_they_so_thin_and_flimsy_.html.

3. Allen Myerson, "Pennzoil and Quaker State Plan a Two Stage Merger", *New York Times*, 16 de abril de 1998, acesso em 31.08.2014, http://www.nytimes.com/1998/04/16/business/pennzoil-and-quaker-state-plan-a-two-stage-merger.html.

4. Peter M. Senge, *A Quinta Disciplina: Arte e Prática da Organização que Aprende* (Nova York: Doubleday/Currency, 1990).

5. "Quotebank: Brands", Warc.com, acesso em 31.08.2014, http://www.warc.com/Pages/NewsAndOpinion/Quotebank.aspx?Category=Brands.

6. "U.S. Travel Market Tops $300 Billion as Fiscal Cliff Looms", Yahoo! Finance, http://finance.yahoo.com/news/u-travel-market-tops-300-225659240.html.

7. Harry McCracken, "The 50 Best Websites of 2011", *Time*, 16 de agosto de 2011.

8. "Beyond the Rack Doubles Mobile Sales After Launching Dedicated Mobile Site", estudo de caso do Google, acesso em 31.08.2014, http://static.googleusercontent.com/media/www.google.com/en/us/think/multiscreen/pdf/beyond-the-rack-multi-screen-resources_case-studies.pdf.

Capítulo Onze: Produção: Reutilização, Readaptação, Recriação

1. "Population of Germany", Tacitus.nu, acesso em 31.08.2014, http://www.taci tus.nu/historical-atlas/population/germany.html.

2. Terry Breverton, *Breverton's Encyclopedia of Inventions: A Compendium of Technological Leaps, Groundbreaking Discoveries and Scientific Breakthroughs* (Londres: Quercus, 2012), capítulo 3.

3. Francis Bacon, *Novum Organum* (1620), conforme escrito em HistoryGallery.com, acesso em 31.08.2014, http://historygallery.com/books/1740bacon/1740bacon.htm.

4. McKinsey Global Institute, *Disruptive Technologies: Advances That Will Transform Life, Business, and the Global Economy*, maio de 2013.

5. T. J. McCue, "3D Printing Industry Will Reach $3.1 Billion Worldwide by 2016", *Forbes*, 27 de março de 2012, acesso em 31.08.2014, http://www.forbes.com/sites/tjmccue/2012/03/27/3d-printing-industry-will-reach-3-1-billion-world wide-by-2016.

6. Neal Ungerleider, "This African Inventor Created a $100 3-D Printer from E-Waste", *Fast Company*, 11 outubro de 2013, acesso em 31.08.2014, http://www.fastcompany.com/3019880/this-african-inventor-created-a-100-3-d-printer-from-e-waste.

7. Nathan Laliberte, "No Time for Car Shopping? Click 'Print' to Make YourOwn", *New York Times*, 26 de setembro de 2014, acesso em 08.10.2014, http://www.nytimes.com/2014/09/28/automobiles/no-time-for-car-shopping-click-print-to-make-your-own.html.

8. Andy Greenberg, "$25 Gun Created with Cheap 3D Printer Fires Nine Shots", *Forbes*, 20 de maio de 2013, acesso em 31.08.2014, http://www.forbes.com/sites/andygreenberg/2013/05/20/25-gun-created-with-cheap-3d-printer-fires-nine-shots-video.

9. Lorenzo Franceschi-Bicchierai, "Officials: Stopping 3D Printed Guns Could Be Impossible", *Mashable*, 24 de maio de 2013, acesso em 31.8.2014, http://mashable.com/2013/05/24/stopping-3d-printed-guns.

10. "3D Printing Is 'Bringing the Factory Back to the Individual'", *Dezeen*, 19 de outubro de 2012, acesso em 31.08.2014, http://www.dezeen.com/2012/10/19/3d-printing-is-bringing-the-factory-back-to-the-individual.

11. "Staples First Major US Retailer to Announce 3D Printers", Staples.com, 3 de maio de 2013, acesso em 31.08.2014, http://investor.staples.com/phoenix.zhtml?c=96244&p=RssLanding&cat=news&id=1814995.

12. Vivek Wadhwa, "Anyone Anywhere Can Build the Next Google—There Are No Barriers", *Forbes*, 21 de novembro de 2013, acesso em 31.08.2014, http://www.forbes.com/sites/singularity/2013/11/21/anyone-anywhere-can-build-the-next-google-there-are-no-barriers.

13. Barack Obama, Discurso sobre o Estado da União, 12 de fevereiro de 2013, WhiteHouse.gov, acesso em 31.08.2014, http://www.whitehouse.gov/the-press-office/2013/02/12/remarks-president-state-union-address.

14. Jarrett Murphy, "One Billion Live in Slums", CBSNews.com, 8 de outubro de 2003, acesso em 31.08.2014, http://www.cbsnews.com/news/1-billion-live- in-slums.

Capítulo Doze: Marketing e Vendas: Encontre o Problema que se Encaixe na Sua Solução

1. Robert Litan, "What Priceline.com Learned from Economists", *Fortune*, 29 de setembro de 2014, acesso em 10.10.2014, http://fortune.com/2014/09/29/what-priceline-learned-from-economists.

2. "The Idea: Continuous Magazine Subscriptions", Walker Digital, acesso em 31.08.2014, http://www.walkerdigital.com/innovations_ideas-in-action-continuous.html.

3. John Brownlee, "Why Printer Ink Should Be Packaged like Chanel No. 5", *Fast Company*, 12 de dezembro de 2013, acesso em 31.08.2014, http://www.fast codesign.com/3021290/why-printer-ink-should-be-packaged-like-chanel-no-5.

4. Peter Drucker, *Inovação e Espírito Empreendedor: Prática e Princípios* (Londres: Routledge, 2007), 223.

5. Geraldine Fabrikant, "Lowell Paxson Has a Dream: To Start Yet Another Television Network", *New York Times*, 30 de junho de 1997, acesso em 01.10.2014, http://www.nytimes.com/1997/06/30/business/lowell-paxson-has-a-dream-to-start-yet-another-television-network.html.

6. "Corporate Profile", HSN, acesso em 10.10.2014, http://www.hsni.com/investors.cfm.

7. "Bud Paxson Net Worth", TheRichest.com, acesso em 31.08.2014, http://www.therichest.com/celebnetworth/celebrity-business/men/bud-paxson-net-worth.

8. Eszter Hargittai, "Amazon's Price Discrimination", *Crooked Timber* blog, 22 de dezembro de 2008, acesso em 31.08.2014, http://crookedtimber.org/2008/12/22/amazons-price-discrimination.

9. Asad Madni, "Cost Benefit Analysis of RFID Implementations in Retail Stores", *IEEE Systems Journal* 1, no. 2 (janeiro de 2008), doi: 10.1109/JSYST.2007.909788.

10. Rebecca Clancy, "Red Bull 'Worth £5bn' After Felix Baumgartner Skydive", *Telegraph*, 15 de outubro de 2012, acesso em 31.08.2014, http://www.telegraph.co.uk/finance/newsbysector/retailandconsumer/leisure/9609231/Red-Bull-worth-5bn-after-Felix-Baumgartner-skydive.html.

11. Verse, "Trey Songz Scores 1st UK Top Ten Single with 'Simply Amazing'",*Soul Culture*, 19 de agosto de 2012, acesso em 31.08.2014, http://soulculture.com/music-blog/trey-songz-scores-1st-uk-top-ten-single-with-simply-amazing-music-news.

12. "Jeffrey P. Bezos", Academy of Achievement, acesso em 07.02.2015, http://www.achievement.org/autodoc/page/bez0int-5.

13. Wayne Neimi, "Zappos Milestone: Q&A with Tony Hsieh", Zappos.com, 4 de maio de 2009, acesso em 31.08.2014, http://about.zappos.com/press-center/media-coverage/zappos-milestone-qa-tony-hsieh.

14. Michael Bush, "Virgin America on Why Twitter, Facebook Are More Important Than TV",*Advertising Age*, 9 de fevereiro de 2011, acesso em 31.08.2014, http://adage.com/article/digital/virgin-america-values-twitter-facebook-tv/148795.

15. "40 Eye-Opening Customer Services Quotes", *Forbes*, 3 de março de 2014, acesso em 31.08.2014, http://www.forbes.com/sites/ekaterinawalter/2014/03/04/40-eye-opening-customer-service-quotes.

16. "CD-ROME: Pope Blesses PBS Disc", *Variety*, 29 de maio de 1995, acesso em 31.08.2014, http://variety.com/1995/scene/markets-festivals/cd-rome-pope-blesses-pbs-disc-99127196.

Capítulo Treze: Distribuição: Descobrindo o Valor Inatingido e o Desafio do Espaço Limitado na Prateleira

1. Nilay Patel, "Kindle Sells Out in 5.5 Hours", engadget.com, 21 de novembro de 2007, acesso em 02.03.2015, www.engadget.com/2007/11/21/kindle-sells-out-in-two-days.

2. Peter Diamandis, "Why Billion-Dollar, 100-Year-Old Companies Die", *Peter's Blog*, Peter H. Diamandis, 19 de abril de 2013, acesso em 10.10.2014, http://www.diamandis.com/the-launch-pad/why-billion-dollar-100-year-old-companies-die/1743.

3. Claire Cain Miller e Julie Bosman, "E-Books Outsell Print Books at Amazon", *New York Times*, 19 de maio de 2011, acesso em 31.08.2014, http://www.nytimes.com/2011/05/20/technology/20amazon.html.

4. Jeff Jordan, "Why Malls Are Getting Mauled", *Jeff Jordan* blog, 21 de dezembro de 2012, acesso em 31.08.2014, http://jeff.a16z.com/2012/12/21/why-malls-are-getting-mauled.

5. Polly Curtis, "Is Cyber Monday Just PR Spin?", *Guardian*, 5 de dezembro de 2011, acesso em 10.10.2014, http://www.theguardian.com/politics/reality-check-with-polly-curtis/2011/dec/05/retail-internet.

6. Daniel Lyons, "A Decade of Destruction," *Newsweek*, 19 de julho de 2009, acesso em 31.08.2014, http://2010.newsweek.com/essay/a-decade-of-destruction.html.

7. Douglas A. McIntyre, Samuel Weigley, Alexander E. M. Hess, e Michael B. Sauter, "Retailers That Will Close the Most Stores", *USA Today*, 3 de fevereiro de 2013, acesso em 31.08.2014, http://www.usatoday.com/story/money/business/2013/02/01/retailers-close-stores-24-7/1873745.

8. Ibid.

9. Ibid.

10. Steven Levy, "In Conversation with Jeff Bezos: CEO of the Internet", Wired.co.uk, 12 de dezembro de 2011, acesso em 31.08.2014, http://www.wired.co.uk/magazine/archive/2012/01/features/ceo-of-the-internet/viewall.

11. Marie Cabural, "Market News: Apple Inc., Archer Midland Daniels, Amazon, eBay", *ValueWalk*, 29 de novembro de 2013, acesso em 31.08.2014, http://www.valuewalk.com/2013/11/market-news-apple-inc-archer-midland-daniels-amazon-ebay.

12. "Apple's App Store Marks Historic 50 Billionth Download", Apple.com, 16 de maio de 2013, acesso em 31.08.2014, http://www.apple.com/pr/library/2013/05/16Apples-App-Store-Marks-Historic-50-Billionth-Download.html.

13. George Anders, "Jeff Bezos's Top 10 Leadership Lessons", *Forbes*, 4 de abril de 2012, acesso em 10.10.2014, http://www.forbes.com/sites/georgeanders/2012/04/04/bezos-tips.

14. Pierre Omidyar, "From Self to Society: Citizenship to Community for a World of Change", discurso de paraninfo, Universidade Tufts, maio de 2002, *Tufts Journal*, acesso em 11.11.2014, http://tuftsjournal.tufts.edu/archive/2002/august/features/commencement_2002.shtml.

15. "eBay and U.S. Postal Service Drive Shipping Innovation for Millions of Entrepreneurs, Small Businesses and Retailers", USPS.gov, 05 de abril de 2012, acesso em 31.08.2014, http://about.usps.com/news/national-releases/2012/pr12_042.htm.

16. "About Ellusionist", Ellusionist.com, acesso em 31.08.2014, http://www.ellusionist.com/about-us.

17. L. Gordon Crovitz, "Justice Department Bites Apple", *All Things D*, 23 de abril de 2012, acesso em 31.08.2014, http://allthingsd.com/20120423/justice-department-bites-apple.

18. Romain Dillet, "Apple's Pile of Cash Is Still Growing, Up 6% to $145 Billion", *TechCrunch*, 23 de abril de 2013, acesso em 31.08.2014, http://techcrunch.com/2013/04/23/apple-cash-q2-2013.

19. John Koetsier, "Apple's Cash Hoard Reaches $137 Billion", *VentureBeat*, 23 de janeiro de 2013, acesso em 31.08.2014, http://venturebeat.com/2013/01/23/apples-cash-hoard-reaches-137-billion.

20. Megan Geuss, "On Average, Americans Get 189 Cable TV Channels and Only Watch 17", *Ars Technica*, 6 de maio de 2014, acesso em 31.08.2014, http://arstechnica.com/business/2014/05/on-average-americans-get-189-cable-tv -channels-and-only-watch-17.

21. Robin Wauters, "TiVo Research Claims Only 38 Percent of Users Watch Live TV", *TechCrunch*, 11 de janeiro de 2012, acesso em 31.08.2014, http://techcrunch.com/2012/01/11/tivo-research-claims-only-38-percent-of-users-watch-live-tv.

22. "Ad Forecasts: Reaching the Half Trillion Mark", Magna Global, 16 de junho de 2014, acesso em 10.10.2014, http://news.magnaglobal.com/article_display.cfm?article_id=1578.

23. "Are Young People Watching Less TV? (Updated—Q1 2014 Data)", *MarketingCharts*, 7 de julho de 2014, acesso em 31.08.2014, http://www.marketingcharts.com/television/are-young-people-watching-less-tv-24817.

24. Gordon Smith, "Opinion: Compromise Benefits TV Viewers", *Politico*, 16 de novembro de 2010, acesso em 10.10.2014, http://www.politico.com/news/storics/1110/45152.html.

25. Paul Tassi, "Always On: Microsoft Xbox Live Subscriptions Up to 46M, Will Never Be Free", *Forbes*, 20 de abril de 2013, acesso em 31.08.2014, http://www.forbes.com/sites/insertcoin/2013/04/20/always-on-microsoft-xbox-live-subscriptions-up-to-46m-will-never-be-free.

26. "The U.S. Digital Consumer Report", Nielsen, 10 de fevereiro de 2014, acesso em 10.10.2014, http://www.nielsen.com/content/corporate/us/en/insights/reports/2014/the-us-digital-consumer-report.html.

27. Tim Bajarin, "How Twitter Is Impacting the World of Television", *PC Magazine*, 3 de fevereiro de 2014, acesso em 31.08.2014, http://www.pcmag.com/article2/0,2817,2430128,00.asp.

28. David Goldman, "Music's Lost Decade: Sales Cut in Half", *CNN Money*, 3 de fevereiro de 2010, acesso em 31.08.2014, http://money.cnn.com/2010/02/02/news/companies/napster_music_industry.

29. Zoe Fox, "85% of the World Will Have High-Speed Mobile Internet by 2017", *Mashable*, 5 de junho de 2012, acesso em 10.10.2014, http://mashable.com/2012/06/05/mobile-internet-global-reach.

30. Sven Grundberg, "'Candy Crush Saga' Maker Files for an IPO", *Wall Street Journal*, 18 de fevereiro de 2014, acesso em 10.10.2014, http://online.wsj.com/news/articles/SB10001424052702304675504579390580.

31. Clay Shirky, "It's Not Information Overload. It's Filter Failure", apresentação principal, Web 2.0 Expo, New York, 18 de outubro de 2008, http://www.web2expo.com/webexny2008/public/schedule/detail/4817.

32. "Statistics", YouTube.com, acesso em 31.08.2014, https://www.youtube.com/yt/press/statistics.html.

33. Suzanne Vranica, "TV Ad Dollars Slowly Shifting to Web Video", *Wall Street Journal*, 12 de maio de 2014, acesso em 31.08.2014, http://online.wsj.com/news/articles/SB10001424052702303851804579558091795473048.

Capítulo Quatorze: Revisitando o Capital: O Dinheiro de Outras Pessoas

1. Diane Mulcahy, Bill Weeks, e Harold S. Bradley, "We Have Met the Enemy . . . and He Is Us", Fundação Ewing Marion Kauffman, maio de 2012, acesso em 31.08.2014, http://www.kauffman.org/~/media/kauffman_org/research%20reports%20and%20covers/2012/05/we%20have%20met%20the%20enemy%20and%20he%20is%20us(1).pdf.

2. Ibid.

3. Pamela G. Hollie, "Advertising; Big Mac's Olympic Giveaway", *New York Times*, 10 de agosto de 1984, acesso em 31.08.2014, http://www.nytimes.com

4. /1984/08/10/business/advertising-big-mac-s-olympic-giveaway.html.

5. "Electronic Commerce", *Reference for Business: Encyclopedia of Business*, acesso em 10.10.2014, http://www.referenceforbusiness.com/encyclopedia/Eco-Ent/Electronic-Commerce.html.

Capítulo Quinze: A Disrupção na Era da Coletividade

1. "Wikipedia Founder Jimmy Wales Responds", *Slashdot*, 28 de julho de 2004, acesso em 10.10.2014, http://interviews.slashdot.org/story/04/07/28/1351230/Wikipedia-Founder-Jimmy-Wales-Responds.

2. "Wikipedia:Statistics", Wikipedia, acesso em 31.08.2014, http://en.wikipedia.org/wiki/Wikipedia:Statistics.

3. Ted Dziuba, "Sphinx—Text Search the Pirate Bay Way", *Register*, 8 de maio de 2009, acesso em 31.08.2014, http://www.theregister.co.uk/Print/2009/05/08/dziuba_sphinx.

4. Entrevista com Craig Newmark, *News War, Frontline*, PBS, 27 de fevereiro de 2007.

5. "Craigslist", *TechCrunch*, acesso em 31.08.2014, http://techcrunch.com/topic/company/craigslist.

6. Daniel Lyons, "A Decade of Destruction", *Newsweek*, 19 de julho de 2009, acesso em 31.08.2014, http://2010.newsweek.com/essay/a-decade-of-destruction.html.

7. Mark Bao, "Creative Destruction: How Entrepreneurs and the Internet Disrupt Old Industries", *Mark Bao's Journal*, 18 de novembro de 2009, acesso em 31.08.2014, http://journal.markbao.com/category/startups.

8. Thomas L. Friedman, "Welcome to the 'Sharing Economy'", *New York Times*, 20 de julho de 2013, acesso em 31.08.2014, http://www.nytimes.com/2013/07/21/opinion/sunday/friedman-welcome-to-the-sharing-economy.html.

9. Eric Markowitz, "Airbnb Is Changing Travel", *Inc.*, 29 de novembro de 2012, acesso em 31.08.2014, http://www.inc.com/eric-markowitz/airbnb/company-of-the-year-2012-runner-up.html.

10. Evelyn Rusli, "Facebook Buys Instagram for $1 Billion", *New York Times*, 9 de abril de 2012, acesso em 11.11.2014, http://dealbook.nytimes.com/2012/04/09/facebook-buys-instagram-.for-1-billion.

11. Parmy Olson, "Facebook Closes $19 Billion WhatsApp Deal", *Forbes*, 6 de outubro de 2014, acesso em 10.10.2014, http://www.forbes.com/sites/parmyolson/2014/10/06/facebook-closes-19-billion-whatsapp-deal.

12. Tero Kuittinen, "As iPhone Mobile Data Usage Soars, Voice Calls Dive", *Forbes*, 15 de outubro de 2012, acesso em 31.08.2014, http://www.forbes.com/sites/terokuittinen/2012/10/15/as-iphone-mobile-data-usage-soars-voice-calls-dive.

13. Colleen Taylor e Ingrid Lunden, "With $1.2 Billion Yammer Buy, Microsoft's Social Enterprise Strategy Takes Shape", *TechCrunch*, 25 de junho de 2012, acesso em 31.08.2014, http://techcrunch.com/2012/06/25/its-official-microsoft-confirms-it-has-acquired-yammer-for-1-2-billion-in-cash.

Capítulo Dezesseis: Seja Disruptivo ao Mundo

1. Jeff Suess, "Libraries Are Carnegie's Legacy 106 Years Later", Cincinnati.com, 29 de outubro de 2012, acesso em 31.08.2014, http://www2.cincinnati.com/blogs/ourhistory/2012/10/29/libraries-are-carnegies-legacy-106-years-later.

2. Susannah Fox e Lee Rainie, "How the Internet Has Woven Itself into American Life", *Pew Research Internet Project*, Pew Research Center, 7 de fevereiro de 2014, acesso em 10.10.2014, http://www.pewinternet.org/2014/02/27/part-1-how-the-internet-has-woven-itself-into-american-life.

3. Desde que a fortuna do *eBay* passou dos US$8 bilhões, Pierre e sua esposa, Pam, vêm se dedicando à filantropia no mundo inteiro. Sua empresa de investimento, a *Omidyar Network*, doou milhões de dólares a organizações com e sem fins lucrativos que promovem o desenvolvimento econômico e a transparência dos governos. "Who We Are", Omidyar Network, acesso em 31.08.2014, http:// www.omidyar.com/who-we-are.

4. "President Clinton's Plans for Education in America", *Phi Delta Kappan* 78, no. 2 (outubro de 1996), disponível em Questia, acesso em 31.08.2014, http://www.questia.com/library/journal/1G1-18850899/president-clinton-s-plans-for-education-in-america.

5. "Universal Service Program for Schools and Libraries (E-Rate)", Comissão Federal de Comunicações, acesso em 31.08.2014, http://www.fcc.gov/guides/universal-service-program-schools-and-libraries.

6. Diana Sanglab, "Flipped Learning: Online Academy Spreads Education", *Caring Magazine*, acesso em 31.08.2014, http://www.caringmagazine.org/flipped-learning.

7. Jerry Useem, "Business School, Disrupted", *New York Times*, 31 de maio de 2014, acesso em 10.10.2014, http://www.nytimes.com/2014/06/01/business/business-school-disrupted.html.

8. Susan Adams, "Starbucks Announces It Will Give a Free College Education to Thousands of Workers", *Forbes*, 16 de junho de 2014, acesso em 10.10.2014, http://www.forbes.com/sites/susanadams/2014/06/16/starbucks-announces-it-will-give-a-free-college-education-to-thousands-of-workers.

9. "Higher Education in Science and Engineering", in *Science and Engineering Indicators 2012*, Fundação Nacional da Ciência, 1º de janeiro de 2012, acesso em 10.10.2014, http://www.nsf.gov/statistics/seind12/c2/c2s4.htm.

10. David L. Chandler, "MIT Launches Student-Produced Educational Video Initiative", *MIT News*, 25 de abril de 2012, acesso em 31.08.2014, http://newsoffice.mit.edu/2012/k-12-education-video-initiative-0425.

11. Idit Harel, em entrevista via telefone com o autor, 22 de setembro de 2014.

12. "The Official Source of Literacy Data", UNESCO Institute for Statistics, acesso em 31.08.2014, http://www.uis.unesco.org/literacy/Pages/default.aspx.

13. Reid Hoffman, "LinkedIn Turns 10: Celebrating 10 Years of Relationships That Matter", *LinkedIn Official Blog*, 5 de maio de 2013, acesso em 31.08.2014, http://blog.linkedin.com/2013/05/05/linkedin-turns-10.

14. Salvador Rodriguez, "LinkedIn Reaches 225 Million Users as It Marks Its 10th Birthday", *Los Angeles Times*, 6 de maio de 2013, acesso em 31.08.2014, http://articles.latimes.com/2013/may/06/business/la-fi-tn-linkedin-turns-10-20130506.

15. Ibid.

16. Julie Bort, "Reid Hoffman: Founding a Startup Is like 'Throwing Yourself Off a Cliff'", *Business Insider*, 9 de maio de 2013, acesso em 31.08.2014, http://www.businessinsider.com/hoffman-linkedin-nearly-failed-2013-5#ixzz3CPD13T7v.

17. "Disruptive Digital and Social Technology Transforms Hiring in Staffing, Recruiting, and HR Industry", white paper, OpenReq, acesso em 31.08.2014, http://public.cdn.openreq.com/OpenreqWhitePaper1-V2.pdf.

18. "Top Banks in the World 2014", RELBanks.com, http://www.relbanks.com/worlds-top-banks/assets.

19. Henry C. K. Liu, "The Crisis of Wealth Destruction", Roosevelt Institute, acesso em 15.08.2014, http://www.rooseveltinstitute.org/new-roosevelt/crisis-wealth-destruction.

20. The Grameen Foundation, http://grameenfoundation.org/our-impact/numbers.

21. "The Nobel Peace Prize for 2006", Nobelprize.org, 2006, acesso em 10.10.2014, http://www.nobelprize.org/nobel_prizes/peace/laureates/2006/press.html.

22. Adam Vrankull, "MobiCash and KCB Bank Launch Fingerprint Banking in Rwanda", BiometricUpdate.com, 04 de janeiro de 2013, acesso em 31.08.2014, http://www.biometricupdate.com/201301/mobicash-and-kcb-bank-launch-fingerprint-banking-in-rwanda.

23. Susan Burhouse e Yazmin Osaki, *2011 FDIC National Survey of Unbanked and Underbanked Households*, Federal Deposit Insurance Corporation, setembro de 2012, acesso em 31.08.2014, https://www.fdic.gov/householdsurvey/2012_unbankedreport.pdf.

24. Ibid.

25. Catherine New, "Simple's Free Checking Accounts Are So Popular, There's a Waiting List to Get One", *Huffington Post*, 24 de maio de 2013, acesso em 31.08.2014, http://www.huffingtonpost.com/2013/05/22/simple-bank_n_3314373.html.

26. Ibid.

27. "From Zero to $5 Billion: The Lending Club Story", Lending Club, 2014, acesso em 31.08.2014, https://www.lendingclub.com/public/zero-to-5b.action.

28. Margaret Kane, "eBay Picks Up PayPal for $1.5 Billion", *CNET News*, 08 de julho de 2002, acesso em 31.08.2014, http://news.cnet.com/2100-1017-941964.html.

29. Brian Solomon, "The Youngest Billionaires on the Forbes 400: 20 Under 45", *Forbes*, 16 de setembro de 2013, acesso em 10.10.2014, http://www.forbes.com/sites/briansolomon/2013/09/16/the-youngest-billionaires-on-the-forbes-400-20-under-45.

30. "Tesla Model S Review: An Electric Sports Car Earns Our Top Test Score", *Consumer Reports*, julho de 2013, acesso em 31.08.2014, http://consumerreports.org/cro/magazine/2013/07/tesla-model-s-review/index.htm.

31. Ibid.

32. Richard Lawler, "Tesla's $35,000 Car Will Be Called the Model 3", *Engadget*, 15 de julho de 2014, acesso em 31.08.2014, http://www.engadget.com/2014/07/15/tesla-model-iii.

33. "Mission Summary: SpaceX Dragon Becomes First Private Spacecraft to Visit the Space Station", SpaceX.com, 01º de junho de 2012, acesso em 31.08.2014, http:// www.spacex.com/news/2013/02/08/mission-summary.

34. Ibid.

35. Elon Musk, entrevista com Sarah Lacy, 4th Founder Showcase, Mountain View, Calif., 05 de agosto de 2010, acesso em 12.11.2014, http://foundershowcase.com/videos.

36. Lucas Mearian, "SolarCity Plans Largest Solar Panel Plant in Upstate N.Y.", *Computerworld*, 17 de junho de 2014, acesso em 31.08.2014, http://www.computerworld.com/article/2490889/sustainable-it/solarcity-plans-world-s-largest-solar-panel-plant-in-upstate-n-y.html.

37. "World Oil Transit Chokepoints", U.S. Energy Information Administration (EIA), 22 de agosto de 2012, acesso em 31.08.2014, http://www.eia.gov/countries/regions-topics.cfm?fips=wotc&trk=p3.

38. Brad Plumer, "How the US Manages to Waste $165 Billion in Food Each Year", *Washington Post*, 22 de agosto de 2012, acesso em 31.08.2014, http://www.washingtonpost.com/blogs/wonkblog/wp/2012/08/22/how-food-actually-gets-wasted-in-the-united-states.

39. "Wasted: How America Is Losing Up to 40 Percent of Its Food from Farm to Fork to Landfill", Natural Resources Defense Council, acesso em 31.08.2014, http://www.nrdc.org/food/wasted-food.asp.

40. Tiffany Hsu, "A Powerful Use for Spoiled Food", *Los Angeles Times*, 15 de maio de 2013, acesso em 31.08.2014, http://articles.latimes.com/2013/may/15/business/la-fi-ralphs-energy-20130516.

41. Ryan Bushey, "11 Billion Dollar Startups You Never Heard Of", *Business Insider*, 03 de fevereiro de 2014, acesso em 31.08.2014, http://www.inc.com/ryan-bushey/billion-dollar-startups.html.

42. "Billions Daily Affected by Water Crisis", Water.org, acesso em 31.08.2014, http://water.org/water-crisis/one-billion-affected.

43. Vivek Wadhwa, "Anyone Anywhere Can Build the Next Google—There Are No Barriers", *Forbes*, 21 de novembro de 2013, acesso em 31.08.2014, http://www.forbes.com/sites/singularity/2013/11/21/anyone-anywhere-can-build-the-next-google-there-are-no-barriers.

44. Clare Foran, "Akon Is Pushing Solar Power in Africa", *National Journal*, 04 de agosto de 2014, acesso em 31.08.2014, http://www.nationaljournal.com/energy/akon-is-pushing-solar-power-in-africa-20140804.

45. Alexander Howard, "Exit Interview: Alec Ross on Internet Freedom, Innovation and Digital Diplomacy", *Huffington Post*, 12 de março de 2013, acesso em 31.08.2014, http://www.huffingtonpost.com/alexander-howard/exit-interview-alec-ross-_b_2860211.html.

46. Alec Ross, mesa redonda, "Twiplomacy: The Rise of Ediplomacy and the Future of Communications", Washington, D.C., 22 de outubro de 2012.

47. Sam Gustin, "Digital Diplomacy", *Time*, 02 de setembro de 2011, acesso em 31.08.2014, http://content.time.com/time/specials/packages/printout/ 0,29239,2091589_2091591_2091592,00.html.

48. Karl Vick, "Turkey's Erdogan Turns Off Twitter, Turns Up the Nationalism", *Time*, 21 de março de 2014, http://time.com/33393/turkey-recep-tayyip-erdogan-twitter.

49. Chivis Martinez, "Juarez No Longer World Homicide King as It Drops to Second Place", *Borderland Beat,* 14 de janeiro de 2012, acesso em 31.08.2014, http:// www.borderlandbeat.com/2012/01/juarez-no-longer-world-homicide-king-as.html.

50. Ibid.

51. Nick Valencia e Arturo Chacon, "Juarez Shedding Violent Image, Statistics Show", CNN.com, 05 de janeiro de 2013, acesso em 31.08.2014, http://www.cnn.com/2013/01/05/world/americas/mexico-juarez-killings-drop.

52. Gustin, "Digital Diplomacy."

53. Alex Byers, "Napster Co-founder Sean Parker to Lead Civic Start-up", *Politico,* 14 de abril de 2014, acesso em 31.08.2014, http://www.politico.com/story/2014/04/napster-co-founder-sean-parker-startup-brigade-105673.html.

Epílogo: O Manifesto do Auto Disruptivo

1. Luisa Kroll, "Inside the 2014 Billionaires List: Facts and Figures", *Forbes,* 03 de março de 2014, acesso em 31.08.2014, http://www.forbes.com/sites/luisakroll/2014/03/03/inside-the-2014-forbes-billionaires-list-facts-and-figures.

2. Cal Fussman, "What I've Learned: Richard Branson", *Esquire,* janeiro de 2002, acesso em 31.08.2014, http://www.esquire.com/features/what-ive-learned/ESQ0102-JAN_BRANSON.

3. Vivek Wadhwa, "Anyone Anywhere Can Build the Next Google—There Are No Barriers", *Forbes,* 21 de novembro de 2013, acesso em 10.10.2014, http://www.forbes.com/sites/singularity/2013/11/21/anyone-anywhere-can-build-the-next-google-there-are-no-barriers.

4. Eilene Zimmerman, "The Race to the $100 Genome", CNN.com, 25 de junho de 2013, acesso em 31.08.2014, http://money.cnn.com/2013/06/25/technology/enterprise/low-cost-genome-sequencing.

5. "The Internet of Things", Cisco Systems, acesso em 31.08.2014, http://share.cisco.com/internet-of-things.html.

6. "New to Broadband Guide", ThinkBroadband.com, http://www.thinkbroadband.com/guide/beginners-guide-to-broadband.html.

7. "Demystifying the Tech Startup Bubble", Bizbrain.org, http://www.bizbrain.org/startup-bubble. O custo de lançar uma nova startup caiu da casa dos milhões para US$50.000, o que significa que agora é mais fácil fundá-las. O custo de abrir uma empresa globalmente disruptiva é 95% mais baixo do que há uma década.

Índice

A
Academy of Magical Arts, 203
Accel, 212
Acesso à informação, 234
Adafruit, 150
Adrian Bowyer, 176
Aerosmith, 167
África, 251
Airbnb, 113, 121, 142–143, 224–226, 275, 283
Akon Lighting Africa, 251
Alarme, 115
Alec Brownstein, 66
Alexander Graham Bell, 35
Alice no País das Maravilhas, 257
AllSay, 256
AlphaServer, 260
AltaVista, 122
Alumínio, 141–142
Amazon, 32, 259
American Express, 218
America Online, 97
Amy Berman, 116
Andreessen Horowitz, 113
Animalhouse.com, 213
AOL, 98
Apple, 19, 25, 39, 91, 93, 105, 125, 130, 184, 188, 196, 201–206
App Store, 19
Aprendizado interativo, 107
Aquisição, 103
Ariba, 103
Arquimedes, 112
Arrowhead, 157
Asylum Records, 164
Atari, 119
Atitude, 53
AT&T, 174
Auction Web, 235
Audi, 247

AudioNet, 101
Autodisrupção, 31, 44–46, 69–70, 77, 95
Automóveis, 15
Avon, 219
Ayer & Son, 140

B
Babylon 60
Balcões de informações, 3
Bangladesh, 244
Barnes & Noble, 200
Bashar al-Assad, 254
BDS Productions, 193
Beamly, 205
Beats by Dr. Dre, 70
Beezid, 187
Benchmark, 212
Best Buy, 195
Bet You Know, 60
Beyond the Rack, 169
Bic, 162
Bilionários, 104, 259
Bill Bales, 87
Billboard, 189
Black & Decker, 152
Black Friday, 199
Blockbuster, 89
Blog, 79–80
Bloom Energy, 250
Blowfly Beer, 151
Blurb, 76
BMG, 85
BMW, 247
Bob Bernardi, 220
Body Worlds, 143
BookTour, 168
Borders, 199
Borracha Sintética, 147
BoxTop Interactive, 101–102
Brand Finance, 188

Branding pessoal, 75
Branson, 6
Brenner, 55
Brewtopia, 151
Brigade, 256
Broadcast.com, 101
Brookstone, 148
Buda, 31
Bug Labs, 150
Building the High Tech Startup, 112
Bukobot, 177
Burbn, 128
Business Rockstars, 81

C
Cadeia de valor interna, , 32, 39, 42–49,70
Câncer de mama, 118
Capital humano, 66, 222, 240–256
Castelo de Hearst, 52
Cérebro, 32, 38
Cérebro disléxico, 38
Chris Anderson, 150
Ciladas clássicas, 90
Cirque du Soleil, 143
Classificados, 223–226
Código aberto, 150
Companhias aéreas, 136
Conteúdo, 206
Conteúdo de marca, 188
Coopetição, 98
Craigslist, 223–229, 241
Cultura da empresa, 191

D
DARPA, 51
David Brenner, 55
De Volta Para o Futuro, 112
Dinossauros, 83
Dislexia, 34–39

E
e-Books, 195–196
Edythe Broad, 238
Efeito de rede, 241
Efeito Mateus, 37
Efetuação, 133

Elétrico, 247
Eli, 238
Emile Berliner, 68
Evolução musical, 76

F
FaceTime, 188
Falar em público, 78
Felix Baumgartner, 188
Francis Bacon, 173
Fundação Bill e Melinda Gates, 238

G
Google, 66–67, 80, 91, 98, 114, 118, 122–123, 129, 188, 206, 212, 224, 260, 270, 273–278

H
Hiroaki "Rocky" Aoki, 134

I
Ideia zumbi, 105, 120
Impressora 3-D, 176
Indústria automobilística, 105–108
Innovation Arts, 40
Inovação disruptiva, 15
Instagram, 129
Internet das Coisas, 155, 260
Intraempreendedor, 85–91,102,117
Introspecção, 5–6,114
iPads, 106, 187, 204
iPhone, 19, 89–90, 112, 116, 132, 154, 228
iPod, 91–92, 154, 206,
iTunes, 14, 89, 130,196,201–204,213,220
iTV, 206

J
Jeff Bezos, 103
Joan, 30

K
Kate Bosworth, 132
Ken Berry, 57
Kindle, 196

L
Lei de Metcalfe, 241
Lei de Moore, 93
Livros, 176, 196–200
Lucille Ball, 45

M
Macintosh, 36
Marc Andreessen, 94
Marc Benioff, 256
Mark Bao, 223
Mary Kay Ash, 259
Mentalidade vitoriosa, 47
Mente negativa, 41
Microsoft Office, 224
Modelo de negócios, 13–14, 27, 86–88, 97, 121–127, 174–186, 200–231
Momentos "eureca", 111

N
Nancy Berry, 75
Napster, 68, 87–88, 141, 180, 223–225, 271, 287
NASA, 148, 151–153, 178, 248

O
O Dilema da Inovação, 15
O Dinheiro de Outras Pessoas, 211

P
Paul Allen, 131, 263
Pensamento crítico, 39
Pensamentos positivos, 40
Preços dinâmicos, 186
Prensa móvel, 173
Primavera Árabe, 6
Prime, 136
Programa Apollo, 152
Propriedade intelectual, 180
Publicidade, 13, 20, 23, 66–105, 122, 189, 205, 214, 219, 231

Q
Quirky, 153

R
Rede neural, 118
Rent the Runway, 30
Robert Byrne, 54
Roger Barnsley, 37

S
Sergey Brin, 123
Sir Richard Branson, 6, 29–39, 81, 136, 161, 164, 190, 259, 263
Sistemas bancários, 244
Sony, 24, 84, 88–93, 116–126, 130, 195–198, 213–217
Sony Librie, 196
Steve Ballmer, 89–104
Steve Jobs, 35, 39, 92, 119, 125, 203, 259, 263, 269, 273
Sucesso, 32

T
Tecnologias disruptivas, 149, 178, 186
Televisão, 60, 100, 200–216, 229
Teste de Forer, 33
Tory Burch, 157
Treinamento corporativo, 107–111, 175–176
Ty Braswell, 215

U
Uber, 112, 224
Universidade do Estado do Arizona, 52
UniversityNow, 30

V
Valor Diferenciado, 139
Vantagem competitiva, 65, 94, 139, 158–160, 201
Vaticano, 192
Virgin, 6, 30, 39, 75, 136, 161, 190
Visualização, 41

W
Wikipédia, 221–224

ROTAPLAN
GRÁFICA E EDITORA LTDA
Rua Álvaro Seixas, 165
Engenho Novo - Rio de Janeiro
Tels.: (21) 2201-2089 / 8898
E-mail: rotaplanrio@gmail.com